KB152502

20년 차이 컴퓨터공학과 선후배 간의 인공지능에 대한 대화는 우리 모두가 궁금해하는 인공
지능의 세계와 우리의 현 위치를 참으로 쉽게 설명해준다. 일반인과 전문가 모두에게 도움이
되는 보기 드문 책이다. 오른쪽, 왼쪽, 투 썸즈 업!

고진 디지털플랫폼정부위원회 위원장

챗GPT를 통해 우리 일상에 인공지능이 깊이 들어오면서 어느 때보다 인공일반지능(AGI)
의 실현이 점점 가까워지고 있다는 사실이 많은 이들의 흥분을 자아내고 있다. 이 놀라움
의 시대에 한국 인공지능 분야에서 가장 중요한 인물의 목소리를 들을 수 있는 기회가 생
겼으니, 바로 이 책이다! 네이버 하이퍼클로바X를 만들고 있고 한국 인공지능 분야를 선도
하는 하정우 센터장과의 대화를 통해 여러분은 AI 기술의 최신 트렌드와 미래에 대한 통찰
을 얻을 수 있을 것이다. 만약 이 시대에 읽어야 할 단 한 권의 AI 책이 있다면, 그것은 바로
이 책이다. AI의 흥미진진한 물결 속에서 흥미로운 인사이트를 발견할 수 있게 해주는 이
책을 망설임 없이 추천한다.

김성훈 업스테이지 대표

세계적 수준의 거대언어모델(LLM)을 개발하고 있는 당사자로부터 인공지능에 관해 몇 시간이
고 설명을 들을 수 있는 기회를 갖기란 대단히 어려운 일이다. 이 책은 한국 최고의 인공지능
전문가, 한국형 거대언어모델의 연구 책임자가 직접 들려주는 인공지능 이야기다. 어디서도
들을 수 없는 최전선 현장의 이야기!

박태웅 한빛미디어 의장, 《눈 떠보니 선진국》 《박태웅의 AI 강의》 저자

한국 인공지능의 과거와 현재를 꿰뚫는 책이 나와 반갑다. 개인적으로 네이버 클로바의 역사
에 동참했던 터라, 하정우 센터장이 이 책에서 언급한 우리나라 학계와 산업계의 성장과 성과
에 대해 자랑스럽게 생각하며, 네이버, KT 등 훌륭한 기업들의 연합된 노력이 국가 경쟁력으
로 이어지길 기원한다. AI 혁신의 드라마는 여전히 계속되고 있다. 그 드라마가 궁금한 분이라
면 이 책을 꼭 읽어보시길!

배순민 KT융합기술원 AI2XL 연구소장

다양한 인공지능 관련 서적이 우후죽순 넘쳐나는 요즘, 마치 AI업계의 하루 일과를 따라가듯 일반인은 물론이고 AI 업계에서도 주목할 만한 책이 나왔다. 저자인 하정우 센터장은 책 제목처럼 'AI 전쟁'을 치러왔고, 현재도 전쟁은 진행 중이다. 대한민국 인공지능의 역사를 몸으로 부딪쳐온 저자이기에 그것만으로도 충분히 읽을 가치가 있다.

오순영 KB국민은행 금융AI센터장

AI 시대가 시작되었다. 교육과 의료, 쇼핑과 엔터테인먼트를 비롯해 사회 전반의 많은 것들이 바뀔 텐데 대체 어떤 변화가 다가오는가? 나는 무엇을 해야 하는가? 우리나라는 얼마나 준비되었는가? AI에 대해 잘 알지 못하지만 궁금한 것이 너무나 많은 당신이라면, 대부분의 질문에 대해 이 책은 가장 쉽고 깔끔한 답을 줄 것이다. AI가 어디까지 와 있는지 궁금한 모두에게 추천한다.

장동선 뇌과학자, 한양대 창의융합교육원, 《AI는 세상을 어떻게 바꾸는가》 저자

인간이 기계의 언어를 어렵게 배워야 했던 시절에서, 기계가 인간의 언어를 배워서 대화하며 문제를 해결해주는 시대로 접어들었다. 이러한 AI 혁명은 끝을 모르고 빠르게 진행 중이며, 전 세계는 지금 AI 전쟁 중이다. 이 책은 AI 전쟁터 최일선에서 싸워오고 있는 한 AI 최고 전문가와 오랜 AI의 겨울을 거치며 축적된 경험과 통찰력을 바탕으로 본질적인 물음을 던지는 한 AI 구루의 대담을 통해 AI 전쟁의 현장을 생생히 경험할 수 있게 해준다. 어렵거나 부담스럽지 않고 신선하고 톡톡 튀는 언어를 사용하여 오후에 차 한잔 마시는 느낌으로 다가온다. AI 업계 종사자뿐 아니라 AI의 현주소를 이해하고 미래에 대한 준비를 고민하는 모든 분들께 일독을 적극 권한다.

장병탁 서울대 컴퓨터공학부 교수, 서울대 AI연구원 초대 원장

AI 전쟁

글로벌 인공지능 시대 한국의 미래

AI 전쟁: 글로벌 인공지능 시대 한국의 미래

초판 1쇄 발행 2023년 7월 17일
초판 3쇄 발행 2023년 9월 15일

지은이 하정우, 한상기
기획·윤문 한창민

펴낸이 조기흠
책임편집 이수동 / **기획편집** 최진, 김혜성, 박소현
마케팅 정재훈, 박태규, 김선영, 홍태형, 임은희, 김예인 / **제작** 박성우, 김정우
교정교열 허유진 / **디자인** 리처드파커 이미지웍스

펴낸곳 한빛비즈(주) / **주소** 서울시 서대문구 연희로2길 62 4층
전화 02-325-5506 / **팩스** 02-326-1566
등록 2008년 1월 14일 제25100-2017-000062호

ISBN 979-11-5784-682-5 03300

이 책에 대한 의견이나 오탈자 및 잘못된 내용에 대한 수정 정보는 한빛비즈의 홈페이지나
이메일(hanbitbiz@hanbit.co.kr)로 알려주십시오. 잘못된 책은 구입하신 서점에서 교환해드립니다.
책값은 뒤표지에 표시되어 있습니다.

⌂ hanbitbiz.com 🅕 facebook.com/hanbitbiz Ⓝ post.naver.com/hanbit_biz
▶ youtube.com/한빛비즈 🅞 instagram.com/hanbitbiz

지금 하지 않으면 할 수 없는 일이 있습니다.
책으로 펴내고 싶은 아이디어나 원고를 메일(hanbitbiz@hanbit.co.kr)로 보내주세요.
한빛비즈는 여러분의 소중한 경험과 지식을 기다리고 있습니다.

AI 전쟁

글로벌 인공지능 시대 한국의 미래

하정우
한상기
지음

HB 한빛비즈
Hanbit Biz, Inc.

"우리는 어디에서 왔고, 우리는 무엇이며, 우리는 어디로 가는가?"
프랑스 화가 폴 고갱이 1897년에 그린 작품에 써놓은 말입니다. 여기서 '우리'를 인공지능으로 바꾸면 지금 우리가 논의해야 하는 주제가 됩니다.

챗GPT에 대한 열광은 2016년 알파고 때를 능가하고 있습니다. 이는 자연어로 아주 쉽게 인공지능에게 무언가를 물어보고, 인간의 글과 같은 자연스러운 대답을 얻을 수 있다는 사용자 인터페이스의 대전환이 이루어졌기 때문이기도 합니다.

수 년 안에 인간 수준의 디지털 지능이 등장한다고 하고, 인공지능 때문에 인간 문명의 몰락이 올 수도 있다는 위기감도 커지고 있습니다. 세상은 어떻게 바뀌는 것이고, 우리 인류는 무엇을 준비해야 하는가에 대한 논의도 활발하게 이루어지고 있습니다.

미국의 오픈AI CEO 샘 알트먼이 우리나라를 방문해 엄청나게 환영 받은 것을 보면서, 그렇다면 우리는 도대체 무엇을 어떻게 해야 하는 가에 대해 거듭 자문하게 됩니다. 대한민국은 인공지능 분야에서 어떤 역할을 하는 나라인가? 우리나라의 수준은 어느 정도이고 우리에게 주어진 기회는 무엇일까?

1980년대에 지식과 추론 기반의 과거 모델로 인공지능을 전공한 저로서는 지금의 딥러닝 기반의 기술 발전이 놀랍기도 하고, 여전히 상식과 추론이라는 커다란 벽을 넘기에는 지금의 방식으로도 아직 쉽지 않은 도전 과제라는 것을 다시 깨닫고 있습니다. 인공지능은 어떻게 발전하고 있고, 지금 각광받는 생성형 인공지능이란 무엇이며, 각산업에는 어떤 기회가 있을 것이고, 정부 정책과 사회의 대응은 얼마나 의미 있는 방향으로 가고 있는지, 그리고 인공지능의 미래를 어떻게 바라봐야 할 것인지에 대해 제대로 얘기를 나눌 상대가 필요했습니다.

제 머릿속에 가장 먼저 떠오르는 사람은 네이버 클라우드의 하정우 AI혁신센터장이었습니다. 그는 제가 다닌 학부의 20년 후배이지만, 몇 년 동안 교류하면서 배우기도 하고 논쟁도 하고 또 조언도 했던 사이입니다. 지금 한국의 인공지능 분야에서 가장 중요한 인물을 꼽으라고 하면 전문가들 모두 하정우 센터장을 떠올릴 것이라고 해도 과언이 아닐 것입니다.

흔쾌히 수락한 그와 예닐곱 차례 만나 대담을 나누고, 발표와 토론을 하는 행사도 함께하고, 주말에도 온라인으로 화상 토의를 했습니다.

저는 질문을 던졌고 그는 대답했습니다. 저도 인공지능에 대해 할 이야기가 많았고, 하 센터장과 의견이 다른 부분도 있었지만 질문을 잘하는 것에 집중하려 했습니다. 지금은 하정우 센터장의 대답이 필요한 시대이기 때문입니다.

저희는 먼저 인공지능이 어떻게 발전해왔는지, 짧지 않은 역사를 되짚어봤습니다. 독자분들이 혹시나 인공지능이 최근 10여 년 동안에 갑자기 등장한 것으로 오해하실 수도 있다는 노파심 때문이었습니다. 둘 다 역사 이야기에 심취해 너무 깊게 들어가게 되었고 전문용어도 많이 등장했는데, 그 대화들을 책에는 거의 싣지 못한 게 아쉽습니다.

다음으로 생성형 인공지능이 어떻게 등장했고 어떻게 중요해진 것인가를 물었습니다. 챗GPT, GPT-4, 미드저니, 스테이블 디퓨전으로 대표되는 생성형 인공지능은 지난 2~3년 사이에 급속히 발전한 기술입니다. 과거 분류형에서 생성형이라는 새로운 패러다임이 인공지능의 전체 판도를 크게 바꿀 정도로 중요한 변화라고 보았기 때문입니다.

욕심을 내서 이런 인공지능 기술이 사회 각 분야를 어떻게 바꾸고, 각 산업 분야에는 어떻게 쓰일 수 있으며 어떤 기회가 있을 것인가를 살펴보았습니다. 저희 둘 다 산업의 전문가는 아니기에 일반적인 수준에서 대화를 나누었는데, 앞으로 산업별 전문가들이 좀 더 실제적이고 생생하게 정리해주길 기대합니다.

저희 둘 다 정부 정책 수립에 참여한 경험이 많기 때문에 이 책에서 정부의 역할에 대해 꼭 다루고 싶었습니다. 어느 정부인가를 떠나서 우리가 아쉬워했던 점들, 좀 더 잘할 수 있는데 뜻대로 되지 못한 부분에 대해 얘기하면서, 이 책을 정책 입안자들이 꼼꼼히 읽어주시기를 바라는 마음도 있었습니다. 저희가 참석했던 정책 관련 회의에서 미처 말하지 못한 내용도 담고자 했습니다.

하정우 센터장이 네이버에서 인공지능 연구와 전략을 총괄해온 경험은 다른 기업에게도 많은 도움이 될 것이라 생각해 네이버에 대한 내용을 하나의 장으로 할애하기로 했습니다. 오픈AI의 GPT와 구글의 바드 등 해외 빅테크 기업의 초거대 인공지능에 대응할 수 있는 수준의 연구와 기술 역량은 우리나라에서는 아직 네이버 정도만이 보유하고 있다고 판단했기 때문입니다.

마지막으로, 인공지능은 어떻게 발전할 것이고 소위 AGI Artificial General Intelligence(인공일반지능)에 대한 그의 의견은 어떤지, 남은 과제들은 무엇이라고 생각하는지 등 미래를 내다보는 얘기로 대담을 마무리했습니다. SF적인 질문도 있지만 인공지능 연구자가 생각하는 미래는 앞으로의 세대에게 좋은 좌표가 될 수 있다고 생각했기 때문입니다. 대화를 나누면서 언젠가는 이 주제에 천착하는 책을 쓰고 싶다는 생각도 들었습니다.

이 책은 인공지능 일반에 대해 소개하는 책도 아니고 해외 기술에 대한 입문서도 아닙니다. 그런 책들은 이미 시중에 넘칠 정도로 많이 나와 있습니다. 저희는 인공지능 시대 대한민국의 현재와 미래를 조망하고 싶었습니다. 인공지능이 전 지구적 주제이기도 하지만 국가적

과제이기도 하기에, 우리 입장에서 이 큰 파고에 어떻게 대응해야 하고 무엇을 준비해야 하는지를 깊이 있게 다루고 싶었습니다.

질문과 대답은 훨씬 많았으나 너무 전문적이거나 구체적인 내용은 지면의 제약 때문에 다 싣지 못한 것이 아쉽습니다. 둘의 대화 전체를 네이버의 인공지능 서비스인 클로바노트가 녹음하고 녹취록을 만들어주어 원고 작업에 도움을 주었습니다. 이 과정에서 인공지능의 능력을 확인했지만 동시에 부족한 점을 깨닫기도 했습니다.

인공지능은 현재 인류에게 주어진 가장 큰 화두이지만, 너무 부풀려져도 안 되고 너무 어렵게 받아들이거나 두려워해서도 안 된다고 생각합니다. 이 책이 독자들께 인공지능에 관한 이해의 폭과 깊이를 더하고, 우리의 현재와 미래에 대해 생각하는 계기가 될 수 있기를 바랍니다. 대한민국이 인공지능 분야에서는 선진국과 어깨를 나란히 하는 강국임을 알게 되고, 자부심과 자신감을 갖기를 희망합니다.

인공지능 분야의 선후배라는 인연 덕분에 이렇게 훌륭한 대화를 나눌 수 있어서 영광스럽고 보람을 느낍니다. 하정우 센터장에게 깊이 감사드립니다.

한상기

|2장| 초거대 인공지능의 대유행, 어떻게 볼 것인가

|3장| 산업별로 보는 한국의 인공지능 생태계

|4장| 한국 인공지능의 위치와 AI 주권

|5장| 네이버와 인공지능 혁신의 길

|6장| 인공지능과 함께하는 미래

1장

거부할 수 없는 지적 혁명의 시작

| 인공지능 시대의 개막이 의미하는 것 |

한상기   빌 게이츠 전 마이크로소프트 회장이 최근 〈인공지능 시대가 시작되었다〉라는 제목의 칼럼에서 인공지능이 "마이크로프로세서, PC, 인터넷, 모바일폰의 탄생만큼이나 근본적인 것"이라고 말했습니다. 그리고 "인공지능은 사람들이 일하는 방식, 배우는 방식, 여행하는 방식, 건강관리를 받는 방식, 서로 소통하는 방식을 바꿀 것이다. 산업 전체가 인공지능을 중심으로 재편될 것이고, 기업들은 인공지능을 얼마나 잘 활용하느냐에 따라 차별화될 것"이라고 예측했습니다. 우선 이에 대해 어떻게 생각하시는지, 인공지능 시대가 도래했다는 것이 어떤 의미인지 말씀해주십시오.

하정우   네, 인공지능 시대의 서막이 열렸습니다. 헨리 키신저 전 미국 국무장관은 에릭 슈미트 전 구글 CEO와의 〈월스트리트저널〉 공동 기고문에서 구텐베르크의 인쇄술 이후 최대의 지적 혁명이라고 했죠. 사람들에 따라서 산업혁명, 바퀴의 발명, 심지어 불의 발견 등 인류에게 혁신을 불러온 사건들에 비유하기도 합니다.

마치 '대항해시대'와 비슷한 느낌입니다. 15~17세기 대항해시대를 통해 전 세계에 굉장한 혁신이 일어났지요. 무역을 통해 기술과 문화가 전파되고 교류되었습니다. 나중에 제국주의로 이어지기는 했지만, 지금 그 이상의 변화가 인공지능을 통해서 일어나고 있습니다. 대인공지능 시대가 열리고 있고, 초거대 인공지능이 이를 촉발하고 있습니다.

예전에는 인공지능을 특정 업무나 기능에 사용할 때 '내가 지금 인공지능을 쓰고 있다'고 의식하면서 자판이나 마우스로 메뉴를 클릭하고 문자를 입력했습니다. 그런데 최근 쏟아져 나오는 수많은 기술들은 '내가 인공지능을 써야지'라는 별다른 의식 없이, 굉장히 자연스럽게 대화하듯이 사용하게 되거든요? 기계와의 커뮤니케이션이 인간 간의 대화처럼 음성으로도 이루어지고, 사실상 모든 것들의 행동으로 다 이어질 수 있는 시대가 도래했습니다. 인공지능 시대가 열린다는 것의 의미를 이렇게 말씀드리고 싶습니다.

한상기 인공지능의 현재와 미래 이야기는 뒤에서 상세히 짚어볼 것이니, 과거로 한번 돌아가 볼까요? 인공지능은 도대체 언제 시작되었고 어떻게 발전되어왔는가를 먼저 소개해주시죠.

하정우　사람과 동물의 차이를 말할 때 직립보행, 불과 도구, 언어 사용 등 여러 지표를 두고 비교하지만, 그중에서도 사람에게 강력한 지능이 있다는 것이 가장 결정적이라고 생각합니다. 이 지능은 오랫동안 많은 학자와 연구자들의 연구 대상이었죠. 물론 다른 동물에게도 지능은 있습니다. 다만 매우 낮은 수준이지요. 학자들은 왜 사람만 이렇게 높은 지능을 갖게 되었는지 과학적으로 규명하고 싶어 했습니다. 나아가 지능이라는 현상을 규명하면 사람의 지능을 좀 더 '강화'시킬 수도, 심지어 지능을 '만들어낼' 수도 있지 않을까 생각한 거지요. 이렇게 지능에 대한 연구들이 여러 사람들에 의해 오랫동안 진행되어왔습니다.

한상기　인간의 지능에 대한 궁금증과 탐구는 인류 지성사의 시초부터 시작되었을 것 같은데, 인공지능에 대한 연구는 컴퓨터 과학이 뒷받침되어야 하니까 현대에 들어오면서부터 시작되죠?

하정우　1956년 미국 다트머스대학교에서 당시 인공지능과 정보처리 이론에 커다란 공헌을 한 사람들이 콘퍼런스를 개최합니다. 여기서 존 매카시가 '인공지능Artificial Intelligence'이라는 용어를 처음으로 제안했죠.
그렇지만 인공지능이라는 개념 자체는 그 전부터 있었다고 봐야 합니다. 앨런 튜링이 '생각하는 기계'의 구현 가능성과 '튜링 테스트'를 제안한 것이 1950년이고, 최초의 신경망 모델이 제안된 해는 1943년입니다. 따라서 현대 인공지능에 가장 가까운 개념을 만든 건 역시 튜링이라고 봐야죠. 그로부터 인공지능 논의가 본격화되었다고 볼 수 있습니다. '튜링 머신'은 사람이 해야 될 일을 자동화하는 기계이고, '튜링 테스트'는 사람의 지능 행동을 기계가 얼마만큼 잘 모사하는지 알아내고, 그래서 특정 행동을 하는 것이 사람인지 아닌지를 판별하는 테스트입니다. 인공지능이 어떤 형상이어야 하는지 나름대로 정의하고, 어떻게 평가할 수 있는지 프로토콜을 정의했다는 점에서 튜링이 가장 큰 역할을 한 것이죠.

물론 그 전에도 비슷한 논의들이 있었습니다. "나는 생각한다, 고로 나는 존재한다"고 설파한 17세기 데카르트까지 올라가야 됩니다. 하지만 현대 인공지능에 대한 기본 개념을 만든 사람은 튜링입니다.*

| 인공지능 개발의 역사 |

한상기 그렇다면 튜링 이후에 인공지능의 역사를 크게 3~4단계로 구분할 수 있을 텐데, 각 단계의 접근 방식이나 핵심 기술은 무엇인가요?

● 앨런 튜링(Alan Turing, 1912~1954): 잉글랜드의 수학자, 암호학자, 논리학자, 컴퓨터 과학자이며 컴퓨터 과학의 선구적 인물이다. 알고리듬과 계산 개념을 튜링 기계라는 추상 모델을 통해 형식화함으로써 컴퓨터 과학의 발전에 지대한 공헌을 했다. 튜링 테스트(Imitation Game)를 고안한 것으로도 유명하다.

하정우 초기 시대는 1950~1960년대로 인공지능 분야의 탄생과 초기 연구들이 이루어진 시기입니다. 앨런 튜링, 존 매카시, 마빈 민스키 등의 학자들이 중요한 역할을 했습니다. 튜링 테스트, 자동 이론 증명, 지식 기반 시스템 등의 개념이 등장했고, 현대 인공신경망Artificial Neural Network: ANN의 효시인 퍼셉트론Perceptron 또한 이 시기에 등장했습니다.

황금기는 1970~1980년대입니다. 지식과 추론을 기반으로 하는 모델이 나왔고, 이를 응용한 전문가 시스템Expert Systems이 대두되며 인공지능 분야의 발전이 가속화되었습니다. 전문가 시스템은 특정 분야의 지식을 모방해 문제를 해결하는 시스템이었고 여러 산업 분야에서 큰 관심을 받았죠.

연결주의Connectionism와 기계학습의 시대는 1980~1990년대입니다. 인공신경망, 유전 알고리듬 등 새로운 접근법들이 인기를 얻기 시작했습니다. 기계학습의 초기 기술들이 개발되었고 지도학습, 비지도학습, 강화학습 등 다양한 학습 방법들이 연구되었죠. 인공신경망의 효과적인 학습을 위한 역전파Backpropagation 또한 이 시기에 등장했습니다.

딥러닝과 현재의 인공지능 시대는 2000년대부터 지금까지입니다. 2000년대 초반 딥러닝이라는 개념이 등장했습니다. 2007~2008년 넷플릭스 챌린지Netflix Challenge 우승, 2010년대 음성인식 및 2012년 알렉스넷AlexNet 등장 이후 딥러닝이 인기를 얻으면서 인공지능은 엄청난 발전을 이루게 됩니다. 또한 이미지 인식, 음성인식, 자연어 처리 등 다양한 분야에서 인공지능 기술이 혁신적인 성과를 보여주게 됩니다.

2020년 GPT-3 이후 거대언어모델Large Language Model (이하 LLM)의 시대가 열렸고, 최근 챗GPT 출현 이후 LLM을 통한 새로운 산업 및 사회 생태계가 만들어지고 있습니다.

한상기 　오늘날의 인공지능은 짧지 않은 역사에 수많은 학자와 연구자, 개발자들의 분투 덕분에 발전해왔죠. 그분들께 경의를 표합니다. 하지만 대부분의 연구와 개발이 그렇듯이 인공지능 연구도 순탄하지만은 않았잖아요?

하정우 　네, 인공지능 연구와 개발에도 어려웠던 시기가 있었지요. 과거에는 알고리듬의 한계, 데이터 부족, 컴퓨팅 파워의 제약, 연구 개발 자금 지원의 한계, 실세계 문제 적용 시 제한된 성과 등의 문제로 크게 두 번의 어려웠던 시절, 이른바 '인공지능 겨울AI Winter'이 있었습니다. 그 과정을 거쳐 이제 다시 봄이 왔다고 할 수 있습니다. 챗GPT가 발표된 이후로는 아주 뜨거운 여름 같고요.

한상기 　미국 작가인 제임스 배럿은 "인공지능은, 특히 초지능은 인류의 마지막 발명품"이라는 이야기도 했습니다. 그가 2013년에 펴낸 책《파이널 인벤션: 인공지능, 인류 최후의 발명Our Final Invention: Artificial Intelligence and the End of the Human Era》을 보면 인류가 우리를 뛰어넘는 인공지능을 만들고 난 뒤에 인간 시대의 종말이 올 수도 있다고 합니다. 종말이라는 게 나쁜 의미가 아니라, 말 그대로 인공지능이 다 만들어 낼 것이므로 인류가 할 일은 없다는 뜻이죠.

인공지능의 역사에서 두 번의 겨울이라 불리는 어려운 시절을 겪으면서도 연구자나 개발자들이 굴하지 않고 몰두하고, 실패를 하면서도 끊임없이 시도해왔습니다. 욕망이라고도 할 수 있는 이 동기는 무엇이라고 보세요?

하정우　과학자 입장에서 보면 가장 규명하고 싶고 만들고 싶은 것 중에 하나가 사람의 지능이 아닌가 싶어요. 만약 신이 존재한다면 인간에게 준 가장 중요한 능력 중 하나가 지능이지 않을까요? 사람이 사자보다 강한 것도 아니고 코끼리보다 덩치가 크거나 힘이 센 것도 아니니까요.

이 지능의 정체를 분명히 규명하고 유사하게 만들 수 있다면 과학과 기술을 통해 인간이 이룰 수 있는 가장 궁극의 목표를 달성하는 게 아닐까요? 이런 도전적인 과제에 기여하고 싶다는 것이 가장 큰 동기부여가 아니었을까 싶습니다.

인간 지능이 어느 정도 규명되고 나면 할 수 있는 것들이 굉장히 많아질 겁니다. 거기서부터가 출발일 것이고, 그 부산물로서 비즈니스 영역으로 펼쳐지고, 다른 사회문제 해결로도 전개될 수 있겠지요. 근본적인 것은 지능 현상을 규명하고, 그 지능 현상을 실제로 재구성하거나 더 좋게 만들고 싶다는 어떤 열망이 아니었을까, 과학자로서 이렇게 느꼈을 것이라고 생각해요.

저는 지능 현상의 완전한 규명에 대한 관심보다는, 현시점에서 어느 정도까지 인공지능 기술이 발전해왔으니 이걸 갖고 사람들에게 어떻게 유용한 도구를 제공할 것인지, 나아가 좀 더 살기 좋은 세상을 어떻게 만들 것인지에 주력하고 있습니다.

한상기 언제부터 그런 생각을 하셨나요?

하정우 처음부터 그런 거창한 생각을 했던 건 아닙니다. 제가 2003년 말부터 2006년 초까지 모 IT 서비스 회사에서 소프트웨어 엔지니어로 근무했는데, 그때 이러다 부속품처럼 살게 될 것 같다는 생각이 들었어요. 좀 더 의미 있는 일을 하고 싶었습니다. 당시에 창업은 생각도 못했어요. 지방에서 근무하던 20대 후반의 청년이었던 저는 엄두를 못 냈지요. 대학원에 진학해 뭔가 기회를 만들어봐야겠다고 생각했고, 학부 시절의 지도교수님께 메일을 보내서 꼭 한번 시간을 내주십사 부탁을 드렸지요. 교수님께서 흔쾌히 오라고 하시더라고요.

한상기 그분이 장병탁 ● 교수님이지요?

● 장병탁: 서울대학교 컴퓨터공학부 POSCO 석좌교수이며, 인지과학·뇌과학 협동과정 겸임교수이다. 서울대 AI연구원(AIIS) 초대 원장을 역임했다.

하정우   맞습니다. 교수님께서 이런저런 분야가 있다, 그중에 DNA 컴퓨팅도 있고, 머신러닝이라는 것도 있는데 데이터가 있으면 그걸로 지능을 만들어낼 수 있다, 지금은 그렇게 관심받는 분야는 아니지만 굉장히 중요하고 근본적인 연구라고 설명해주시더라고요. 그래서 그냥 재미있고 의미 있겠다, 딱 거기까지 생각을 했죠.

한상기   '재미있고 의미 있겠다'는 것이 제일 중요한 동기죠. 제가 1980년대에 대학원 다닐 때는 인공지능을 가르쳐주실 지도교수님이 안 계셨어요. 그냥 제가 하고 싶어서 했지요. 당시 제 지도교수님은 컴퓨터 구조론을 가르치던 분이었으니, 소프트웨어인 인공지능을 연구하겠다는 제가 얼마나 고생했겠습니까? 지금 이렇게 인공지능을 다 함께 논의할 수 있다는 게 감개무량합니다.

| 알파고가 한국 사회에 준 충격 |

한상기   인공지능 연구자로서의 길을 걸어오시면서 지금까지 인공지능 역사에서 굵직한 사건들을 목격하셨을 것 같은데요, 특히 2016년에 알파고가 우리 사회에 준 충격이 굉장히 컸잖아요. 그때의 기분이나 상황을 이야기해주신다면요?

하정우   그때는 제가 네이버 랩스의 인공지능팀에서 일하기 시작한 지 2년 차에 막 접어들었을 때였습니다. 당시 추천 시스템 기술 리더Recommender System Tech Lead를 맡고 있었습니다. 딥러닝을 활용해서 사용자에게 음악을 추천하는 것들을 만들고 있었어요.

대부분 비슷한 기분이었을 것 같아요. 다들 모여서 알파고가 이길까, 이세돌이 이길까 내기했죠. 저는 쿨하게 이세돌 기사에게 걸었습니다. 인간에 대한 응원도 당연히 있었고요. 또 다른 이유도 있었습니다. 바둑판에 그려진 19 곱하기 19의 경우의 수, 그 모든 수를 인공지능이 주어진 시간 내에 계산할 수 있다면 인간을 이길 수 있지만, 알파고가 등장하기 전까지만 해도 그게 불가능했고, 알파고가 그 많은 계산을 할 거라곤 확신하지 못한 상태였으니까요.

당시 〈네이처〉 논문을 읽어보니, 알파고가 '판후이'라는 중국계 프로 기사와 대국을 해서 다섯 판을 다 이겼다는 내용이 있더군요. 저는 판후이는 유럽 챔피언이었지만 바둑 2단이고, 이세돌 기사는 9단에 세계 최고니까 알파고를 이길 거라고 생각했죠. 그런데 대국이 진행되는 상황을 좀 지켜보니 못 이기겠다 싶더라고요.

한상기   그때 바둑을 두실 줄 알았나요?

하정우   저는 지금도 '바둑알못'입니다(웃음). 바둑을 몰라도 첫 대국의 흐름을 보니 알파고가 최적화를 위해 계산을 너무나 빠르게 하는 게 보이는 거예요. 이러면 이세돌 기사가 못 이긴다고 생각했어요.

한상기 　그때 알파고가 30수 정도를 내다본 것으로 압니다.

하정우 　네, 맞습니다. 알파고가 근사값approximation으로 그 많은 계산을 해내면서 이세돌 기사를 이긴 겁니다. 이 과정을 다시 설명하면 이렇습니다. 바둑이라는 게임은 경우의 수를 몬테카를로 트리 탐색 Monte Carlo Tree Search (이하 MCTS)을 통해 어느 정도 효율적으로 구현할 수 있어요. 어차피 바둑에서 두는 수라는 게, 이거 두고 저거 두고 하면 나뭇가지가 뻗치는 것처럼 무한대로 만들 수 있잖아요? 이거 전체를 다 계산하지는 못하니까 알파고는 샘플링을 해서 계산하는 방법을 택한 거죠. 이 방식은 거의 90점짜리로 핑장히 빠르게 효율적으로 계산하는 방법입니다.

그런데 이세돌 기사가 네 번째 대국에서 이겼잖아요? 그때는 알파고의 문제였던 근사값의 한계가 한 번 나왔기 때문입니다. 이 한계가 나오면서 보상reward 모델이 한 번 크게 흔들렸다고 얘기하더라고요. 이세돌 기사 입장에서는 핑장히 운이 좋았던 겁니다. 그 상황을 보면서 '이제 진짜 인공지능이 못 풀 문제가 없구나'라고 생각했죠.

그런데 조금 지나서 다시 생각해보니 바둑판은 현재의 상태와 승리 가능성이 핑장히 정확하게 계산되거든요? 그 계산을 빨리만 하면 돼요. 근데 현실 세계는 관측을 해야 되는데 잡음noise이 너무 많이 끼어 있어요. 눈으로 보는 게 다가 아닐 수 있는 경우가 너무 많잖아요. 현상 이면에 숨겨진 다른 요인들이 무척 많고, 심지어 관측된 데이터가 잘못된 정보를 포함하고 있는 경우도 다반사예요. 그래서 바둑판과 달리 인공지능이 현재 상태를 정확하게 관측하거나 특정하는 것이 매우 어렵습니다.

관측한 데이터에 잡음이 많이 끼어 있어서 계산된 현재 상태를 100퍼센트 믿을 수 없다는 뜻이지요. 100퍼센트 확신을 갖고 현재 상태를 계산할 수 있느냐와 계산된 현재 상태가 정확할 확률이 50퍼센트냐에 따라 그 상태로부터 의사결정을 해야 하는 문제의 난이도가 완전히 달라집니다. 그런데 실세계 문제의 대부분은 후자거든요.

그래서 바둑이라는 게임에서는 인간을 이기는 것이 가능했지만 현실 문제로 넘어오면 쉽지 않습니다. 강화학습*이 많은 기술 발전을 이루었다고 해도 그 주요 문제들이 주로 게임이나 시뮬레이션 중심이었다는 것을 고려할 필요가 있습니다.

한상기　저는 알파고가 MCTS와 강화학습 등의 모델들을 동원해서 최적의 조합을 만들어낸 작품이 아니었나 하는 생각이 들었어요. 이른바 알파고 충격 이후에 하 센터장님 본인의 생각이나 입장이 뭔가 바뀌었나요? 또는 네이버의 전략과 대응 방안이 달라진 게 있나요?

하정우　일단 그 당시에 개별 프로덕트나 서비스로 바로 이어진 케이스는 별로 없고요, 아주 최근 들어 강화학습이 더욱 발전하면서 언

● 강화학습(reinforcement learning): 기계학습의 한 영역이다. 현재의 상태를 인식하여, 선택 가능한 행동들 중 보상을 최대화하는 행동 혹은 행동 순서를 선택하는 방법이다.

어모델에서 인간 피드백 기반 강화학습Reinforcement Learning from Human Feedback (이하 RLHF)이라는 형태로 사용자 피드백을 받아서 점점 글을 더 잘 쓰게 만드는 방향으로 꽃을 피우게 되었습니다. 알파고 충격 이후 당장 실무에 적용하거나 직접적으로 도움되는 건 크지 않았지만, 인공지능이 전도유망한 분야가 되었지요.

인공지능이 바둑에서 사람도 이기고 대단한 잠재성이 있으니 많은 문제를 해결하는 데 인공지능을 적용해보자 하며 다수의 기업들에서 대규모 투자를 하게 되었습니다. 모 회사는 어딜 봐도 인공지능 연구개발을 전혀 안 할 것 같은 곳인데도 불구하고 자신들도 인공지능 연구소를 만들겠다고 할 정도였으니까요.

그러다 보니 인공지능 인력 채용도 많아지고, 개발자들의 몸값도 올라서 처우가 좋아지게 되었습니다. 알파고 전까지는 인기 있는 편이 아니었던 인공지능 분야로 학부생이나 대학원생이 많이 유입되고 일반 개발자들도 굉장한 관심을 갖게 되었죠. 인재 풀이 넓어지니까 정말 뛰어난 능력을 가진 분들이 더 많이 들어오게 되면서 선순환 구조가 구축되기 시작했습니다. 2016년부터 2018년까지는 그런 흐름이 이어진 것 같아요.

알파고 충격은 인공지능 분야에서 새로운 부흥의 계기를 만들어주었고 정부의 정책이나 예산 투입에도 크게 영향을 미쳤습니다. 알파고 이벤트를 우리나라에서 한 것도 어찌 보면 대한민국이 글로벌 인공지능 경쟁력에서 6~10위권을 유지하는 데 큰 기여를 했다고 볼 수 있습니다.

| 새로운 충격, 대화형 서비스의 등장 |

한상기   그런데 알파고 이후 6년 만에 최근 엄청난 사건이 일어났습니다. 챗GPT로 대표되는 거대언어모델, 그러니까 LLM을 이용한 대화형 서비스의 등장이죠. 이 LLM을 포함한 생성형generative 인공지능은 기존의 흐름에서 또 다른 단계로 가는 하나의 변곡점일까요? 아니면 단순히 자연스러운 진화 중에서 가장 관심을 받는 수준에 머무는 것일까요? 어떻게 평가하세요?

하정우   생성형 인공지능은 데이터를 만들어내는 모델이라 할 수 있는데요, 기존의 분류형classification 인공지능과 비교하면 이해가 쉬울 듯합니다. 이미지 속에 있는 객체가 개인지 고양이인지 구분하고 인식하는 것이 분류형 인공지능이고, 개나 고양이를 그려내는 것이 생성형 인공지능입니다. 다만, 생성형 인공지능에도 구분, 선택 등 분류형 인공지능의 기능과 기술이 필요하니 칼로 무 자르듯 완전히 구분하기는 어렵습니다.

저는 생성형 인공지능의 등장이 변곡점이라고 생각합니다. 기존의 패러다임을 크게 바꾸고 있으니까요. 기술적으로 분류형보다는 생성형이 훨씬 어렵고, 미치는 파급력도 비교할 수 없을 정도로 크며, 생성형 인공지능으로 만들어지는 가치나 비즈니스 기회도 분류형보다 엄청나게 많습니다.

왜냐하면 생성이란 건 사람도 하기 어려운 일이거든요. 이게 개인지

고양이인지 구분하는 것과 개나 고양이를 그리는 것은 난이도가 완전히 다르잖아요. 생성형은 일반적인 개나 고양이를 그릴 수 있을 뿐만 아니라, 내가 원하는 모습의 개도 그릴 수 있습니다. 자기가 키우는 반려동물 사진으로 여러 액세서리를 자연스럽게 붙여볼 수도 있고, 미용실에 데리고 가기 전에 헤어 스타일을 입혀볼 수도 있어요. 거기서 만들어지는 가치와, 개인지 고양이인지를 구분해서 만들어지는 가치는 엄청난 차이가 있지요.

기술적인 어려움을 극복했다는 측면뿐만 아니라 그 이후의 파급력 혹은 활용 가능성, 그리고 가치가 더 늘어날 잠재력을 고려한다면 패러다임 전환이 일어나고 있다고 봅니다.

| 인공지능 시대의 주역들 |

한상기　　생성형 인공지능에 대해서는 다음 장에서 좀 더 깊이 있게 다뤄보도록 하고요. 인공지능을 연구하는 단체나 회사에 대해서도 이야기해보겠습니다. 새로운 연구 그룹과 스타트업이 많이 등장하고 있는데, 구글이나 마이크로소프트, 메타 같은 빅테크 기업들을 제외하고 최근 5~10년 사이에 우리가 주목해야 하는 연구 그룹이나 기업은 어디가 있을까요?

하정우　　네이버요(웃음).

한상기   네이버는 국내에서는 빅테크 기업이니 제외하고요.

하정우   챗GPT를 만든 오픈AI를 가장 먼저 꼽아야겠지요. 오픈AI 는 워낙 압도적으로 잘하고 있고 전 세계를 이끌고 있는 회사죠. 알파 고를 만든 구글의 딥마인드도 워낙 유명하고요.

스태빌리티 AIStability AI라는 회사도 있습니다. 이 회사에서 공개한 스 테이블 디퓨전Stable Diffusion은 이미지 생성 인공지능의 시대를 연 모델 이라고 평가할 수 있습니다. 오픈 소스인 데다 학습한 모델을 파일 형 태로 공개했기 때문에 이미 많은 사람들이 사용하고 있고, 이를 기반 으로 다양한 인공지능 이미지 서비스들이 나오고 있지요. 스태빌리티 AI는 전 세계에 스테이블 디퓨전 신드롬을 만들어내면서 기업 가치 도 굉장히 많이 올라갔어요. 그런데 경기 불황 때문인지 사업 모델의 어려움 때문인지 요즘은 투자금 유치에 애를 먹고 있다는 얘기를 들 었습니다. 그런 가운데 얼마 전 스테이블 LM이라는 거대언어모델도 오픈 소스와 모델 파일을 공개해서 화제가 되었지요.

또 주목할 만한 회사는 앤스로픽Anthropic입니다. 앤스로픽은 오픈AI 에서 GPT-3를 만든 핵심 멤버들이 상당히 많이 나와서 창업한 스타 트업입니다. 여기에는 규모의 법칙Scaling Laws을 제안한 자레드 카플 란, 당시 GPT-3 책임자였던 다리오 아모데이가 포함되어 있습니다. 앤스로픽은 안전한 인공지능을 모토로, 챗GPT의 대항마 격인 클로 드Claude라는 챗봇 서비스를 만들어서 서비스하고 있습니다. 구글 클 라우드가 앤스로픽과 인공지능 개발에 협업한다는 소식도 있고, 아마존 웹 서비스(이하 AWS)가 주도해서 오픈AI 진영에 대항하는 회사들로 연합군을 결성한 베드록Bedrock 서비스에 클로드도 참가하고 있습니다. 그 외에 구글 출신이 창업한 캐나다의 언어모델 인공지능 스타트업인 코히어Cohere와 번역 쪽에서 두각을 나타내고 있는 독일의 딥엘DeepL도 주목할 만합니다.

한상기   2016년에서 2020년까지 주목받았던 회사하고, 2020년 이후에 관심을 받는 회사가 많이 달라진 것 같습니다.

하정우   그렇습니다. 결국은 LLM 때문에 이렇게 달라지게 된 것 같아요. 구글에서 2018년에 발표한 인공지능 언어모델 버트BERT, 그리고 GPT-3 이후에 거기에 동력을 받아서 나온 회사들 중 상당수가 LLMaaS LLM as a Service (서비스로서의 LLM)를 지향하고 있습니다. 그런 회사들의 상당수가 몇억 달러씩 투자를 받았죠.

| 한국 인공지능의 현주소 |

한상기   한국에서는 대기업에서 나와서 각광받는 새로운 회사를 만드는 경우가 참 드문 것 같아요. 물론 네이버 인공지능 인력들이 중심이 되어 창업했고, 최근 카카오톡에 챗GPT를 기반으로 챗봇 서비스를 하는 아숙업AskUp을 만든 업스테이지가 있기는 하죠. 하지만 삼성전자 같은 대기업에 있던 연구소 출신이 만든 회사의 사례가 많지 않은데 왜 그런 걸까요?

하정우   저도 왜 창업을 하지 않느냐는 질문을 받긴 하는데요, 제가 위험을 감수하고 지르는 성향이 아니기도 하고 스스로도 창업 체질은 아니라고 생각해요. 그런데 제 개인적 성향을 떠나서 한국 사회는 실패가 잘 용납되지 않는 사회이기 때문이 아닌가 생각합니다. 실수를 용서해주지 않는다는 개념이라기보다는 실패했을 때 그다음 단계로 나가는 게 아주 쉽지 않다는 뜻이죠. 재도전하기가 무척 어려운 사회입니다. 꼭 금전적인 부분만이 아니라 전반적인 사회 분위기가 그렇습니다. 당장 집에서도 그거 하다가 잘못되면 우리는 어떡해, 이런 분위기잖아요.

최근 미국의 스페이스X가 화성 탐사를 위해서 역사상 가장 강력한 로켓인 스타십을 발사해 지구궤도 시험비행에 나섰지만, 비행 중 폭발하면서 실패했습니다. 이 회사의 CEO인 일론 머스크는 시험비행 실패 후 "스페이스X팀의 흥미로운 시험비행 발사를 축하한다" "몇 달 뒤 있을 다음 테스트를 위해 많이 배웠다"고 트위터에 썼는데 무척 인상적이었어요. 실패를 해봐야 성공하지 않나요?

실패를 해도 얼마든지 다음 기회가 있어서 시도해도 괜찮다, 시도하는 것 자체가 도움이 된다는 인식이 기본이 되면 도전에 조금 더 수월할 것 같은데, 우리 사회는 아직 아쉽습니다.

한상기　　이런 것도 있지 않을까요? 미국은 인공지능 사업에 얼마나 많은 돈이 필요한지 잘 알아요. 그래서 초기 단계인 시리즈 A나 B에서부터 몇억 달러씩 투자하죠. 우리 돈으로 치면 몇천억 원 단위의 돈이 들어오는 겁니다.

그런데 우리는 '한 30억 원 줄게 해봐, 잘되면 그다음에 한 100억 원 투자할게' 이런 식이죠. 이런 게임으로는 인공지능에서 의미 있는 회사를, 현재 거론되는 기술을 기반으로 못 만들어요. 투자 금액의 규모, 이 판에 들어가는 판돈의 규모가 다른 게 우리가 그러한 일을 시도해볼 수 없게 만든 것 아닌가 하는 생각이 듭니다.

하정우　　맞습니다. 그것도 굉장히 큰 이유죠. 지금은 인공지능 개발 경쟁이 머니 게임으로 가고 있고, 얼마만큼 긴 호흡으로(긴 호흡이라는 표현이 맞는지는 모르겠어요. 워낙 빨리 발전하니까) 얼마만큼의 크기로 가게 놔두느냐, 믿고 보느냐라는 관점에서 봐도 잘 안되고 있어요. 우리나라는 그렇게 인내심이 많지 않은 것 같습니다. 스타트업을 주저하게 만드는 환경이고 투자도 많이 안 해주면서 시간도 많이 안 줍니다. 그래 놓고 '해서 실패할 확률이 높은데, 그래도 괜찮겠어?'라는 식이죠.

한상기　　하 센터장님한테 1조 원 투자할 테니까 한번 해볼래, 하면 하시겠어요?

하정우   1조에 10년 주시면 제가 정말 열심히 할 수 있습니다 (웃음).

| 인공지능이 급속도로 발전한 배경 |

한상기   인공지능이 최근 10여 년 동안 이렇게 빠르게 성장한 이유 중에는 서로의 연구 결과와 데이터를 공개하고, 때로는 제한적이지만 소스도 공개하는 오픈 커뮤니티 또는 오픈 소스의 철학이 매우 큰 역할을 했다고 생각해요.

하정우   100퍼센트 동의합니다. 인공지능은 리눅스®와 거의 유사한 성장 절차를 밟아왔습니다. 현존 딥러닝 선구자들 중심으로, 제프리 힌턴이나 요슈아 벤지오, 얀 르쿤 같은 대가들이 자신들의 연구 성과를 최대한 많이, 특히 소스 코드 레벨까지 거의 다 공개해왔어요. 유료 구독해야 하는 저널 대신 무료 사이트인 아카이브®®를 통해 연구 논문을 공개하고 최고 수준의 학회 논문까지 공짜로 다 볼 수 있게 했습니다. 방법론, 엔지니어링 경험과 소스 코드, 데이터, 모델 체크 포인트까지도 공유해왔죠.

●   리눅스(Linux): 1991년 리누스 토르발스(Linus Torvalds)가 공개한 오픈 소스 운영체제. 컴퓨터 역사상 가장 많은 참여자가 관여하는 오픈 소스 프로젝트로 유명하다.

●● 아카이브(arXiv): 미국 코넬대학교에서 운영하는 무료 논문 저장 사이트. 수학, 물리학, 천문학, 통계학, 컴퓨터공학, 인공지능 등에 관한 출판 전 논문(preprint) 또는 텍스트 등을 무료로 업로드 및 다운로드할 수 있다.

내 것을 내주고 다른 사람이 개선한 걸 내가 또 받아보고, 그걸 다시 개선하는 형태로 굉장히 빠르게 성장해왔습니다. 인공지능은 개방성과 공유의 정신 덕분에 발전했다고 해도 과언이 아닙니다. 과학과 기술 발전에서 가장 중요한 게 최대한 많은 사람들이 함께 집단지성을 발휘하는 것입니다. 아이작 뉴턴이 편지에서 인용해 유명해진 명언이 있죠. "내가 멀리 볼 수 있었던 것은 거인들의 어깨 위에 서 있었기 때문이다."

한상기   그런데 요즘 들어서는 점점 폐쇄성이 강해지는 듯합니다. 전에도 중요한 핵심 내용을 다 공개하지는 않았지만, 요즘에는 거의 공개를 거부하는 분위기입니다. 이렇게 되면 인공지능 산업 전체의 성장 동력이 약해지는 것 아닌가 하는 생각이 드는데요?

하정우   비공개로 바뀌고 있다는 건 인공지능으로 돈을 벌기 시작했다는 뜻일 수도 있어요. 여태까지는 직접적으로 수익과 연결되는 케이스가 적으니 기술 공유를 통해서 빠르게 궤도에 올리는 것이 중요했는데, 이제는 개별 기술들이 바로 돈이 되니까 기밀에 부쳐야 할 비즈니스 기회인 거지요. '내가 이렇게 투자했는데 남 배불리는 짓을 왜 해?'라는 생각이 든 거죠. 돈이 되니까 기술을 닫기 시작한 게 아닌가 추측합니다.
물론 안전 문제도 있을 수는 있습니다. 그런데 기술이 좋아지면서 생긴 게 안전성 문제잖아요. 기술 수준이 낮을 때는 안전이고 뭐고 작동을 안 하니까 신경 쓰지 않았는데, 기술 수준이 워낙 높아지면서 안전 문제도 신경 써야 하지만 투자 대비 수익Return on Investment (이하 ROI) 관점을 당연히 고려할 수밖에 없는 거지요. 내 것을 공개하는 게 경쟁자의 배를 채워주는 셈이 되니까 비공개로 가는 겁니다. 이해는 되지만 바람직하지는 않지요.

한상기   개방성이 네이버의 인공지능 개발과 성장에도 큰 도움이 됐지요?

하정우   그럼요. 구글이 개발해 공개한 트랜스포머 모델을 비롯해 뭐든 가져다가 잘 쓸 수 있었고, 또 우리가 연구해서 더 발전시킨 내용을 다시 인공지능 학계에 공유해왔죠. 저희 같은 경우는 깃허브®를 통해 상당수 논문의 소스 코드나 데이터를 공개하고 있습니다. 그런데 점점 개발 성과를 비공개하는 형태가 많아진다면 네이버나 다른 기업들도 자체 연구개발 역량을 갖추지 못할 경우 어느 수준 이상으로 성과를 내기 어려워질 겁니다. 지금까지는 개방성을 통해 좋은 기회를 얻었지만, 이게 중단되면 또 다른 위기가 시작될 수 있죠.
전반적으로 비공개로 가는 흐름 자체가 불행한 일입니다. 그나마 지난 수년 동안 훌륭한 인재를 많이 모아서 자체적으로 어느 정도 문제

● 깃허브(GitHub): 세계 최대 규모의 오픈 소스 및 자유 소프트웨어 공유 사이트이자 개발자 커뮤니티.
　네이버 AI 깃허브: github.com/naver-ai
　네이버 클로바 AI 깃허브: github.com/clovaai

를 해결할 수 있는, 어려운 문제를 다 풀 수 있는 건 아니겠지만 특정 분야에서는 세계 최초로 뭔가 문제를 풀 수 있는, 내재 역량을 어느 정도 확보해놓은 건 불행 중 다행이라고 생각해요.

한상기　그럼 주로 어떤 기준으로 정보의 공개와 비공개 여부를 결정하나요?

하정우　공개 여부에 대한 기준은 명확합니다. 당장 나한테 돈이 될 게 아니면 공개하는 거죠. 공개한다는 건 판을 키우겠다는 뜻이잖아요? 판을 키우는 것과 당장 내가 돈 되는 것을 저울에 달아서 판을 키우는 게 이득이면 공개하고, 나에게 바로 돈 되는 쪽으로 저울추가 쏠리면 공개를 안 하는 거지요. 비즈니스 관점에서 분명한 기준입니다. 많은 기업들이 이런 방향으로 갈 것 같습니다. 완전히 닫는 게 아니라 판을 키우는 게 필요하면 당연히 공개할 거고요, 판은 이미 충분히 커졌고 이 안에서 무조건 경쟁이라고 판단하면 닫는 형태로, 즉 투 트랙으로 갈 것으로 전망합니다.

| 지금의 인공지능은 어디까지 왔나 |

한상기　우리가 지금 만들어낸 인공지능의 수준은 어느 정도에 와 있고, 또 그렇게 판단하시는 근거나 기준은 무엇인지 설명해주세요.

우리는 지금 어디까지 온 건가요?

하정우 　오픈AI가 발표한 최신 성과인 GPT-4 기준으로 말씀드리 겠습니다. 자세한 평가 프로토콜이 논문에 나와 있지는 않지만 일단 수치상으로만 보면 특정 영역의 문제, 꽤 어려운 문제를 푸는 데 있어 서는 미국 아이비리그 대학생 1학년 수준까지는 올라온 것 같아요.

한상기 　특정 영역의 문제라는 것은 시험을 통해 검증하는 수준이 죠?

하정우 　시험을 치르는, 다시 말해 문제를 푸는 지식 능력 수준은 아 이비리그 수준까지 온 것 같습니다. 하지만 아이비리그 대학에 입학 하는 학생들의 능력과 같다는 뜻은 아닙니다. 그 둘은 달라요. 사람도 그런 사람 있잖아요. 시험만 잘 치는 사람들, 실제로 일을 시켜보면 되게 못하는데 시험은 기가 막게 잘 치는 사람들이요.

현재 인공지능의 전체적인, 일반적인 지적 능력을 보면 초등학생 고 학년에서 중학생 정도까지는 되는 게 아닌가, 이런 얘기들이 있는데 요. 문제는 이걸 어떻게 평가할지에 대한 체계가 많이 부족하다는 겁 니다. 그래서 정량 지표 없이 사람마다 정성적으로 다른 얘기를 하는 상태입니다.

GPT-3가 나왔을 때 IQ 70에서 80 사이라는 얘기를 했었거든요. 지 금은 90에서 100 사이쯤 되지 않는가 하는 얘기도 나오고 있습니다.

그러면 굉장히 똑똑한 사람이 아니라 일반적인, 평균적인 사람들이 어렸을 때 정도는 된다고 보기도 합니다.

한상기　세계 최고 수준의 인공지능 학회인 NeurIPS와 ICML에 논문을 냈던 4,000명 정도의 전문가를 대상으로 몇 년 전과 2022년에 서베이를 했어요. 그중에 인공지능이 고등학생 수준의 에세이를 쓰는 일이 2024년쯤에는 가능할 것 같다는 조사 결과가 있었습니다. 센터장님은 생성형 인공지능이 언제쯤 뉴욕타임스 베스트셀러 정도의 글을 쓸 수 있을 거라고 예상하시나요? 사람들이 너무나 재밌다고 하는 정도의 소설을 쓸 수 있는 때는 언제쯤일까요?

하정우　오래 걸릴 수도 있겠다고 생각해요. 제가 문학에 문외한이긴 한데 그냥 읽을 만한 고만고만한 수준이 아니라 뉴욕타임스 베스트셀러 정도가 되려면 심오하고 훌륭한 작품이어야겠죠? 주제나 소재가 완전히 새롭거나 전반적인 스토리 라인이 뛰어나다거나 해야 하는데, 인공지능이 무에서 창조하기는 쉽지 않을 겁니다. 시간이 걸리겠지요. 혹은 인간 작가가 입력을 많이 하고, 인공지능과 같이 작업하면 좀 더 일찍 나올 수도 있을 겁니다.

한상기　작가들은 이미 인공지능을 많이 쓰고 있습니다.

하정우　예. 그런데 인공지능 단독으로 그 수준에 오르는 데는 시간이 더 걸리지 않을까요?

한상기   '오래'라는 것이 10년 이상? 20년 이상일까요?

하정우   20년은 아닐 것 같고 10년? 혹은 5년에서 10년 사이 정도
가 될 것 같습니다. 요즘 10년의 발전 속도가 워낙 빨라서요.

한상기   그러니까 5년, 10년이 지나면 100퍼센트 인공지능이 쓴 괜
찮은 소설을 우리가 읽어볼 수 있을 거란 말씀이네요. 상을 받을 수준
은 아니겠지만 한 150쪽 정도 되는 소설을 우리가 읽을 수 있는 상황
은 생길 것이라는 말씀이죠?

하정우   네. 그러니까 사람이 썼는지 안 썼는지 구분하기 되게 힘든
수준까지 도달하겠지만, 무척 재미있거나 감동적이어서 베스트셀러
가 되고 문학상을 받는 정도까지 될지는 잘 모르겠습니다. 어느 시점
에는 인간 작품과 인공지능 작품을 구분해서 문학상을 주거나, 베스
트셀러를 따로 집계하는 상황이 올 수도 있겠지요.

| 궁극적인 발전 단계, 인공일반지능(AGI) |

한상기   일반인공지능이라고도 하고 인공일반지능Artificial General

Intelligence (이하 AGI)이라고도 하죠? 인간이 할 수 있는 어떠한 지적 업무도 성공적으로 해낼 수 있는 높은 수준에 도달한 기계의 지능을 말합니다.

자신들이 이루고자 하는 것이 궁극적으로 AGI라고 얘기하는 연구 그룹들이 있어요. 오픈AI도 그렇고, 딥마인드나 앨런인공지능연구소 같은 곳은 자신들이 AGI 연구를 하겠다고 말합니다. 반면에 자신들은 사람의 역량을 강화하거나 확장시켜주는 강화지능 Augmented Intelligence을 연구하는 것이지, 사람을 대체하려는 것은 아니라고 하는 연구 그룹들도 있고요.

제프리 힌턴® 교수가 얼마 전 미국 CBS와 인터뷰를 했어요. 그분이 말하는 AGI가 어떤 것인지 정확히 알려지지는 않았지만, 힌턴 교수는 그 전에는 AGI에 도달하기까지 20년에서 50년 정도 걸릴 줄 알았는데 이제 한 20년 이내로 실현될 것 같다고 했어요. 저는 굉장히 쇼킹했습니다. 이분이 이렇게 얘기하는 사람이 아닌데 갑자기 20년 이내에 될 것 같다고 공개적으로 말하는 바람에.

그러면 많은 사람들이 들었을 때 'AGI는 도대체 뭐야? 어디까지 돼야지 AGI가 되는 거야?'라고 질문할 것 같아요. 센터장님이 생각하는 AGI는 뭔가요?

● 제프리 힌턴(Geoffrey Everest Hinton): 영국 출신의 인지심리학자이자 컴퓨터 과학자. 캐나다 토론토대학교의 교수로 재직 중이며 구글의 석학 연구원직을 2023년 5월 사임했다. 인공지능의 대부라 불릴 정도로 이 분야에 크게 기여했다.

하정우　　말씀하신 대로 AGI에 대한 통용되는 정의가 아직 없습니다. 정의가 있기는 한데, 사람마다 다 다르니 없는 것이나 마찬가지죠. 그러면 '진짜 사람처럼 하는 거는 정말 AGI가 맞냐, 사람이 다 다르고 얼마나 불완전한 존재인데 그것이 가능하냐?'라고 본다면, 그건 좀 이상한 것 같고, 그래서 일단 AGI에 대한 정의부터 해야 하는데, 뭘 어떻게 정해야 할지 잘 모르겠어요. 이런저런 기능들이 되면 이것을 AGI라고 통칭하자는 정의를 학자나 학계에서 만들어주면 좋겠습니다.

한상기　　인공지능 레벨 1, 레벨 2, 이렇게 할 수도 있다고 봅니다. 최종 레벨 5를 AGI라고 정하는 거죠. 마치 자율주행 자동차의 수준을 우리가 5단계로 분류한 것처럼요.

하정우　　현재의 LLM 모델과 파운데이션 모델*은 5단계 중 레벨 2, 3 정도는 되는 것 같습니다. 자율주행차도 5단계까지 가려면 기술적으로 매우 어렵겠지만 어떤 점에서는 차라리 정의하기가 편해요. 이름 그대로 주행을 자율로 하면 돼요. 그런데 AGI는 운전과 같은 단일한 과업task이 아니잖아요. 글도 쓰고 그림도 그려내고 사람과 대화도 하고 컴퓨터 프로그램용 코드도 만들어내는 등 사람이 하는 다양한

─────────────

● 파운데이션(foundation) 모델: 텍스트, 이미지, 음성 등 입력 내용을 학습하고 새로운 데이터를 생성할 때 근간이 되는 범용 인공지능.

지능 행위를 포괄적으로 수행해야 합니다.

이러한 개별 과업을 다 수행하는 것뿐만 아니라 AGI라고 한다면 스스로 문제 problem를 설정할 수 있는 능력이 있어야 된다고 봅니다. 사람은 어떤 문제를 제대로 처리하든 못하든 스스로 설정하거든요. 예를 들면, 사람은 배가 고프면 이 문제를 풀겠다고 과제를 설정합니다. 밥을 지어 먹든 배달 음식을 시키든, 식당에 가든 그냥 한 끼 굶고 넘어가든 그 설정된 문제에 따르는 하위 과제를 수행하죠.

문제를 설정하고 과제를 수행한다는 것은 해결책을 찾아낸다는 뜻이기도 하지만, 그 문제를 잘 풀었는지 못 풀었는지 평가할 수 있다는 뜻도 됩니다. 스스로 평가를 하려면 평가하는 지표도 있어야 되고 평가하는 방법도 있어야 합니다. 물론 이것들을 스스로 할 수 있어야 하고요. 굶었더니 힘들더라, 그러니 다음에는 어떻게든 밥을 먹어야겠다, 이런 평가를 하는 것이죠. 그렇게 문제 설정 능력과 문제를 평가하는 지표 index와 규칙 protocol을 다른 데도 계속 적용 adaptation해가면서 바꿀 수 있어야 합니다. 이게 가능해야 AGI라고 할 수 있다고 봅니다.

한상기   아주 넓은 범위의 문제를 스스로 정의하고, 그것의 해결책을 찾아내고, 그 결과를 평가하는 것조차 자율적으로 할 수 있는 수준이 되면, 이것을 AGI라고 정의하자는 거죠?

로봇 배송이나 자율주행을 예로 들어보면, 여기서 출발해 저기까지 도착해야 된다는 문제를 인식하고 주어진 과업을 수행하기 위해 나는 이런 문제를 풀어야 돼, 이렇게 정의할 수 있다는 것 아닐까요?

하정우 　　그것보다 좀 더 나아가야 되는 게, 사람은 내가 지금 뭘 해야 하는지를 스스로 판단하잖아요. 거기부터가 문제 정의의 시작이라고 봐요.

한상기 　　그거는 굉장히 높은 레벨이잖아요?

하정우 　　그런데 사람은 그것을 하니까요. AGI에 대해 기대하는 것은 사람 수준의 인공지능이잖아요. 사람은 정확도가 떨어져서 그렇지 스스로 하잖아요.

한상기 　　생물학자나 뇌과학자들도 저마다 다르게 지능을 정의해요. 한 가지로 정의 내리기 어려워요. 내가 처해 있는 세상의 상황을 파악해 세계에 대한 모델을 갖고 주어진 문제를 풀어나가는 해결 방안을 세워서 그 문제를 푸는 능력, 이 정도가 많은 학자들이 동의하는 지능의 정의가 아닐까 합니다.

하정우 　　주어진 문제를 해결하는 것만으로는 부족합니다. 인공지능이 사람 같으려면 스스로 문제를 파악하기도 해야 돼요. 배고프니 밥을 먹어야겠다는 결정을 내릴 때, 옆에서 누가 밥을 먹으라고 얘기해서일 수도 있지만, 자신이 스스로 인지perception해서 생존하기 위해 문제를 정의할 수도 있죠.

사람은 눈, 귀, 코, 피부 등 신체의 다양한 감각기관을 통해 환경과 자신의 상태를 인지한 후 수집된 정보를 바탕으로 스스로 판단하고, 처리해야 할 과제를 문제 형태로 정의할 수 있어요. 이것까지 포함되어야 사람과 같은 수준의 AGI이지 않을까라는 게 제 생각입니다. 그래서 다른 분들에 비해서 저는 AGI가 나오기까지 시간이 오래 걸릴 거라고 봅니다.

한상기　그러려면 100년 넘게 걸리지 않을까요?

하정우　문제가 설정되어 있으면 지금 GPT 모델들도 되게 잘해요. 대표적인 예가 얼마 전에 공개된 Auto-GPT죠. 특별한 코드가 아니라 그냥 대화하듯이 어떤 목표를 주면 자동으로 하위 과제들을 설정해서 수행합니다. 물론 아직은 초보 단계라 복잡한 문제까지는 사람 손이 많이 필요하지만요.

| 지금부터 10년 뒤에 벌어질 일 |

한상기　10년쯤 지나면 지금의 인공지능 기술은 어느 정도까지 발전할까요?

하정우   지금 수준을 보면 언어와 직접 연관되거나 언어로 표현 가능한 것들은 엄청 잘하는 것 같아요. 글쓰기는 당연히 잘하고요, 언어와 의미semantic를 상당히 많이 공유하는 그림, 음악, 음성, 비디오, 그리고 로보틱스Robotics까지도 사람의 행동을 대신하는 것이니까 잘하고 있어요. 이렇게 언어와 연관성이 높은 분야들은 거의 다 되는 것 같습니다.

그런데 산업이나 제조업에 인공지능 기술을 결합해서 시너지를 높이는 융합기술은 간단치 않습니다. 제조 현장에는 수많은 센서 데이터들이 있는데, 이건 사람 언어와 상대적으로 연관성이 약하다 보니 초거대 언어모델에 녹아져 있는 능력과 지식의 이점을 살리기가 힘듭니다. 나중에 언어와 비언어 데이터 사이의 완전한 연결이 생겨서 산업계 인공지능 쪽에서도 지금보다 훨씬 잘되는 모델들이 나오지 않을까 기대하고 있습니다.

한상기   자율주행차를 예로 들어봅시다. 센서, 라이더, 레이더, 라디오, 카메라 등을 동원해 데이터를 모아서 판단하고 계획하고 제어해서 운행하는 게 자율주행차잖아요. 지금 레벨 3까지 올라왔다고 주장하는 업체가 하나 정도 있는 수준일 정도로 어려운 기술이에요. 제가 5년 전만 해도 강연할 때 사람의 개입이 없는 완전 자율주행이 가능한 레벨 5까지 가려면 30년은 더 걸릴 것 같다고 했는데, 최근에는 제 예측을 20년쯤으로 앞당겼어요.

그런데 생성형 인공지능이 발전한다고 해서 자동차가 자율주행을 더 잘하게 될 것 같다고 얘기하기는 어렵잖아요? 인공지능과 자율주행 기술이 통합돼서 인공지능을 탑재한 자동차가 만들어져야 하지 않을까요? 이것은 세상을 알고 인지하고 세상에 작용하는 몸body을 갖기 시작해야 된다는 얘기잖아요. 그게 10년 안에 시작될 거라고 보십니까?

하정우 인공지능이 신체의 형태를 갖는 임바디먼트embodiment (형상화)는 충분히 가능성이 있다고 봅니다. 그것 때문에 오픈AI가 로봇 회사를 인수하기도 했고, 구글도 계속 투자하고 있어요. 임바디먼트가 들어가야 센서 관점에서도 의미가 있습니다. 원래 지능이라는 게 인식cognition에 따른 행동action이잖아요.

현재는 액션이 비어 있단 말이죠. 여기서 말하는 액션은 온라인이나 가상 세계 말고 실제 세계에 물리적으로 작용하는 행위를 말합니다. 이 액션을 해야 실세계에 영향을 주고 환경이 바뀌면서 다시 이 피드백을 받아서 또다시 인지perception하고 학습을 하는 형태가 되기 때문에, 임바디먼트 방향으로 당연히 가긴 갈 거예요. 다만, 미세한 물리적인 행동을 구현하는 것이 워낙 기술적 · 비용적 어려움이 있다 보니까 그 부분을 극복하는 것이 관건이 되겠죠.

인공지능이 앞으로 10년 동안 엄청나게 많이 발전하는 데 관건이 될 분야는 하드웨어, 그중에서도 반도체일 겁니다. 초거대 인공지능을 운영하는 데 에너지, 즉 전기 사용량이 엄청납니다. 인공지능 서비스에 사용되는 반도체를 최적화하고 경량화해서 에너지 비용을 획기적으로 절감해야 합니다. 사람의 인체는 에너지를 아주 적게 씁니다. 물론 오류가 많긴 하지만 사람은 에너지를 매우 효율적으로 쓰면서 일을 하는 데 비해 현존 초거대 인공지능은 에너지를 엄청나게 쓰면서 일을 하고 있거든요. 이런 식으로 과연 얼마나 지속 가능할지 물음표가 생깁니다. 에너지 소비를 획기적으로 줄이는 방법들이 받쳐줘야 인공지능이 다양한 분야로 확장할 수 있습니다. 그렇지 않으면 비용이 너무 많이 들고 환경적으로도 문제가 될 수 있지요.

원가가 비싸면 이용료도 비싸질 거고, 그럼 많은 곳에 쓰이는 데 한계가 생깁니다. 지금이야 글로벌 테크 기업들이 너 죽고 나 살자는 식으로 비싸도 막 지르고 있는데, 이런 방식으로는 지속 가능하지 않을 겁니다. 마이크로소프트가 오픈AI에 투자한 금액이 2019년부터 지금까지 130억 달러(약 17조 원)라고 하고, 40조 원이 넘는다는 추측도 있습니다. 심지어 오픈AI의 샘 알트먼이 최근 AGI를 개발하기 위해 수년 내에 무려 1,000억 달러의 자금을 조달해오겠다고 말했다는 보도까지 나왔습니다. 이런 치킨 게임은 반도체나 디스플레이 산업에서도 나타났는데, 결국 비용을 누가 더 낮출 수 있느냐 싸움입니다.

한상기　GPT 계열의 LLM 모델들은 우리가 이미 쓰고 있는 스팸 필터링 또는 얼굴이나 음성 인식, 자율주행차 등에도 다 적용할 수 있는 모델인가요? 아니면 채팅이라든가 자연어* 처리하는 쪽, 또는 그림을 자동으로 재미있게 생성해주는 걸로 끝날까요?

하정우　스스로 그런 액션들을 전부 할 수 있는 모델로 진화할 수도 있지만 그러기 위해서는 기술적으로 풀어야 할 숙제가 너무 많습니다. 그래서 보다 쉽고 가성비 좋은 방법을 택하게 됩니다.

이번에 오픈AI가 챗GPT 플러그인Plug-in을 내놨잖아요. 대화형 초거대 인공지능에 다양한 액션을 수행할 수 있는 컴포넌트 모듈을 붙이려면 너무 복잡해지고 비용도 많이 듭니다. 그래서 필요로 하는 기능을 수행할 수 있는 특화된 인공지능이나 기존 서비스 앱들과 플러그인 형태로 연결하는 것이죠. 이러면 초거대 언어 인공지능은 사람이랑 자연어로 대화하면서 필요한 기능을 수행하는 앱을 호출만 하면 됩니다. 예를 들면 초거대 인공지능에 여행 예약 기능을 별도로 추가하지 않고, 기존에 서비스되고 있는 여행 앱과 플러그인으로 연결해놓으면, 사용자는 "언제 어디로 가는 항공편과 호텔을 예약해줘"라고 문자나 음성으로, 그러니까 자연어로 요구해도 인공지능과 앱이 그들 간의 인공언어 대화를 통해 이 과제를 수행하는 것이죠. 사람이 뭘 원하는지 인공지능이 정확하게 판단하고 원하는 액션을 정확하게 매핑mapping해서 해당하는 액션과 관련된 앱만 실행시키면 되는 겁니다.

한상기　결국 우리가 원하는 퍼스널 어시스턴트intelligent personal assistant가 구현되는 거네요. 일상적으로는 개인 비서나 맞춤형 도우미

● 자연어(natural language): 사람들이 일상적으로 쓰는 언어를 말한다. 기계와의 대화를 위해 만들어진 기계어(machine language)와 구분하여 부르는 개념이다.

라고도 하고요.

하정우　예, 그게 진짜 자비스[*]예요.

| 인공지능 비서의 등장 |

하정우　자비스의 가능성이 이제 보이기 시작했어요. 사람마다 표현하는 방법이 다 다르지만 대화를 통해 사람들의 의도를 정확하게 파악하는 능력은 GPT-4나 네이버에서 개발한 하이퍼클로바나, 그 이전 어떤 모델보다도 뛰어나거든요. '텍스트 투 액션 text to action'이 정확해지니까 액션에 필요한 앱만 충분히 많이 확보되고 연결되면 되는 거라서 스스로가 플랫폼이자 생태계가 되어가겠죠.

한상기　우리가 음성 비서 또는 스마트 스피커를 갖고 그렇게 실현하고 싶어 했잖아요. 커피 끓여줘 하면 인공지능이 커피 머신과 연결해서 물을 끓이고 원두를 갈아서 커피를 내린다, 인공지능이 스스로 커피를 내리는 것은 아니지만 커피 머신 같은 스마트 기기를 붙여서 이 과업을 수행한다는 시나리오죠.

● 자비스 (J.A.R.V.I.S.): 마블 영화에 등장하는 토니 스타크(아이언맨)의 인공지능 비서. 이름의 뜻은 '그 저 조금 많이 똑똑한 시스템(Just A Rather Very Intelligent System)'이지만 매우 뛰어난 능력으로 다양한 기능을 수행한다.

사람이 주는 과업을 인공지능이 받아서 가장 적합한 다른 에이전트들한테 연결해 결과를 만들어내는 것, 즉 멀티 에이전트 시스템으로 가려고 했던 일인데 성공하지 못했잖아요. 구글 어시스턴트나 애플 시리, 아마존 알렉사가 결국은 생성형 인공지능 모델을 쓰지 않았기 때문에 우리가 원하는 수준에 도달하지 못했던 건가요?

하정우   생성형 인공지능을 쓰지 못했기 때문보다는 그냥 그 당시 자연어 이해 기술의 한계였다고 생각해요. 과거의 인공지능 스피커한테는 내가 원하는 액션을 정확히, 아주 또박또박 말해줘야 인공지능이 알아듣고 동작했습니다. 그러다 보니 사람이 사용하기에 무척 불편했어요. 그런데 지금의 생성형 언어모델들은 개떡같이 말해도 찰떡같이 알아들을 뿐만 아니라, 필요하면 추가적으로 사람에게 다시 질문도 해요. 사람은 보통 이렇게 대화하잖아요. 사람이 커뮤니케이션하는 가장 효과적이고 편한 수단이 자연 발화로 대화하는 건데, 과거 인공지능과 달리 사람과 대화하는 것처럼 완전히 동일한 인터페이스를 쓸 수 있게 만든 게 초거대 언어 인공지능인 거예요. 비로소 진짜 자비스처럼 할 수 있는 거죠.

한상기   인공지능 스피커를 처음에 사와서는 기대감에 부풀어 이런저런 걸 시도해보다가 결국 시간이나 날씨를 물어보거나 알람 용도로 쓰는 정도, 노래 틀어줘 하는 정도로 머무는 경우가 대부분이죠.

하정우　　그게 제일 편하니까요. 사람들이 뭔가 일을 시킬 때는 특정 과업도 얘기하지만 농담도 하고 필요한 얘기도 하고, 갑자기 다른 얘기가 튀어나오기도 하잖아요. 지금까지 나온 인공지능 스피커 같은 제품들은 그거를 못 받아줬죠.

한상기　　애플 시리도 어느 정도 가능하지 않나요?

하정우　　애플 시리가 영어는 그래도 괜찮은 편인데, 한국어 인식과 기능은 많이 떨어져요. 애플 시리는 생성형 인공지능 서비스는 아니고, 데이터베이스 기반으로 알고 있어요. 그래서 사용자들의 다양한 요구를 신속하게 충족하지 못하는 한계가 있을 겁니다. 애플 내부에서도 시리가 경쟁력을 갖추려면 생성형 인공지능을 도입해야 하는 것 아니냐는 문제 제기가 있다는 뉴스가 나오고 있지요.

챗GPT 사용자 수가 엄청나잖아요? 인류 역사에서 새로운 기술이 나왔을 때 사용자 100만 명과 1억 명을 돌파하는 데 걸린 시간을 조사했더니 챗GPT가 기존의 넷플릭스, 에어비앤비, 페이스북, 스포티파이, 인스타그램, 아이폰, 틱톡 등의 기록을 훌쩍 뛰어넘었다고 합니다.

왜 이렇게 빨리 확산되었을까요? 물론 사람과 비슷한 지능을 갖췄다는 놀라운 성능이 가장 큰 역할을 했겠지요. 그런데 사용자 인터페이스user interface (이하 UI)와 사용자 경험user experience (이하 UX)도 크게 기여했다고 봅니다. GPT-3.5가 작년 봄에 이미 나와 있었습니다. 오픈AI 플레이 그라운드에 올라와 있었어요. 그런데 사람들이 왜 많이 안 썼을까요? 물론 잘 쓴 사람들도 있긴 했지만, 아주 소수의 인공지능 연구자나 스타트업에서만 사용했죠. 왜냐하면 보통 사람들이 쓰기에는 너무 어려웠거든요. 그런데 GPT-3.5를 기반으로 챗GPT라는 대화형 서비스가 나오면서 접근이 아주 쉬워졌습니다. 이메일만 넣어서 회원 가입하고 로그인해서 웹이나 모바일 앱으로 쓰면 되거든요. 써보니 신기하고 재미있고 유용하니까 소셜 미디어에도 올리고 다른 사람에게도 권하게 된 거죠. UI/UX 관점에서 봤을 때 장벽을 완전히 깨부숴버린 것이 굉장히 큰 역할을 했다고 봅니다.

| 인공지능을 사용하는 사람이 당신을 대체할 것이다 |

한상기   사람들은 '인터넷 시대를 넘어 이제야 모바일과 스마트폰에 좀 익숙해졌는데, 인공지능이 또 우리를 휘감네? 앞으로 인공지능 없이는 살 수 없다는 얘기인가? 인공지능이 세상을 다 바꿔버린다는데 나는 도대체 어떻게 해야 하는 거야?'라고 생각할 것 같아요. 센터장님은 어떤 대답을 해주실 건가요?

하정우   인터넷, PC, 스마트폰이랑 똑같다고 말해줄 겁니다. 안 쓰고도 혹은 없어도 살 수 있습니다. 왜 못 살아요? 좀 많이 불편해서 그렇지. '나는 자연인이다'가 되는 거예요. 문제는 인공지능을 잘 쓰는 사람들에 비해 일상생활뿐 아니라 특히 업무에서의 생산성과 경쟁력이 떨어질 수밖에 없어요. 인공지능을 안 쓰고도 뒤처지지 않거나 만회할 만한 다른 능력이 있으면 괜찮겠지만, 아니라면 감수해야겠죠.

산티아고 발다라마라는 인공지능 연구자가 올해 초에 이런 의미심장한 명언을 트위터에 올렸고, 많은 사람들에게 회자되고 있습니다. "인공지능이 당신을 대체하지는 않을 것이다. 인공지능을 사용하는 사람이 당신을 대체할 것이다."

한상기   업무에서의 생산성과 경쟁력은 전문직뿐만 아니라 사무직에 종사하는 대다수 화이트칼라 노동자들에게도 영향을 줄 겁니다. 기술이 스며든다는 표현이 있잖아요, 기술이 스며들어서 기술이 안 보이게 되는 상태를 말하죠. 우리는 스마트폰으로 뭘 할 때 '스마트폰'이라는 걸 의식 안 하고 신경도 쓰지 않습니다. 그냥 아무 생각 없이 일정 관리하고 메시지 주고받는 게 일상입니다. 은행 업무도 이걸로 처리하고요. 이처럼 모든 곳에 인공지능이 있는데도 우리가 의식하지 못하고 생활하게 되는 시점은 언제쯤일까요?

하정우   2~3년 내로 가능할 것 같습니다. 인공지능 에이전트를 지금의 스마트폰처럼 사용할 텐데, 이미 시작되었다고 봐야죠. 컴퓨터와의 인터페이스, 그러니까 커뮤니케이션 방식은 음성의 비중이 높아질 것 같습니다.

한상기   저는 좀 다르게 생각해요. 지하철에서 다들 기계와 뭐라고 뭐라고 떠들고 있는 상황은 별로 유쾌한 상상이 아닌 것 같아요. 집 안에서도 TV 채널을 돌리기 위해 굳이 말로 떠들 이유가 뭐가 있나, 오히려 리모컨 한번 누르면 더 편한데라는 생각을 합니다.

하정우   바로 그거예요. 그냥 쓰기 쉬운 UI를 쓰게 돼요. 그런데 쓰기 쉬운 UI가 사람마다 다르고, 세대마다 나르고 지역미다 다를 수 있습니다. 계속 쓰던 게 편한 사람들도 있고, 그거에 적응한 사람들도 있을 거예요. UI/UX는 그 세대에 맞춰서 가는 거지, 정답이 있는 모달리티*나 UI는 없습니다. 편한 대로 따라가면 되는데 그 편리함과 편안함이 사람마다 세대마다 다를 수 있다는 겁니다.

과거에는 가장 편한 UI를 제공하고 싶어도 기술이 받쳐주질 못했어요. 편한 모달리티나 채널임에도 불구하고 기술이 안 돼서 못했다면 이제는 기술이 다 되니까 편한 거 그냥 쓰면 된다는 겁니다. 집 안에 혼자 있을 때는 마음껏 음성을 사용하고, 공공장소에서는 조용히 문자를 주고받으면 되는 거죠. 상황에 맞춰서 선택하면 됩니다.

한상기   영화 〈그녀Her〉를 보면 남자 주인공이 걸어다니면서 인공지능 사만다랑 얘기하느라 계속 중얼거리잖아요. 그런 사람들이 많아지

● 모달리티(modality): 상호작용 과정에서 사용되는 의사소통 채널을 말한다. 음성, 문자, 그림, 사진, 이미지, 동영상 등 다채널을 사용하는 멀티 모달리티는 줄여서 '멀티모달(multi modal)'이라고도 한다.

겠네요.

하정우　　그럴 수도 있겠지요. 그런 행동들이 수용되는 사회가 되면
요. 음식에 비유를 해볼까요? 부유하지 않은 환경에서 아주 비싼 음
식을 자주 먹긴 어렵죠. 하지만 부유하다고 해서 모든 음식을 다 먹는
건 아니잖아요. 내가 좋아하는 걸 먹죠. 부유함을 기술, 음식을 UI에
비유하면 좀 더 이해하기 쉽지 않을까 합니다.

| 앞으로의 도전 과제 |

한상기　　현재 인공신경망 기반의 모델 발전이 벽에 부딪히거나 이
모델을 넘어서는 새로운 방법론이 나타날 수 있는 가능성은 얼마든지
있잖아요. 어느 천재가 나타나서 새로운 모델을 제안하거나 하드웨어
에서 엄청난 혁신이 이루어질 수도 있겠죠. 현재 모델로는 극복할 수
없다고 보는 미래의 도전 과제는 무엇인가요?

하정우　　앞서 AGI에서 말씀드렸던, 문제를 인공지능 스스로 설정
하는 능력입니다. 지금까지는 주어진 과제를 해결하는 정확도나 속도
가 개선되는 성과를 이룬 것은 분명합니다. 하지만 이것을 넘어 인공
지능 스스로 문제를 설정하는 능력을 부여하는 것은 대단한 난제이
기 때문에 기존의 모델이나 방법론과는 완전히 다른 접근이 필요합

니다.

그리고 또 다른 문제는 에너지 효율성이겠죠. 현재 초거대 인공지능이 제공하는 기능에 쓰이는 에너지가 엄청납니다. 한 단계 더 위의 완전히 새로운 문제를 스스로 새롭게 정의하려면 에너지를 훨씬 더 많이 써야 되는데, 현재 에너지 사용 대비 인공지능이 인류에게 주는 가치가 과연 합리적인 수준인가에 대해서도 논란이 있습니다. 그런데 현재보다 더 많은 에너지를 사용해서 문제 설정 능력을 만들어보겠다? 그걸 만든다고 해도 남는 장사가 아닌 것 같으면 그때는 방법을 바꿔야겠죠.

최근 워싱턴대학교 최예진 교수님의 TED 강연이 아주 인상적이었습니다. 이분은 세계 최고의 자연어 처리 분야 연구자 중 한 분인데 초거대 인공지능이 지식은 방대하지만 오히려 상식은 매우 부족하다는 한계를 지적했고, 상식 부족이 여러 문제를 야기할 수 있다고 설명했습니다. 그러면서 초거대 인공지능이 상식을 갖추도록 하기 위해 추가 데이터를 계속 학습하게 하는 건 빌딩을 계속 더 높이 쌓아 달까지 가겠다는 헛된 노력이라고 지적했습니다. 적절한 비유 같아요. 그리고 이를 해결하기 위한 몇 가지 아이디어를 제안했는데, 이것도 해결 과제라고 봅니다.

한상기　지금까지 주로 개인과 일상생활에 대해 얘기했는데 산업에도 인공지능이 굉장히 큰 충격을 주고 변화를 불러올 거잖아요. 인공지능 시대가 되면서 산업 각 분야의 메이저 플레이어가 다른 플레이어로 대체될 가능성이 있을까요?

예를 들면 자동차 산업에서 전기차 시대가 오면서 테슬라는 가능성을 좀 보여줬죠. 자율주행 기술에 인공지능 기술을 적극 활용한 테슬라는 기존 자동체 기업들과는 다른 행보를 보이고 있습니다. 다른 산업 영역에서 '우리는 인공지능으로 기존의 어마어마한 회사보다 훨씬 더 경쟁력 있고 새로운 리더가 될 수 있어!'라는 영역이 뭐가 있을까요?

하정우　　그걸 알면 제가 투자를 딱 하는데 (웃음)…… 아마도 교육 분야는 가능성이 있을 겁니다.

한상기　　금융은 어떨 것 같아요?

하정우　　금융과 의료, 법률 분야까지가 굉장히 가능성이 높다고 봅니다. 아, 금융은 조금 다를 수 있어요. 왜냐하면 금융의 많은 문제가 직접 숫자 계산이라서 일부는 좀 어려울 수 있어요. 초거대 인공지능이 파인튜닝 fine-tuning (미세조정) 없이는 간단한 수치 계산도 잘 못하는 경우가 많으니까요. 그래서 금융보다는 오히려 컨설팅 쪽이 좀 더 유용하게 쓸 수 있을 것 같습니다. 법률과 의료는 인공지능이 진짜 잘할 수 있어요. 특히 초거대언어모델이 진짜 잘하거든요. 문제는 규제가 꽉 막고 있고 실수가 용납되지 않는 mission critical 분야니까 조심스럽게 접근해야죠.

한상기　의료나 교육, 금융, 법률 분야 모두 국가가 규제를 안 할 수 없는 분야죠.

하정우　기술적인 관점에서 봤을 때는 할 수 있습니다. 하지만 업의 특성을 고려했을 때 규제나 규율도 반드시 필요합니다. 따라서 규제를 벗어나지 않는 범위 내에서 경쟁력을 높이기 위한 적절한 수준을 도출하는 게 필요합니다.

한상기　교육, 의료, 금융, 법률 분야에서는 인공지능을 활용해서 새로운 플레이어가 게임 체인저가 될 수도 있다는 말씀인데, 상대적으로 지식 산업에 가까운 분야라고 보입니다. 그렇다면 반도체, 전자, 철강, 건설, 토목, 선박, 운수, 항공 같은 분야는 어떻게 보십니까?

하정우　원재료가 차지하는 비중이 높거나, 비싸거나 딱딱한 물체를 다루는, 그러니까 하드웨어에 가까운 분야는 더 어렵더라고요. 자동차도 그렇지만 건설이나 토목 분야 있잖아요. 철근을 박고 시멘트를 붓고 그런 부분들을 소프트웨어부터 먼저 하기에는 어려움이 있겠죠. 물론 로봇이 고도화되면 얘기가 달라져요. 로보틱스 산업이 발전하면 소프트웨어 중심으로 로봇을 컨트롤해서 만들면 되니까요. 하지만 현재 로보틱스의 상황을 보면 이런 중후장대한 분야에 인공지능이 게임 체인저가 되는 데는 시간이 좀 더 걸릴 것 같습니다. 그리고 업의 특성을 바꾸는 정도는 아니지만, 건설과 토목 분야에서도 인공지능 도입이 활발하게 논의되고 있긴 합니다. 건설사들은 견적을 내고 수많은 하도급 업체들과 함께 일하는데, 도면을 포함해서 엄청난 양의 서류를 사용합니다. 숫자 하나가 틀리거나 커뮤니케이션 에러가 생기면 손해나 피해가 막심하기 때문에 이 부분에 인공지능을 이용하는 것에 관심이 크지요.

한상기   생성형 인공지능을 어느 분야에서 어떻게, 어느 선까지 활용할 수 있을지가 앞으로 굉장히 중요한 이야깃거리가 되겠군요. 다음 장에서 이 부분을 좀 더 상세히 살펴보도록 하겠습니다.

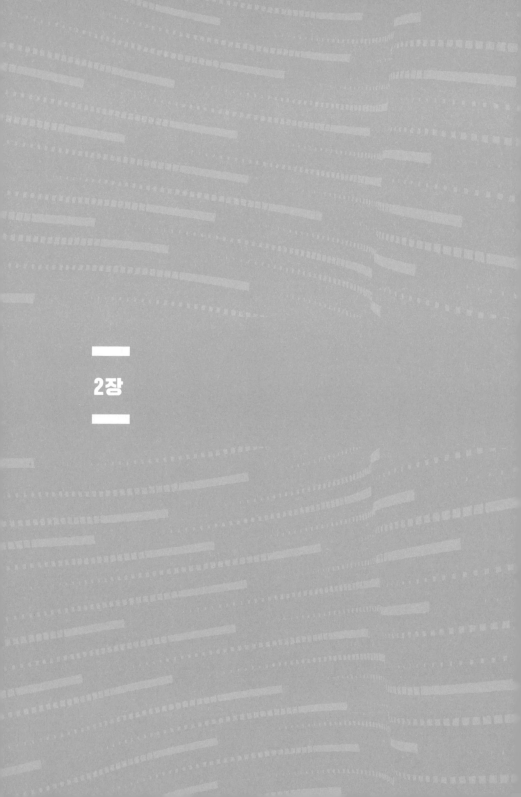

2장

초거대 인공지능의 대유행, 어떻게 볼 것인가

| 생성형 인공지능이란 무엇인가 |

한상기　　생성형 인공지능에 대한 관심이 뜨겁습니다. 이게 도대체 무엇이고 어떤 식으로 발전해왔는지 말씀해주세요.

하정우　　앞서 잠깐 말씀드린 것처럼 생성형과 대비되는 게 분류형인데, 구분형 인공지능이라고도 합니다. 데이터가 주어졌을 때 사진 속에 개가 있는지 고양이가 있는지, 혹은 자동차인지 자전거인지, 글이 주어지면 악플인지 아닌지 이런 것을 구분하거나 분류하는 것이죠. 사람 얼굴을 보고 나이를 추정하거나, 경우에 따라서는 점수를 매기는 것도 가능합니다. 이런 것들이 다 분류형 인공지능이죠.
생성형은 '데이터를 만들어낼 수 있는 인공지능'을 말합니다. 데이터를 입력하고 원하는 과업을 지시하면 글을 쓰거나 그림을 그리고, 혹은 음악과 영상까지도 만들어내는 인공지능이죠. 컴퓨터 관점에서는 데이터를 출력하는 것이고, 사람이 볼 때는 콘텐츠를 생성하는 것입니다.

생성형 인공지능의 대표적인 서비스가 챗GPT인데요, ChatGPT = Chat + G + P + T로 나눠서 보면 이해가 쉽습니다.

챗은 채팅chatting을 말합니다. 우리말로는 대화, 수다, 떠들기 등 이야기를 나눈다는 뜻이죠. 그런데 여기서 채팅은 사람들끼리가 아니라 인공지능과의 대화를 뜻합니다. 지금은 PC나 스마트폰의 자판으로 대화를 하지만 앞으로는 음성 비중이 높아질 것으로 전망되고요.

G는 generative, 뭔가를 만들어낼 수 있다는 뜻으로, 인공지능 분야에서는 생성형이라고 표기합니다.

P는 pre-trained, 미리 공부나 훈련을 시켰다는 뜻이고, 인공지능 분야에서는 사전학습이라고 합니다.

T는 transformer, 뭔가를 다른 무엇으로 바꾸는 변환기라는 뜻이죠. 인공지능 분야에서는 모델 이름으로 쓰이고, 영어 표현 그대로 트랜스포머라고 부릅니다.

Generative Pre-trained Transformer, 즉 GPT가 엔진이고 채팅 방식으로 사람들에게 서비스하는 것이라고 보시면 됩니다.

한상기　　　아주 쉽게 설명해주셨습니다. 자료를 보면 GPT-3는 1,750억 개의 매개변수parameter, 학습 데이터 3,000억 개의 토큰token, GPT-4는 공식 확인은 아니지만 무려 1조 개의 매개변수로 학습했다고 합니다. 또한 구글이 발표한 PaLM 2는 3,400억 개의 매개변수, 3조 6,000억 개의 토큰 규모라는 비공식 보고도 있고요. 매개변수와 토큰이 생성형 인공지능의 핵심 개념인데, 이게 무슨 뜻인지 풀어서 설명해주세요.

하정우 인공신경망에서 매개변수는 신경망을 구성하는 정점들을 연결하는 연결선들의 가중치를 의미합니다. 사람의 두뇌에서 뉴런들을 연결하는 시냅스에 대응한다고 볼 수 있죠. 신경망은 정점node 과 이 정점들을 연결하는 연결선edge들로 정의되고, 각 연결선들은 고유한 가중치값을 갖습니다. 그리고 입력이 주어질 때마다 입력값과 이 가중치값들의 반복적인 연산을 통해 예측된 결과값이 계산되기 때문에, 이 신경망 모델의 가중치값들이 모델의 특성과 성능을 결정하게 되죠.

또한 예측된 결과값이 정답과 다를 때마다 발생하는 오차만큼 가중치 값들을 미세하게 변경하게 되는데, 그 과정을 인공신경망에서 '모델의 학습'이라고 정의합니다. 이렇게 훈련 데이터들이 입력으로 주어지면 결과값을 예측하고, 예측이 정답과 틀릴 때마다 오차를 계산해서 가중치값을 조금씩 변경해가다 보면 결과값들을 점점 정확하게 예측하게 됩니다. 언어모델의 경우 글 쓰는 능력이 점점 더 좋아지게 되는 거죠.

사람이 언어를 이해하는 단위로 단어를 쓰듯이, 인공지능은 토큰이 언어를 이해하는 기본 단위입니다. 그래서 초거대 언어 인공지능을 만들기 위해 일종의 어휘 사전인 토큰 사전부터 먼저 구축합니다. 언어 인공지능이 글을 쓸 때는 미리 만들어진 토큰 사전에 정의된 토큰만 꺼내와서 글을 쓸 수 있기 때문에 토큰 사전을 구축할 때 어떤 언어로 된 글이라도 효과적으로 잘 쓸 수 있도록 구성하는 것이 중요합니다.

한상기　　생성형 인공지능의 역사도 앞서 인공지능과 LLM의 역사처럼 기술적인 내용과 전문용어가 많이 등장할 것 같은데, 어렵더라도 요약해서 말씀해주시겠습니까?

하정우　　n개의 연속적인 단어 나열을 의미하는 N-gram이라는 게 있는데, 이것도 언어모델로서 생성형 인공지능이라고 볼 수 있습니다. N-gram이 논의되기 시작한 것이 1980년대니까 벌써 40년이 넘었네요. 딥러닝에서의 생성형 같은 경우는 요슈아 벤지오 교수가 2003년에 회귀신경망모델Recurrent Neural Network: RNN을 언어모델로 제안했고, 딥러닝 이전에도 통계 기반 번역기 같은 것들을 생성모델로 볼 수 있지요.

이 생성모델이 각광받게 된 건 인공지능이 만드는 글이나 그림의 품질이 좋아지면서부터였습니다. 그 출발점은 2013년으로, 인공지능 연구자들이 '갓마'라고 부르는 디데릭 P. 킹마가 제안한 변이형 오토인코더Variational Autoencoder: VAE와 그 이듬해 이언 굿펠로가 발표한 생성형 적대적 신경망Generative Adversarial Network(이하 GAN)이 되겠죠.

MNIST Modified National Institute of Standards and Technology 와 같은 이미지 데이터를 아주 잘 생성해내면서 각광을 받았습니다.

GAN 자체도 대단했지만 전 세계적으로 큰 충격을 준 건 2015년 DCGAN Deep Convolutional GAN 이었어요. 지금은 오픈AI에서 CLIP과 위스퍼 Whisper 를 개발한 알렉 레드퍼드가 만든 모델이고요. 이게 LSUN Large-scale Scene Understanding 데이터라고 침대, 교회차 등 실제 사물 사진들로 구성된 널리 사용되는 데이터인데, 그 이미지를 상당히 실사처럼 생성할 수 있게 된 것이 충격적이었습니다.

이후 엔비디아에서 ProgressiveGAN을 발표했는데, 사람 얼굴 이미지를 구분하기 어려울 정도로 정말 잘 만들었습니다. 그리고 저희 네이버에서 개발한 StarGAN 같은 경우도 언급할 만한 성과입니다. 물론 그 이전에 CycleGAN 같은 것들도 있지만 StarGAN으로 이미지 편집이나 변환도 자연스럽게 되었습니다. 그 후 StyleGAN이 나오면서 적어도 사람 얼굴 사진은 그린 것인지 실제 인물인지 구분하기 되게 힘들어지는 케이스들이 많이 나왔습니다.

요즘은 확산모델 diffusion model 이 이미지 생성에서 대세가 되었지요. 많은 분들에게 친숙한 달리 2 DALL·E 2, 미드저니 Midjourney, 스테이블 디퓨전 시리즈 같은 것들이 모두 확산모델을 기반으로 합니다.

이미지 생성모델에 비해 글쓰기에서의 임팩트는 조금 덜했어요. '여전히 만만치 않겠구나'라고 생각했는데 2019년에 GPT-2가 나오면서 '글을 제법 쓰네?' 이런 느낌이 들었어요. 2018년에 나온 GPT-1은 사실 그 정도까지는 아니었습니다. 오히려 같은 해 구글에서 개발한 BERT Bidirectional Encoder Representations from Transformers가 생성형은 아니지만, 파인튜닝을 해서 여러 가지 분류 문제들을 잘 풀면서 전 세계를 강타했죠. 파운데이션 모델로서 GPT-2쯤 되니까 글을 아주 잘 쓰고, 2020년에 나온 GPT-3는 세상을 완전히 바꿔놓은 것으로 역사가 이어져왔습니다.

한상기 트랜스포머가 GPT나 BERT의 기반이 된 거죠?

하정우 네, 맞습니다. 트랜스포머는 2017년 구글에서 발표한 인공신경망 모델이지요. 처음에는 구글 번역기에서 입력받은 문장을 이해하고 번역문을 쓰는 역할을 하는 모델인 기존 LSTM Long Short Term Memory을 대체했어요. LSTM 같은 모델은 문장을 입력할 때 단어를 순서에 맞춰 입력해야 합니다. 그래서 서로 멀리 떨어진 단어 사이의 연관성을 계산하는 데 어려움이 있었어요. 또한 반드시 순서대로 넣어야 하다 보니 병렬학습에도 어려움이 있었습니다. 그런데 트랜스포머가 순서대로 넣을 필요 없이 위치정보만 주면 어텐션 attention 연산만으로 인코딩(글 내용 이해)도 되고 디코딩(글쓰기)도 된다는 것을 보여줬지요.

트랜스포머는 생성형 인공지능이라기보다는 방법론적 관점에서 보는 게 더 적합합니다. 트랜스포머라는 셀프 어텐션 메커니즘의 특성이 모델의 규모를 키우는 데 scale-up 굉장히 유리합니다. 그래서 모델이 커지니까 과거에 글쓰기와 그림 그리기의 생성에 한계가 있었던 부분들을 확 뛰어넘을 수 있게 되었죠.

| 파운데이션 모델의 시작 |

한상기   파운데이션 모델이라고 부른 이유가 언어뿐 아니라 이미지, 오디오, 비디오 등 다양한 미디어에 쓰일 수 있는 기반 모델 혹은 범용 모델이라서지요?

하정우   그렇습니다. 파운데이션 모델이라는 용어는 2021년 8월에 스탠퍼드대학교의 인간중심AI연구소 Stanford Institute for Human-Centered Artificial Intelligence에서 파운데이션모델연구센터 Center for Research on Foundation Models를 만들면서 기술보고서를 냈을 때 처음 등장했습니다. 보고서에 따르면 머신러닝의 발전 방향은 더 어려운 기능의 발현과 모델의 동질성 강화로 요약됩니다. 즉, 더 어려운 기능을 제공하면서도 각 기능마다 별개의 모델을 사용하는 것이 아니라, 하나의 모델을 여러 태스크에 적용할 수 있다는 뜻이죠.

이런 발전 방향은 2014년 이미지 인식 분야부터였던 것 같습니다. 2014년 옥스퍼드대학교에서 VGGNet 모델을 공개하고 그해 이미지넷 챌린지®에서 2등을 했는데, VGGNet이 1등을 한 구글넷 GoogleNet 보다 훨씬 간결해서 오히려 각광을 받았고 지금도 여전히 많이 쓰이고 있습니다.

100만여 장의 이미지넷에 대해서 학습을 잘한 VGGNet이나 ResNet 같은 모델을 가져다가 우리가 풀고자 하는 다른 문제들, 예를 들면 객체탐지 object detection 나 영역분할 segmentation 등과 같은 문제에 적용합니다. 즉 먼저 범용 인식모델을 만들기 위해 사전학습을 하고, 실제 적용할 문제의 데이터에 추가적으로 파인튜닝 혹은 전이학습 transfer learning 을 하는 형태가 본격적으로 시작된 것이 이때부터입니다.

특정 목적을 위해 학습시키기 전에 범용으로 쓸 수 있는 인공지능에게 초벌구이용 학습을 먼저 시키고, 그다음 풀고자 하는 문제의 데이터에 다시 학습을 시키는 프로세스가 정착된 거죠.

한상기   자연어 처리 분야는 어떻게 발전했나요?

하정우   앞서 말씀드린 기조가 이미지 인식 분야에서는 먼저 시작되었는데, 자연어 처리 쪽은 상대적으로 많이 느렸어요. 물론 2013년 Word2vec이 나오긴 했지만 임베딩 embedding, 일종의 피처 feature 로 사용되는 개념이었고, 2018년 초 ELMo Embeddings from Language Model 가 나오면서 그나마 사전학습이란 절차가 활용되기 시작했습니다. 그런데 사전학습의 효과가 자연어 처리 쪽에서 역전되기 시작했습니다. 2018년 10월 BERT가 등장하면서부터죠.

● 이미지넷 챌린지(ImageNet Large Scale Visual Recognition Challenge): 이미지넷이라는 대용량 데이터 세트(data set: 데이터들의 집합체, 즉 자료들의 모음)를 활용해 가장 뛰어난 이미지 분류 및 인식 알고리듬의 성능을 겨루는 경진대회.

그리고 GPT-3로 넘어오면서 사전학습 때 굉장히 많은 데이터를 넣고, 경우에 따라서는 텍스트만이 아니라 이미지나 오디오 등 이질적인 형태의 데이터들을 넣어서 범용으로 쓸 수 있는 큰 모델을 제대로 만들어놓게 된 겁니다. 이렇게 하고 나니 적용adaptation에 들이는 노력을 조금만 해도 되는 방향으로 점점 흘러가더라는 거예요. GPT-3가 나오기 전만 해도 파인튜닝을 시킬 때 데이터가 꽤 많이 필요했거든요.

그리고 파인튜닝을 할 때 모델 구조도 많이 바꿔야 합니다. 예를 들면 사진 안에 있는 물체를 인식하는 모델이 기본적으로 VGG나 ResNet 등인데 소위 말하는 객체탐지기Detector를 붙이려면 위의 모델 구조를 많이 바꿔야 해요.

그런데 BERT로 넘어오면서 많이 달라집니다. 과거 컴퓨터 비전* 쪽에서 사전학습과 파인튜닝에 들이는 노력의 비율이 약 7 대 3이었다면 BERT로 자연어 처리를 할 때는 거의 9 대 1로 바뀌게 됩니다. GPT-3로 넘어오면서 이제는 99 대 1 정도 되는 것 같아요. 그래서 99를 정말 잘 만드는 게 중요하고, 이 99가 아주 강력한 능력을 내기 때문에 파운데이션이라는 용어를 쓰게 된 것입니다.

지금은 GPT-3 같은 언어 인공지능이 중심이지만 앞으로 모달리티는 계속 확장될 것이므로 언어모델이라는 이름으로는 이걸 다 담지 못한

● 컴퓨터 비전(Computer Vision): 컴퓨터공학의 한 분야로 컴퓨터에게 시각(vision) 데이터 처리 능력을 부여하는 기술.

다고 생각한 거지요. 게다가 '모델의 크기만 강조할 것이냐?'라는 물음도 있고요. 상대적으로 크지 않은 것도 있는데, 글을 입력하면 그림으로 그려주는 모델은 그렇게 크지 않아요. '나중에 더 큰 게 나오면 뭐라고 부를 건데?'라는 질문이 남지요. 그래서 크기를 기준으로 표현하는 대신 기반이 되고 범용성을 띤다는 특성을 강조하는 관점에서 파운데이션이라는 용어를 붙였다고 합니다.

| 인공지능의 붐을 일으킨 이미지 자동생성 서비스 |

한상기   생성모델이 사람들에게 관심을 끌었던 이유 중 하나가 미드저니나 달리 2, 스테이블 디퓨전 같은 이미지 자동생성 서비스의 발전이었다고 봅니다. 사람들이 이런 서비스로 인공 이미지들을 만들어내고 공유하면서 확산되었죠. 그런데 아쉽게도 국내 업체에서 개발한 서비스는 주목할 만한 게 없는 것 같습니다.

하정우   제가 몸담고 있는 네이버 사례를 먼저 말씀드리겠습니다. 저희는 생성형 모델로 GAN 같은 걸 써서 이미지 변환 연구를 2017년부터 해왔습니다. 국내에서 가장 초창기부터 연구했던 그룹이라고 보셔도 될 것 같습니다. 이미지 생성 관련 논문도 많이 발표했고, 앞서 언급한 StarGAN도 저희가 발표한 생성모델 연구입니다.
그런데 달리부터 시작된 초거대 '텍스트 투 이미지text to image' 기술에 대해 저희의 고민이 있었어요. '이 기술이 과연 사용자들의 지갑을 열 수 있는 수준으로 이미지 품질도 좋으면서 사용자가 원하는 형태로 그려줄까?'라는 것이었죠. 글은 품질이 마음에 안 들어도 사람이 직접 수정하기가 비교적 쉽잖아요? 그런데 이미지는 기본적으로 포토샵 레이어로 제공되지 않는 선에서는 수정하기가 굉장히 어렵거든요.

품질이 만족스럽지 않으면 그 이미지를 모티프motif 이상으로는 쓰기 어렵다는 뜻이죠. 지금은 그나마 개선되고 있지만 핑거 콜랩스finger collapse 문제가 대표적인 사례입니다. 사람 얼굴이나 다른 신체는 잘 그려내는데, 손가락은 다섯 개보다 많거나 적게 그린다거나 대충 뭉개는 경우가 발생했어요. 이미지 생성모델이 손가락의 해부학적 연결 방식을 잘 이해하지 못하거나, 얼굴 같은 다른 신체 부위보다 손의 중요도가 낮기 때문이라는 진단입니다.

비즈니스 관점에서 이런 수준의 결과물을 상품화하는 것은 시기상조라고 판단해서 아직까지는 연구개발만 하고 있는 상황입니다. 참고로, 네이버 본사나 자회사는 아니고 손자회사인 슈퍼랩스에서 라스코 AI Lasco AI라는 이미지 생성 서비스를 출시했습니다.

한상기   최근 이미지, 영상 계통의 생성형 인공지능 수준이 높아져서 이미 포스터나 프레젠테이션 제작 등에 활용되고 있어요. 이렇게 되면 디자이너나 일러스트레이터, 영상 제작자들에게는 위협이자 기회일 것 같은데요?

하정우 오히려 디자이너를 위한 아주 성능 좋은 도구라고 생각합니다. 어도비의 포토샵이나 일러스트가 나오면서 채색하는 데 시간을 쓰는 대신 전체 디자인과 색감 배치 등에 집중하면 되도록 일하는 방식이 바뀌었지요.

디자인에서는 모티프를 얻는 게 중요한데 모티프 얻는 방식이 바뀌지 않을까 싶어요. 예전에는 작업을 시작할 때 모티프를 얻으려고 인터넷에서 관련 검색어를 입력하는 것부터 시작했잖아요? 그런데 원하는 사례가 딱 맞아떨어지게 나오는 경우는 많지 않았죠. 전반적인 디자인 철학도 맞아야 하고 회사 업무일 경우에는 회사의 아이덴티티에도 부합해야 하니까요. 작업의 첫 단계에 시간과 품이 많이 들었죠.

그런데 이제는 이미지 생성 인공지능 도구를 써서 기존 데이터, 이미지, 로고 같은 것들을 입력하고 이런저런 콘셉트로 만들어줘 하면 결과물들이 나옵니다. 입력 요구사항prompt을 바꾸거나 상세한 요구를 더하면 기대에 근접한 결과를 얻을 수 있죠. 전문가 수준의 작업일 경우에는 기존의 작업 도구를 사용해서 이걸 다듬는 작업을 해야겠지만요. 이런 방식으로 작업을 하면 양질의 결과물을 훨씬 빠르게, 품을 덜 들이면서 얻을 수 있을 겁니다. 생산성이 높아지는 거지요.

| 이미지 자동생성 서비스의 한계와 극복 노력 |

한상기 미국의 식품회사인 하인즈에서 '인공지능으로 토마토 케첩 그리기Draw Ketchup' 이벤트를 연 적이 있어요. 그런데 대부분의 응모 작들이 기존 하인즈 케첩의 이미지를 토대로 만들어졌습니다. 하인즈는 이걸 또 '케첩은 역시 하인즈'라고 홍보하는 데 활용했죠. 다른 케첩 회사나 고객 입장에서는 불만스러운 결과죠.

하정우   편향성 문제입니다. 기존 이미지 학습용 데이터에 하인즈 케첩이 워낙 많으니까 결과도 그렇게 나올 수밖에 없어요. 이런 경우는 사람이 개입해서 보정을 해야죠. 다른 케첩 브랜드를 학습 데이터에 더 많이 추가하거나, 이미지 생성모델을 만드는 연구 그룹과 협약을 맺는 방식 등으로 해결해야 합니다.

한상기   사실 사회적으로나 문화적으로 심각한 문제는 인종차별이나 성차별입니다. 길거리에서 선글라스를 쓴 멋진 여성을 그려줘 하면 다 백인 여성으로 나오고, 좌판에서 음식을 팔고 있는 사람을 그려달라고 하면 모두 유색인 여성으로 나오고, 간호사를 그려달라고 하면 여성만 출력하는 사례죠.

하정우   인공지능이 인종차별이나 성차별을 하는 것이 아니라, 편향적인 학습 데이터 분포를 반영한 것이라고 봐야 합니다. 사용자 입장에서도 이런 결과물에 문제가 있다고 여기면 좀 더 구체적인 프롬프트로 입력값을 요구하는 노력이 필요합니다. 선글라스를 쓴 동양 여성이나 남성 간호사 등을 그려달라고 하는 거죠. 제가 초거대 생성형 인공지능이 혁신적인 성능을 지녔지만, 아직은 70점짜리라고 말씀드리는 이유이기도 합니다. 아직까지는 70점 정도의 콘텐츠밖에 만들어내지 못하니까 사용자가 나머지 30점을 채워야 합니다.

한상기　사용자가 그러한 문제를 알고 조심스럽게 잘 사용하자는 얘기보다는 서비스 업체에서 이런 문제들을 해결하거나 완화시킨 버전을 내놓는 게 선결되어야 하는 것 아닌가요? 현재는 무료로 사용된다 하더라도 엄연한 서비스이고 상품이니까요. 더구나 향후에는 유료화할 계획들일 테니 더욱 그렇지 않습니까?

하정우　기업은 당연히 문제 해결을 위한 최선의 노력을 다해야지요. 그런데 저는 이런 비유를 들어요. 다섯 살밖에 안 된 어린이에게 너는 왜 100미터를 11초 만에 뛰지 못하냐고 다그치면 안 되잖아요. 마찬가지로 현재 기술 수준이 아직 그것밖에 안 된다는 얘기거든요.

한상기　기술 수준이 그것밖에 안 되니까 이해하라는 것은 지나친 요구 같아요. 기술의 사회적 의미를 좀 더 이해하고 확인해야죠. 이런 문제를 최소화하기 위해 기업들이 어떤 노력을 하고 있나요?

하정우　데이터 편향성을 완화하기 위해 추가적으로 데이터 증강augmentation 노력을 합니다. 예를 들어 유색인종 여성 데이터를 더 많이 집어넣거나, 혹은 백인 여성이 좌판에서 음식을 파는 이미지를

생성해서 추가하는 거죠. 또 데이터만이 아니라 옵션과 UI 관점에서
이런 문제를 해결하는 방법도 모색하고 있습니다. 선글라스를 썼거나
좌판에서 판매하는 여성을 그려달라고 할 때 인종이나 피부색을 선
택할 수 있도록 하거나, 간호사를 그려달라고 할 때 성별을 선택할 수
있도록 하는 방법이 있을 수 있겠죠.

그래서 저는 생성형 인공지능은 인간-컴퓨터 상호작용Human-Computer
Interaction (이하 HCI) 연구와 긴밀한 협력 연구가 중요하다고 강조합니
다. 카이스트-네이버 초창의적 인공지능 연구센터에서 김주호 교수
님과 이런 부분에서 협업하는 이유이기도 하고요.

한상기   좋은 말씀입니다. HCI는 이제 인간-기계/로봇, 인간-인공
지능 상호작용으로 확장되고 있고 매우 중요한 분야라고 생각합니다.
최근에 어도비에서 자신들의 디자인 관련 프로그램들에 생성형 인공
지능 기능을 추가해서 파이어플라이Firefly라는 제품군을 공개했습니
다. 검증된 이미지들만을 바탕으로 생성하기 때문에 저작권 문제까지
해결했다고 밝혔고요. 디자인 분야에서는 이미 어도비의 지배력이 압
도적인데, 이렇게 되면 다른 군소 업체들은 생존하기 어려울 것 같습
니다.

하정우   어도비와 다른 업체만의 문제를 넘어서 이제는 인공지능
기술을 중심으로 하는 중간 규모 회사들의 입지가 애매해질 것 같아
요. 글로벌 빅테크 기업들이 초거대 인공기술 플랫폼을 통해 다양한

기능을 제공할 것이라, 쉽게 대체될 수 있는 서비스 중심의 기업들은 어려워지겠죠. 인수합병되거나 빅테크에 컴포넌트 기술을 제공하는 방법을 통해 생존을 모색해야 할 겁니다.

챗GPT의 등장으로 글쓰기 서비스인 재스퍼Jasper나 에듀테크 전문인 체그Chegg 같은 기업들이 상당한 어려움에 직면하게 되었습니다. 체그는 챗GPT의 영향으로 매출이 줄면서 주가가 하루 만에 48퍼센트나 감소하기도 했어요.

어도비의 파이어플라이는 이미지와 디자인 관련 범용 인공지능 서비스죠. 군소 업체들은 이 서비스에 대응해 특화 전략으로 살아남을 수도 있어요. 예를 들면 건축에 특화된 데이터로 추가 학습을 해서 건축 디자인 하는 분들의 생산성을 올려주는 작업 툴을 직접, 또는 API *를 통해 제공하는 방식 등이 있겠죠. 타깃 사용자나 파트너 기업에 집중하는 전략입니다. 이렇게 하면 고유한 사용자 데이터와 응용 분야를 확보해서 플러그인 생태계에서도 나름 경쟁력을 가질 수 있지 않을까요?

우리는 기술로만 승부를 걸겠다고 하면, 이미지 생성 쪽에서는 어도비랑 1 대 1로, 언어는 오픈AI나 마이크로소프트, 구글과 1 대 1로 경쟁하겠다는 건데 이젠 현실적으로 어렵습니다.

● API (Application Programming Interface): 컴퓨터나 컴퓨터 프로그램 사이의 연결이며 약속이다. 일종의 소프트웨어 사이의 대화 채널이며, 다른 종류의 소프트웨어에 서비스를 제공한다.

한상기   비디오 생성은 아직까지는 부자연스러운 면이 많더라고요.
이건 생성해야 할 데이터 양의 문제인가요, 아니면 다른 문제가 있나
요?

하정우   학습할 데이터의 양은 충분합니다. 유튜브에만도 엄청 많
은데, 문제는 쌓인 데이터 양 이상으로 인공지능이 학습해야 할 범위
가 너무 넓고 다양하다는 거예요. 물론 비디오 데이터의 품질도 고려
해야 하고요.
언어모델을 위한 문서 데이터와 달리 다양한 비디오 콘텐츠 생성의 경
우는 학습에 필요한 데이터에 비해서 쌓여 있는 혹은 학습에 활용 가
능한 데이터가 상대적으로 적다고 봐야 합니다. 비디오 데이터는 가로
세로 해상도에다 RGB 그리고 시간축까지 있잖아요. 그래서 훨씬 더
많은 데이터와 컴퓨팅 파워가 필요합니다. 그리고 초당 수십 프레임
단위로 샘플링하면 추출된 이미지들 간에 중복되는 부분이 상당히 많
을 수밖에 없어요. 가성비가 떨어지는 거죠. 그렇다고 단위시간당 추
출하는 이미지 수를 줄이면, 즉 샘플링 비율을 낮추면 품질이 떨어질
수 있어요. 그런 기술적 어려움 때문에 시간이 좀 더 걸리는 겁니다.

| 저작권 침해 문제, 누가 책임질 것인가 |

한상기   이미지와 비디오 분야에서 예민한 이슈가 저작권 문제입니

다. 미국에서는 벌써 많은 사례들이 나오고 있는데, 프롬프트를 "누구 스타일로 만들어줘"라고 입력하면 유사한 생성물을 내놓는단 말이에요? 이런 경우 도용이나 저작권 침해인지를 누가, 어떻게 판단할 것이냐가 문제가 될 수 있죠.

하정우　기술적으로만 보면 생성형 모델의 특성상 당연히 훈련한 데이터와 거의 비슷한 패턴으로 나올 수 있어요. 그래서 저는 저작권 침해 여부를 판단하기 위해서는 재현성(반복성)을 기준으로 봐야 된다고 생각합니다. 재현성이 없으면 이거는 고의적으로 만드는 게 아니기 때문에 말 그대로 우연의 요소인 거잖아요. 그러면 문제가 덜 될 수 있고 반대로 계속 거의 동일하게 재현된다면 그건 문제가 생기는 거죠.

한상기　그걸 누가 판단하죠? 판사가 해야 하나요?

하정우　동일 여부는 정량적으로 어느 정도 판단할 수 있습니다. 픽셀pixel 값이나 단어 매칭 같은 것을 통해서요. 처음에 똑같은 프롬프트를 입력했는데 똑같은 문구가 계속 반복되어 출력된다면 문제인 거죠.
인공지능으로만 만든 콘텐츠는 저작권을 인정 못 받잖아요? 최근 미국 저작권청 US Copyright Office에서 사람의 창의성이 입증된 작품만 저작권을 인정하겠다고, 인공지능의 결과물 위에 사람이 수정하거나 편집

하는 등 창의적 노력을 더하면 그 부분만 일부 인정한다고 결정했습니다. 이 이슈는 기술이 아니라 사회적 담론으로 풀어야 한다고 생각합니다.

한상기　그렇다면 오픈 소스 커뮤니티의 결과물을 활용할 때는 어떤 점을 유의해야 하나요?

하정우　무엇보다 라이선스 준수가 가장 중요합니다. 오픈 소스 코드와 데이터도 마찬가지인데요, 비영리Non-Commercial 라이선스일 경우 그걸 그대로 상업적인 용도로 사용하면 안 됩니다. 본인들이 다시 재구현하고 데이터를 따로 확보해서 쓰는 건 상관없긴 하겠지만요. 그리고 명확하게 오픈 소스로부터 혜택을 얻은 게 있으면 오픈 소스 커뮤니티에 기여나 기부를 당연히 해야겠죠. 호혜평등이 기본 철학이니까요.

| 텍스트에서 음성으로, 생성형 인공지능의 발전 |

한상기　생성형 인공지능 연구자들이 언어모델에 집중하는 이유가 뭔가요?

하정우　데이터 구하기가 상대적으로 가장 수월하기 때문이죠. 커먼 크롤* 같은 사이트에 상당히 많은 양질의 데이터가 모여 있고 획득도 수월합니다. 수집도 쉽지만 사용하는 메모리 대비, 즉 디스크 사용량 대비 정보량에서 언어가 최고입니다. 동일한 디스크 사용량의 이미지와 비교해서 언어가 훨씬 뛰어나죠. 함축적인 데이터로서 정보 포함량이 언어가 압도적으로 많다 보니까 학습하는 과정에서도 효율이 좋고요.

GPT-3나 네이버의 하이퍼클로바 학습에 사용하는 텍스트 데이터 분량이 2021년 모델 기준 3,000억 토큰 정도였어요. 지금은 훨씬 많이 사용합니다만 3,000억 토큰 정도의 텍스트가 사용하는 디스크 양과 이미지나 비디오를 사용하는 양을 비교하면 비교 불가능한 수준으로 차이가 엄청 많이 납니다. 언어가 훨씬 효율적이기 때문에 먼저 발전했다고 생각합니다. 자연어의 특성상 응용 분야도 무척 많고요.

한상기   인간의 정보 처리에서 시각 정보가 차지하는 비중이 압도적이라고 알려져 있습니다. 뇌에도 시신경에 관련된 부분이 굉장히 크고요. 지금은 언어 중심이지만 미래에는 시각 정보 처리가 인공지능을 발전시키는 데 아주 중요한 역할을 하겠지요?

하정우   그럴 것으로 전망합니다. 지금은 데이터 양과 처리 비용 문

● 커먼 크롤(Common Crawl): 웹상에 존재하는 데이터를 자동적으로 탐색해, 아카이브와 데이터 세트를 대중에게 자유롭게 제공하는 비영리 사이트.

제에, 연산량 문제도 있고요. 결국 ROI 관점에서 발전이 지체되는 것 같습니다.

한상기 　챗GPT는 서비스이고 GPT는 근간이 되는 엔진 역할을 하는 모델인데, GPT도 버전 1이 2018년 공개된 이래 2, 3, 3.5를 거쳐 최신 모델인 GPT-4가 2023년 3월에 나왔습니다. 그런데 당초 기대했던 음성이나 이미지, 비디오 같은 멀티모달 출력을 지원하지 않은 게 의외였어요.

하정우 　저도 GPT-4가 나온다는 소문이 무성할 때 음성과 비디오 출력을 지원할까 궁금했습니다. 오픈AI CEO 샘 알트먼이 인터뷰에서 비디오를 고려하고 있다는 식으로 얘기하기도 했으니까요. 그러다가 플러그인을 보면서 생각이 조금 바뀌었어요. 비디오 출력은 플러그인에 붙이면 된다는 쪽으로요. 왜냐하면 모든 걸 하나의 모델이 다 떠안으면 크기가 너무 커지고 복잡해지고 학습과 운영도 어려워져서 가성비가 안 나오는 형태로 될 가능성이 높기 때문이죠. 특히 지금 GPT-4 구조에서 비디오까지 생성하려면 굉장히 부담스럽거든요. 그래서 출력 쪽에 이미지나 음성, 비디오 합성 플러그인을 연결해서 그 앱을 호출해 처리하는 방법을 택한 것이 아닐까 생각합니다.

한상기 　SF 영화를 보면 대부분 음성으로 커뮤니케이션을 하잖아요. 1장에서도 대화형 인공지능이 향후에는 음성 인터페이스 위주로 발전할 가능성이 높다고 하셨는데, 좀 더 보충 설명해주신다면요?

하정우   텍스트에서 음성, 음성에서 텍스트로 변환하는 과정에서 생기는 정보 손실이 있습니다. 전달하는 내용 자체는 손실이 거의 없지만, 감정이나 뉘앙스처럼 텍스트만으로는 드러나지 않는 암시적인 정보들이 훼손될 수밖에 없어요. 이걸 방지하려면 음성 모달리티까지 확장되는 것이 자연스러운 수순이겠지요.

한상기   이런 기술을 도입하고 싶은 기업들 중에서 오픈AI/마이크로소프트, 구글이나 네이버 같은 빅테크 기업들의 솔루션을 구매하거나 이용할 수도 있지만, 오픈 소스를 활용해서 자체 개발하는 방법도 있을 것 같은데요?

하정우   빅테크 중에서는 메타가 과거에 OPT_{Open Pretrained Transformer}, 최근에는 라마_{LLaMA}라는 생성형 인공지능 모델을 소스 코드와 모델 파일까지 공개했습니다. 물론 연구 목적으로만 사용해야 한다는 제한 조건을 걸기는 했지만요. 그래서 최근 라마를 중심으로 한 언어 모델 생태계가 빠른 속도로 발전하고 있습니다. 객관적인 성능에 대한 비판적 평가도 있지만, 이를 예의주시하고 경계해야 한다는 구글의 내부 보고서가 나왔을 정도니까요. 이러한 발전에 한몫을 한 건 아이러니하게도 오픈AI의 챗GPT와 GPT-4 API입니다. 지시학습에 필요한 데이터를 챗GPT를 이용해 만들어냈으니까요.

| 구글과 오픈AI/마이크로소프트의 대결 |

한상기　　오픈AI가 인공지능 시장의 핵으로 등장했습니다. 배경에는 마이크로소프트의 전폭적인 지원이 있고요. 구글로서는 무척 당혹스러울 텐데 어떻게 대응할까요?

하정우　　구글의 기술력에 대해서는 의심할 여지가 없는데요, 문제는 구글이 뛰어난 인공지능 기술을 보유하고 있음에도 상품화하지 않았다는 겁니다. 특히 자신들이 20여 년간 절대적으로 지배해온 검색 분야에 적용하지 않은 것은, 검색 분야가 광고 수입과 직결되기 때문입니다. 챗GPT와 같은 대화형 서비스를 내놓으면 검색 수요와 광고 수익이 줄어들 걸 우려해 상품화하지 않은 걸로 추측됩니다. 구글은 제미니 Gemini 프로젝트라고 기존의 인공지능 연구조직인 구글 브레인과 영국에 있는 자회사 딥마인드를 통합해 구글 딥마인드라는 조직을 신설해서 대응에 나섰습니다.

그리고 구글이 검색 이외에는 성공시킨 서비스가 드뭅니다. 유튜브도 인수해서 키운 서비스죠. 과연 구글이 뛰어난 기술에 걸맞은 서비스 능력을 보여줄지 가늠할 수 있는 시험대에 올랐다는 생각이 듭니다. 이런 상황을 현재 CEO인 순다르 피차이가 돌파할지, 아니면 창업자인 세르게이 브린과 래리 페이지가 복귀하게 될지는 모르겠지만 어쨌든 리더십이 가장 중요하겠죠.

2023년 5월 11일 구글 I/O 2023을 통해 공개한 PaLM 2와 바드 Bard

는 나름 의미가 있는 것 같습니다.* 모델의 크기나 기술적 수월성보다 인공지능을 구글의 다양한 서비스에 녹여 넣어서 비즈니스 기회를 효과적으로 창출하려는 관점에서 PaLM 2를 만든 것 같습니다. 모델 크기도 네 가지로, 가장 작은 게코Gecko는 모바일 기기에도 탑재 가능하다고 하죠. 무엇보다 한국어와 일본어를 제1외국어로 선언하면서 한국어 글쓰기의 속도와 비용 문제를 거의 해결했습니다. 한국의 IT 기업 입장에서 보면 전면전처럼 느껴지는 부분이죠.

과거 구글의 인공지능 전략과는 완전히 달라진 모습입니다. 바드에 PaLM 2를 바로 적용하고 API도 공개한다고 하죠. 제가 써보니 GPT-3.5보다 잘하는 것 같고 GPT-4에 비해선 아쉬움이 있습니다만, 애당초 GPT-4에 대응하는 건 제미니 프로젝트로 알려져 있으니 두고 봐야겠지요.

한상기   구글에 비해 마이크로소프트는 상품화 능력, 즉 최종 사용자와 기업용 서비스에 뛰어나다고 생각합니다.

하정우   마이크소프트 CEO인 사티아 나델라의 리더십이 큰 역할을 한 것으로 보입니다. 2014년 취임한 이후 클라우드 퍼스트 전략을 펼쳤고, 친 오픈 소스 행보를 보이면서 구글이 인수할 것으로 많은 사

● 구글 I/O(Google I/O): 구글이 미국 샌프란시스코에서 한 해에 한 번 개최하는 개발자 지향 콘퍼런스다. 자신들의 기술과 서비스에 관한 최신 공지사항과 업데이트 정보를 발표한다.

람들이 예상했던 깃허브를 인수하기도 했죠. 오픈AI에 대규모 투자를 한 것도 나델라의 업적이고요.

오픈AI가 GPT-4를 출시하자, 마이크로소프트는 자신들의 검색 서비스인 빙Bing에 바로 탑재했습니다. 구글의 아성인 검색 시장에 신무기를 들고 선전포고를 한 거죠.

한상기 빙이 구글 검색을 얼마나 쫓아갈 것인가는 흥미진진한 관심사라서 이런 농담도 나왔어요. "우리가 빙에 대해 얘기하고 있다는 것 자체가 놀라운 일이다. 그동안 아무도 얘기를 안 하고 있었으니까."

하정우 빙의 점유율이 3퍼센트 정도밖에 안 되었으니까요.

| 환각의 발생 원인과 해결책 |

한상기 LLM 또는 생성형 모델에서는 '환각hallucination'이라는 문제가 발생한다는 것을 사람들이 알기 시작했는데, 이건 무엇이고 왜 발생하는지 설명해주세요.

하정우 문법적으로 문제 없고 글도 잘 쓰는데 틀린 내용이 제법 많습니다. 그런데 너무 천연덕스럽게 틀린 내용을 말하니까, 마치 환각 상태인 것처럼 보여서 그런 용어를 쓰게 된 것입니다.

그런데 이게 그럴 수밖에 없습니다. 단어 가리고 단어 맞추기 혹은 다음에 나올 단어 맞추기를 하다 보니까, 완성된 글처럼 보이게 쓰도록 최적화된 모델이기 때문이에요. 하지만 그 내용이 팩트라는 보장을 하도록 학습한 적이 없기 때문에 당연히 환각 현상이 생길 수밖에 없어요. 게다가 심지어 인공신경망 모델의 구조적 특성상 많은 데이터들에 있는 정보를 압축을 통한 추상화를 하고 이걸로 다시 글을 출력합니다. 데이터베이스처럼 저장된 걸 가져오는 구조가 아니죠. 그러다 보니 여러 정보들이 추론 과정에서 마구 뒤섞이는 거예요. 그러니 팩트를 보장하기가 힘들죠. 이것이 기본적인 이유입니다.

한상기   모르면 '모릅니다'라든가 '아는 바가 없습니다'라고 대답하면 될 걸 끊임없이 아는 척하면서 이거라고 했다가, '아니야, 너 틀렸어'라고 하면 '죄송합니다'라고 하고는 또다시 틀린 대답을 한단 말이에요. 왜 이렇게 아는 척을 하는 겁니까?

하정우   딥러닝 모델들의 또 다른 단점이 과도한 확신over confidence 이거든요. 이 모델은 쓰는 것만 배웠지 인공지능 스스로 정확히 안다, 모른다라는 개념 자체가 없다고 봐야 합니다. 나는 글을 쓰기 위해 만들어진 것이지, 글의 내용을 아느냐 모르느냐 혹은 그 글이 사실이냐 아니냐는 인공지능 입장에서는 중요하지 않은 형태로 학습을 했죠. 그래서 '나는 잘 모르겠습니다'라고 얘기를 하려면 확신 정도를 평가할 수 있는 방법이 있어야 하는데 그 평가할 수 있는 방법에는 별도의 로직이 필요해요. 그런 부분들은 추가 모델을 활용해야 하죠. 기본적으로 안다, 모른다 자체를 학습하지 않았으니 일단은 글을 쓸 뿐이죠. 지금은 가드레일 규칙을 통해 어느 정도 해결하고 있어요.

한상기　갓잇AI Got It AI라는 회사에서 챗GPT의 환각률이 15~20퍼센트 정도 된다고 분석했어요.

하정우　환각률 측정이라는 게 간단치 않습니다. 어떻게 측정했고, 어떤 프롬프트나 평가 세트에 대해 했는지 확실치 않아요. 더구나 측정치 결과가 들쭉날쭉합니다. 지시학습을 많이 한 분야에 대해서는 환각률이 적게 나올 거고, 하지 않은 분야에서는 많이 나올 거예요. 그래서 일괄적으로 20퍼센트다, 혹은 10퍼센트다, 이렇게 얘기하는 것 자체가 어렵습니다. 환각만의 문제가 아니고 글쓰기를 평가한다는 것 자체가 워낙 까다로운 일이라고 봅니다.

한상기　GPT-4를 출시하면서 오픈AI에서 GPT-3.5에 비해 환각률을 40퍼센트 개선했다고 발표했어요. 그런데 뭘 어떻게, 어느 영역에서 했는지는 밝히지 않았죠.

하정우　맞습니다. 전문가들을 투입해서 RLHF를 통해 개선했다고만 밝혔고 실험 프로토콜, 데이터 세트, 벤치마크, 세트업 등에 대한 자세한 내용 없이 결과만 발표했죠.

환각을 완전히 제거할 수 없는 게 이 모델의 특징입니다. 100퍼센트 제거는 못할 거고 아주 최소화시키려는 노력을 할 텐데, 그러려면 모델별로 환각 리스트, 환각 지표, 평가하기 위한 벤치마크 세트가 마련되어야 합니다. 그리고 제3의 독립적인 평가기관에 의해서 각 모델들이나 서비스들이 갖고 있는 환각 수준을 공개해야겠죠. 글로벌 레벨의 인공지능 회사들에서는 내부 레드팀에서 작업을 할 거고요. 네이버도 레드팀에서 신뢰성 평가를 진행하고 있습니다.•

우리 정부에서 초거대 인공지능 전략을 최근 발표했는데, 중요한 내용 중 하나가 정부에서 연구 그룹들, 대학들과 함께 신뢰성을 공정하게 평가할 수 있는 평가 데이터 세트와 방법 프로토콜을 제시하겠다는 것입니다. 그리고 이러한 지표와 평가를 일반적인 분야, 중요한 분야에 먼저 적용하고, 향후 각 전문 분야로 확장하겠다는 계획이죠. 물론 아직 초기 단계라서 완벽하진 않겠지만 서비스에 적용할 수 있는 평가 기준이 만들어지리라 기대합니다. 이 부분은 우리 정부가 앞서 나가고 있다고 평가합니다.

최근 미국에서도 부통령이 백악관에서 구글, 마이크로소프트, 오픈AI, 앤스로픽의 CEO들과 인공지능의 신뢰성과 안전성에 대해 논의하고, 스케일AI Scale AI라는 스타트업에서 만든 신뢰성 평가 프로토콜

• 레드팀(Red Team): 모의 적군의 입장에서 조직의 문제점을 진단하는 팀. 인공지능 분야에서는 모델의 편향성, 환각, 윤리, 개인정보 보호, 보안 문제 등을 찾아내고 개선점을 제시하는 조직을 말한다.

을 통해 테스트하고 결과를 공개하기로 했습니다.

한상기   오픈AI의 수석 과학자인 일리야 수츠케버는 환각 문제를 2
년 안에 해결할 수 있다고 했는데, 가능하리라고 보세요?

하정우   근본적으로 없애기는 쉽지 않을 것 같아요. 분야를 정하고,
과업을 정한 다음에 이 분야에 대해 '99퍼센트면 해결한 걸로 칩시
다', '99.99퍼센트면 해결한 걸로 칩시다'라는 형태로 귀납적으로 정
의하는 것은 가능할 것 같다고 봅니다. 아니면 완전히 새로운 해결 방
법을 내놓거나요.

| 개인정보와 기밀정보 유출의 위험 |

한상기   개인정보에 관한 얘기를 해보죠. 챗GPT에서는 다른 사람
의 채팅 히스토리가 유출된 사례도 발생했습니다.

하정우   기본적으로 서비스를 제공하는 기업들이 사용자의 개인정
보를 보호하기 위한 노력을 해야 합니다. 이 사건이 발생했을 때 오픈
AI가 작은 회사였으니까 이 정도로 넘어갔지, 마이크로소프트나 구
글 같은 빅테크 기업이었으면 청문회에 불려가고 난리가 났을 거예
요. 오픈AI가 연구소 조직 형태이다 보니 시장에 출시하는 서비스에

대해서는 섬세하지 못한 한계가 있는 것 같습니다.

개인정보에 관해서는 많은 국가에서 법적으로 정한 규정과 벌금, 처벌 등 제재 조치가 이미 세밀하게 마련되어 있습니다. 인공지능이니까 더 챙겨야 한다면 사회적 담론으로 풀어야겠죠.

한상기 최근에 삼성전자 직원이 챗GPT를 사용해 기술에 관한 문의를 하다가 예민한 기업정보가 유출된 사례도 있었습니다. 기업들의 경우 데이터 보안에 민감한데, 이 문제는 어떻게 해결해야 할까요?

하정우 차단하는 것은 답이 아니라고 봅니다. 차단해서 얻는 득보다는 그로 인해 기업의 생산성이나 경쟁력이 저하되는 실이 더 클 것이기 때문이죠. 그렇다고 자체 개발하려면 인력과 비용, 장비가 필요할 것이고 시간도 오래 걸리겠죠. 일종의 인공지능 대여, 클라우드 대여 같은 방법이 있습니다. 인트라넷과 같은 방식이라고도 볼 수 있는데요, 자신들의 네트워크나 클라우드 안에서만 작동하도록 하는 것이죠. 오픈AI에서 이런 방식의 파운드리 Foundry라는 서비스를 내놨어요. 미국의 CIA나 국방부가 AWS나 마이크로소프트의 애저 Azure 같은 상업용 클라우드 서비스를 사용하되, 리전 region이라는 별도 영역을 설정해 외부와 차단하고, 접속을 제한하는 방식으로 이미 사용하고 있습니다. 그 외에 공용 클라우드와 프라이빗 클라우드를 조합해 사용하는 하이브리드 클라우드라는 방식도 있습니다.

한상기　마이크로소프트나 아마존이 한국의 기업을 위해서 인공지능 기능에 특화된 리전을 제공할까요?

하정우　아마 해주지 않을 가능성이 높고요, 우리나라 기업들도 해외 경쟁사로 정보가 유출될 것을 우려해 이용하지 않을 가능성이 높습니다. 그래서 제가 몸담고 있는 네이버 클라우드가 국내 기업들을 유치할 수 있는 기회가 될 수 있다고 봅니다.

| 인공지능의 수준을 무엇으로 나눌 수 있을까 |

한상기　앞서 1장에서 튜링 테스트를 언급했는데, 지금 시대에도 이것으로 인공지능을 평가하는 것이 유효할까요?

하정우　커튼으로 가려놓고 사람인가 기계인가를 가르는 테스트를 하는 시대는 지나갔지요. 초거대 생성형 인공지능은 그 정도 수준은 뛰어넘은 것 같거든요. 새로운 테스트 기준이 마련돼야죠. 앞서 말씀드린 문제 설정 능력과 그것을 적용하는 능력 등을 구체화해서 몇 개 트랙으로 나눠야 하지 않을까 합니다.

한상기　언어모델로는 인간의 본질적인 지능을 구현하는 데 한계가 있다는 인지과학, 언어학, 철학 분야의 지적이 있습니다. 지능에서 언어는 일부분일 뿐이고 비언어적인 지능이나 비언어적인 커뮤니케이션이 작용하는 것이 훨씬 더 많다는 주장이죠.

인공지능 분야의 석학인 얀 르쿤은 언어모델이 길에서 벗어났다off-ramp고 했고, 언어학자인 에밀리 벤더 워싱턴대학교 교수는 챗GPT에 대해 확률적 앵무새 stochastic parrot에 불과하다고 얘기했습니다.

하정우   동의하는 부분도 있습니다. 확률적 앵무새란 용어를 쓴 게 2021년 FAccT* 논문이거든요. 그러니까 2020년 말 정도에 GPT-3 기준으로 쓴 걸 겁니다. 그런데 지금은 확률적 앵무새만으로 보기에는 생각의 사슬 Chain of Thought (이하 CoT)을 설명할 방법이 없어요. CoT는 어려운 문제를 풀기 위해 단계별로 다음을 생각하고 그다음을 생각하면서 순차적으로 접근하는 방법입니다. 그냥 문제를 주고 답을 맞추라고 하면 못 풀거나 틀리겠죠, 특히나 수학 문제 같은 경우에는요. 그런데 프롬프트에 "단계적으로 생각해보자 Let's think step by step"라는 문구 하나만 넣었을 뿐인데 문제를 풀어요. 이건 과정과 단계에 대한 이해도가 있다는 얘기거든요.

한상기   인공지능에게 이해라는 개념이 있다고 보세요?

● FAccT(Conference on Fairness, Accountability, and Transparency): 세계 최초의 컴퓨터 과학 분야의 학술과 교육을 목적으로 하는 각 분야 학회인 ACM(Association for Computing Machinery)에서 주최하는 세계 최고 권위의 공정성, 책임성 및 투명성 학회.

하정우　이해와는 좀 다를 수 있겠지만, 사전학습 과정에서 단계별로 문제를 풀어나가는 것, 단계적인 절차적 해결 방법이 장착된 걸로 보입니다. 이건 확률적으로 단어를 출력하는 수준의 능력은 아니거든요. 한 단계 위에 뭔가가 있는 것 같아요.

한상기　저도 그렇게 의심이 들기는 하는데, 그 뭔가가 무엇인지를 아무도 모르잖아요. 연구한 사람도 모르고 개발하는 사람도 모르잖아요. 그래서 사람들이 '블랙박스'라고 부르는 거고요.

하정우　창발적인 능력emergent ability이 발현하고 있는데, 그것이 어디서 어떻게 발생하는지에 대해서는 앞으로 규명해야 할 과제입니다. 그리고 이것이 인간의 지능 현상과 얼마만큼 유사한지, 더 뛰어난지 여부도 확인해야겠지요.
최근 마이크로소프트에서 내놓은 〈인공일반지능의 불꽃: GPT-4의 초기 실험 Sparks of Artificial General Intelligence: Early Experiments with GPT-4〉이라는 논문이나 Auto-GPT를 보면 AGI의 단초가 시작된 것이 아닌가 합니다. 그래서 제프리 힌턴 교수도 AGI에 대한 위기감을 느껴서 구글을 그만둔 게 아닌가 싶고요.

한상기　제가 챗GPT와 컵cup에서부터 시작해 차tea에 대한 얘기까지 해보았는데, 다섯 번 정도 질문을 깊이 해서 들어가니까 챗GPT가 망가지더라고요. 왜냐하면 컵이라는 단어를 쓰지만 컵이라는 것을 이해하지 못하다 보니 본질적 한계에 다다른 게 아닌가 추측했습니다.

하정우　　충분히 그럴 수 있다고 생각합니다. 왜냐하면 학습 과정 자체가 단어 가리고 단어 맞추기에다가 몇 가지 추가 학습을 한 정도니까요. 그런데 저는 인지과학자나 언어학자가 아니라 현실론자다 보니, 그런 능력을 반드시 만들어야 하느냐에 대해 물음표가 있어요. 지금 인공지능이 갖고 있는 기능만으로도 사람의 언어 생활을 충분히 보조할 수 있다고 보기 때문에, 그 기능이 반드시 본질에 가깝게 되도록 강제할 필요가 있나 싶은 거죠. 사람의 인지나 지능 현상을 규명하거나 그와 비슷하게 만드는 노력은 과학 관점의 의미 있는 연구 주제이지만, 사람의 인지 현상과 다르거나 거리가 좀 있다고 해서 현재의 인공지능을 폄하하거나 무시하면 안 된다고 생각해요. 왜냐하면 역대어느 때보다도 실세계에 큰 기여를 하고 있으니까요.

한상기　　제가 하 센터장님을 높이 평가하는 것 가운데 하나가 용어와 표현을 잘 가려서 사용한다는 점입니다. 많은 사람들이 인공지능이 이해나 생각을 한다거나 감정을 드러낸다는 과도한 표현으로 오해를 불러일으킵니다. 그런가 하면 말도 안 되는 거라고 치부하는 사람들도 있죠.

하정우　　한계를 명확하게 인지하고 도구로 사용하라는 이야기를 제가 강연할 때나 이런저런 자리에서 항상 강조하고 있습니다.

한상기 　전문가들은 용어와 표현에 매우 조심해야 합니다. 저는 자연어 이해understanding라는 말은 전혀 안 쓰고, 자연어 처리processing라고 합니다. 요즘 인공지능 관련 뉴스나 책, 강의, 유튜브 등에서 대중에게 오해를 일으키는 경우가 많아서 우려스럽습니다.

하정우 　고의나 다른 의도 때문이라기보다는 업계의 용어가 있고, 학계마다 같은 단어인데도 다른 의미로 사용되는 부분 때문이라고 생각합니다. 인지과학이나 인지심리학 쪽에서의 이해라는 용어와 자연어 처리Natural Language Processing (이하 NLP) 분야에서의 이해는 전혀 다르게 쓰고 있거든요.
NLP에서는 이해와 생성을 구분합니다. 이해는 구분, 분류의 범주이고 생성은 글쓰기의 범주이며 둘을 합해 NLP라고 한다, 딱 이 정도의 의미로 쓰이거든요. 그런데 인지과학 하시는 분들 입장에서 보면 '무슨 이해를 해? 월드 모델도 없는 게?' 이런 오해를 하실 수 있죠.

한상기 　제가 융복합적 연구 집단에 많이 참가해봤는데 가장 어려운 게 용어에 대한 이해예요. 서로 다른 연구 분야에서 같은 용어를 다르게 쓰는 경우가 너무 많아서 그거 이해하는 데 1년이 걸리더라고요. '당신들은 그 말을 그런 식으로 썼어?'라고 하는 걸로(웃음).

하정우 　그래서 학제 간 대화와 논의를 통해 용어 정리가 필요하다고 봅니다.

| 멈춘다고 해서 정말 멈춰질까 |

한상기　　GPT-4가 뛰어난 성능을 보여줬고, 메타의 라마를 비롯한 각종 오픈 소스가 배포되면서 인공지능의 안전성에 대한 우려가 높아지고 통제해야 한다는 주장이 나오고 있습니다. 미국의 미래생명연구소 Future of Life Institute를 중심으로 GPT-4를 능가하는 인공지능 개발을 6개월 중단하자는 공개서한을 냈고 일군의 학자, 유명인들이 가세하면서 국제적인 이슈가 되고 있습니다.

하정우　　그분들이 전면에 내세운 내용에 대해서는 공감합니다. 챗GPT부터 시작해서 지난 몇 개월 동안 인공지능의 발전이 너무나 빠르게 진행되고 있고 사회에 커다란 충격을 주고 있으니까요. 인공지능이 어떤 영향을 끼칠지에 대해 고민하고 사회적 담론을 만들고 준비하는 게 필요하다는 것까지는 동의합니다.

하지만 그분들이 주장하는 대로 6개월 동안 연구개발을 중단하고 모여서 논의하는 게 과연 실효성 있는 방안인가에 대해서는 의문입니다. '왜 6개월이어야 하나? 6개월이면 수습책이 나오나?' 하는 것이죠. 그 기간에 사회적 담론이 정리될 수 있을까요?

한상기　　최소한의 기간을 얘기하는 거 아닐까요?

하정우　　그렇다고 하더라도 멈춘다고 해서 정말 멈춰질까요? 실제로 달리려는 사람들이 달리면 그만인데요. 중국과 러시아, 이스라엘이 연구개발을 멈출까요? 그리고 그렇게 멈추면 뭔가 새로운 솔루션이 생길까요? 잘 모르겠어요. 심지어 일론 머스크는 그 서한에 서명하고도 신뢰성 있는 인공지능 '트루스GPT TruthGPT'를 만들겠다고 선언했죠.

한상기　　전례가 있습니다. 1975년에 유전공학자들이 미국 캘리포니아주 아실로마에 모여서 재조합 DNA에 대한 가이드라인이 나올 때까지 연구를 중단하자고 합의했어요. 그 후 미국 국립보건원 National Institutes of Health에서 가이드라인을 발표했고, 이것을 따랐죠.

인공지능이 재조합 DNA만큼 위험한 것인지는 모르지만 인류에게 위협이 될 수 있다는 우려가 나오고 있고, 바이든 대통령까지도 잠재적 위협이 될 수 있다, 하지만 지켜보자고 했죠.

2017년 1월에 인공지능 전문가들이 상징적인 장소가 된 아실로마에 모여서 인공지능 기술에 대한 23개 원칙을 발표했어요. 그 후에 OECD에 가입한 나라별로 가이드라인을 만들기도 했습니다. 현재의 인공지능 개발이 그 가이드라인에 따르는지, 유럽일반개인정보보호법 General Data Protection Regulation 등 프라이버시에 대한 규정을 준수하는지 점검할 필요가 있지 않을까요?

하정우　　'점검은 점검대로 하고 연구개발은 계속해도 상관없지 않나?'라는 생각입니다. 과연 멈춰야만 점검이 되는지 모르겠어요.

한상기 　GPT-4를 능가하는 수준의 다음 단계 개발은 멈추자는 얘기는 할 수 있는 거잖아요?

하정우 　GPT-4 수준을 넘는다는 것의 기준이 모호하고, 현실성도 떨어진다고 생각해요. 그 서한이 공개된 후 인공지능 윤리학자들이 뜬구름 잡는 얘기 그만하고 인공지능 선진국과 저개발국 간의 격차를 어떻게 줄일 것이냐, 구체적인 실행 계획에 집중하자는 반론을 제기했습니다. 딥러닝의 4대 천왕이라는 분들 중에서 얀 르쿤과 앤드류 응도 비슷한 얘기를 했고요. 복합적인 요소들이 많긴 하지만 이걸 멈추고 할 일이 맞는지는 잘 모르겠습니다.

한상기 　잘 모르겠다는 얘기는 무책임한 거 아니에요? 말도 안 된다고 하든가, 멈추겠다고 해야지요?

하정우 　싫은데요(둘 다 웃음). 어차피 실현 가능성이 별로 없다고 생각해요.

한상기 　실현 가능성이 없다? 사회적 영향이 클 테지만 정책 담당자나 법률가나 사회학자의 역할이지 우리 역할이 아니니까 모르겠다? 그건 아니잖아요? 오히려 하정우 센터장님같이 인공지능을 연구개발하는 사람이 나서서 주도적으로 얘기해야 되는 거 아니에요?

하정우   정부에서 초거대 인공지능 신뢰성을 평가하는 기준을 마련하고 있는데, 프로토콜과 데이터 세트와 5단계 신뢰성 레벨 같은 방식을 하면 좋겠다고 제가 과학기술정보통신부(이하 과기부)에 의견을 드리긴 했습니다.

한상기   제가 2021년에 《신뢰할 수 있는 인공지능》이라는 책을 냈습니다. 이런 이슈에 관심 있는 분들이 별로 없던 시절이었지만, 사회적으로 중요한 의제가 될 것이라고 생각했기 때문인데요, 당시에 하센터장님이 추천사도 써주셨잖아요? 활발한 논의를 거쳐 조속한 합의가 이루어졌으면 하는 바람이고, 이 논의에 인공지능 연구자들이 적극적으로 참여하면 좋겠습니다.

하정우   인공지능 기술은 기업이 주도할 수밖에 없는데 윤리와 안전 담론은 기업만의 노력으로는 한계가 있습니다. 주도해도 객관성과 공정성 이슈가 생기니까 비판을 받죠. 그렇다고 소극적으로 대하면 무책임하다는 욕을 먹게 됩니다. 기업 입장에서도 사업의 안정성과 지속 가능성 문제가 있고요.
주도하는 집단은 전문지식을 갖춘 학계나 중립적인 시민사회단체가 될 수도 있고요, 기업은 개발 현장에서의 전문성을 갖고 참여하고 정부는 이해관계를 조정하고 타협을 이끌어내는 방식이 바람직할 거라고 봅니다.

| 기후위기와 인공지능 |

한상기 이번에는 전 지구적 이슈인 탄소 발자국 carbon footprint 관련 질문입니다. 초거대 인공지능이 에너지를 너무 많이 사용한다는 지적이 있습니다. 기업들이 좀 더 가볍고 에너지를 적게 소비하는 모델을 만드는 데도 사활적인 경쟁을 하고 있지요?

하정우 에너지 문제가 가장 큰 숙제 중 하나입니다. 환각 문제만큼 중요한 숙제죠. 워낙 모델이 크다 보니 연산량이 많고 컴퓨팅 파워가 많이 필요한 거죠. 컴퓨팅 파워에서 핵심적인 것이 반도체입니다. 현재 인공지능 서비스에서 가장 많이 사용되는 반도체가 엔비디아의 GPU®인데, 생산량의 한계가 있고, 다른 대안이 없다 보니 가격이 비싸도 울며 겨자 먹기로 의존할 수밖에 없습니다. GPU보다 가볍고, 전기 사용량이 적고 가격도 싼 제품을 개발하는 것이 당면 과제입니다.

한상기 국제에너지기구 International Energy Agency의 2021년 보고서에 따르면, 전 세계 데이터 센터에서 쓰이는 전력량이 세계 전력 소비량의 약 1.1퍼센트에 달한다고 합니다. 영국의 총 전기 소비량과 비슷

● GPU(Graphics Processing Unit): 그래픽 처리에 사용되는 반도체로, 직렬처리 방식을 이용하는 중앙처리장치(CPU)와 달리 병렬처리에 특화된 칩이다. 게임 분야 등에 주로 사용되고 있으며, 학습 속도를 높이는 특성으로 인공지능에 핵심적인 부품이 되었다.

한 수치입니다. 다른 보고서에서는 2030년 EU 전체 전기 소비량의 3.2퍼센트를 데이터 센터 전력이 차지할 거라고도 하고요. 초거대 인공지능의 등장으로 이런 예상보다 소비전력은 더 폭발적으로 늘어날 수도 있다는 전망입니다.

그리고 최근 미국 콜로라도대학교와 텍사스대학교 연구진은, 챗GPT와 사용자가 질문 25~50개를 주고받으며 대화 1회를 하는 데 냉각수가 500밀리리터가 들어간다고 밝혔습니다. 우리가 들고 다니는 생수병 한 통이 소모된다니 엄청 많이 사용되는 거지요.

에너지를 감축하기 위한 인공지능 반도체 개발 이야기와 이를 위한 네이버-삼성전자의 협력사업은 다른 장에서 상세히 다뤄보도록 하고, 하 센터장님의 '초거대 인공지능을 활용할 때 명심할 것: Do & Don't do'로 이번 장을 마무리하면 어떨까요?

하정우　안 물어보시면 섭섭할 뻔했습니다(웃음). 제가 페이스북에 올렸는데, 반응이 좋아서 강연 때마다 꼭 언급하고 있습니다.

하정우의 〈초거대 인공지능을 활용할 때 명심할 것: Do & Don't do〉

해야 할 것 Do

- 인공지능은 어떤 글이든 초안을 작성할 때 매우 유용하고 시간을 절약해준다. 하지만 70~80점짜리 초안이므로 완성본을 위해서는 사람이 꼭 손을 봐야 한다.

- 매우 그럴듯해 보이지만 일반적인 수준의 내용인 경우가 많아서 본인만의 차별화된 내용과 자료 등을 추가해 완성도를 높일 필요가 있다.

- 검색 작업과 마찬가지로 일을 시킬 때 구체적인 요구사항을 프롬프트에 함께 주면 만족도를 높일 수 있다.
  예: 자세하게, 친근하게, 혁신적인 표현으로, 초등학생도 이해할 수 있게, 전문가 수준으로 등등

- 시키는 일의 예시(퓨 샷)를 보여주면 좀 더 잘한다.

- 필요하면 코드나 표 형태(mark down) 정리도 가능하다.

- 내용이 빈약하거나 부족할 때는 영어로 입력하고 만들어진 결과를 한국어로 번역할 것. 전문지식에 가까운 것일수록 더욱 그렇다.

- 세뇌 및 칭찬 효과가 있으므로 인터랙티브하게 활용할 것.
  예: 위의 결과에 이렇게 더해줘.

- 아직은 초창기 단계라는 사실을 반드시 유념해야 한다(실수할 수 있고 함께 개선해 나가야 함).

하지 말아야 할 것 Don't do

- 검색같이 정확한 답을 기대하면 안 됨! 정확한 정보는 검색을 통해서! 글을 잘 쓰는 인공지능일 뿐 그 글 쓴 내용이 사실(fact)이라는 보장을 못함.

- 내용의 정확성이 중요한 글은 반드시 검색을 해보거나 사람이 확인해야 함.

- 언어 사용 문화나 법적인 부분은 학습이 덜 되어 있으므로 사용 시 주의 필요.

- 보안이 중요한 내용은 사용하지 말 것(기밀이 유출되거나, 학습 데이터로 활용될 가능성이 있음).

- 최신 지식을 물어보지 말 것!(쓸려면 플러그인을 반드시 함께 활용!)
  예: 지금 집을 사야 할까?(X) 이런 주식 지금 사야 하나?(X)

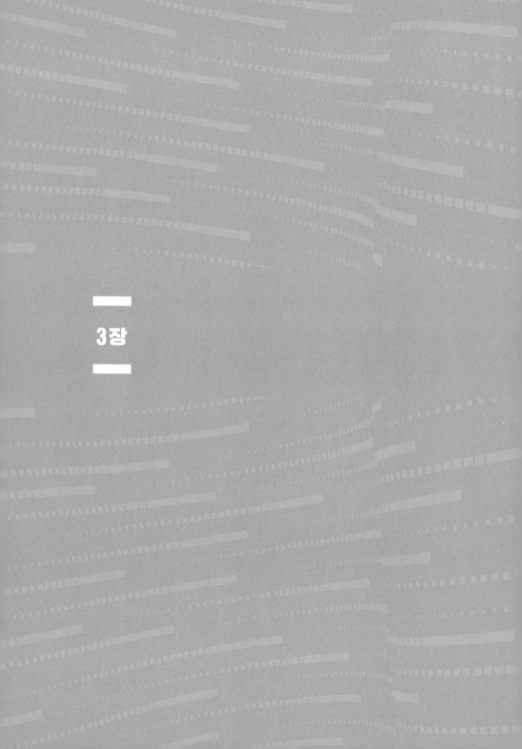

3장

산업별로 보는 한국의 인공지능 생태계

| 인공지능은 이미 우리 생활 속에 있다 |

한상기　　이 장에서는 인공지능이 우리 생활과 사회 그리고 산업을 어떻게 변화시키고 있는지 이야기해보고자 합니다.

우리 생활 속에 인공지능이 이미 많이 사용되고 있는데도 사람들이 잘 모르는 것 같아요. 저도 강연할 때 "인공지능이 특별하게 어디에 따로 존재하는 게 아니라 여러분이 스마트폰을 통해 이미 많이 사용하고 있습니다"라고 알려드리면, 놀라기도 하고 고개를 끄덕거리기도 하시더군요. 생활 속 인공지능 사례부터 말씀해주세요.

하정우　　본격적으로 설명드리기에 앞서, 저는 인공지능을 굉장히 폭넓게 정의합니다. 많은 분들이 인공지능이라고 하면 자비스 정도의 눈높이를 갖고 계신데, 그건 좀 요원하고요. 폭넓은 인공지능의 예를 들면, 인터넷으로 뉴스 많이 보시죠? 뉴스의 배열을 인공지능이 합니다. 선호할 만한 뉴스를 더 잘 보이는 곳에 배치하는 추천 기술이죠. 네이버 쇼핑 많이 이용하실 겁니다. 화면에 상품들이 쭉 올라오죠? 바로 인공지능이 사용자들이 좋아할 만한 물건들 중심으로 배치한 겁니다. 스마트폰 쓸 때 키보드 입력하시죠? 자동완성 기능도 있고 오타 교정기도 들어가 있습니다. 사용자의 오타 패턴을 읽어서 가급적이면 오타가 나지 않도록 인공지능이 추천하는 거죠. 그걸 써도 오타가 많이 난다면요? 오타 교정기의 성능이 좋지 않거나 고객님의 손가락이 문제라고 보시면 될 것 같고요. 이런 말 하는 저도 오타 무지하게 냅니다(웃음).

우리가 기관이나 기업에 전화하면 콜센터에 연결되는데, 상담원 연결 전에 인공지능 콘택트 센터 AI Contact Center: AICC가 대부분의 업무를 해결합니다. 회사 출입할 때 사용하는 지문인식, 홍채인식 다 인공지능 기술이죠. 공항 출입국을 할 때도 안면인식 기능을 이용하고 있고요. 네이버 파파고나 구글 번역기, 요즘 인기 있는 딥엘 DeepL 번역기 많이들 쓰시잖아요? 지금 이 대담을 클로바노트로 녹음하고 있는데, 자동으로 녹취록을 만들어줍니다. 클로바 케어콜 서비스는 독거노인 어르신들한테 전화를 걸어드리는 말벗 서비스인데, 여기에는 음성인식과 음성합성 그리고 하이퍼클로바 기술이 다 녹아들어 있습니다. 이 모든 것들이 인공지능 기술을 활용한 서비스입니다.

한상기　　　스마트폰의 얼굴이나 지문인식 기능도 아주 일상적인 인공지능이라고 할 수 있겠죠. 저도 얼마 전에 인터넷에 문제가 생겨서 통신사 콜센터에 전화를 했는데 처음부터 끝까지 인공지능이랑 얘기하다 끝났어요. 좀 섭섭하더라고요, 사람을 만나지 못하는 세상이 됐다는 것이…….

우리가 자주 사용하는 인터넷 쇼핑몰이나 전자상거래 사이트들이 대부분 인공지능을 쓰고 있다고 보세요?

하정우　전부라고 할 수는 없겠지만 대형 업체들의 상당수는 쓰고 있는 것 같아요. 개인에게 맞춤으로 추천하는 수준까지는 아니더라도, 가장 많이 팔리는 상품을 통계적 기반으로 보여주는 것도 일종의 인공지능이죠. 어떤 기준으로 랭킹을 매길 것이냐를 자동으로 해주는 거니까 사람의 지능이 해야 할 일을 대신해주는 거잖아요. 어떤 방법을 기반으로 한 인공지능이 되었든, 기술력의 차이일 뿐 기본적으로 자동화를 위한 인공지능이 쓰이고 있는 거죠.

한상기　저는 이메일 스팸 필터링을 생활 속 인공지능의 대표적 사례로 듭니다. 스팸 메일을 보이지 않게 스팸함에 넣어버리니까 우리 눈에는 안 보이지만요 (웃음).

하정우　이메일 쓸 때 인공지능이 뒤에 나올 단어를 예측해서 채워주잖아요? 조만간 문장이나 문단, 심지어는 메일 내용 전체를 만들어주는 서비스가 일상화될 겁니다. 언어모델 인공지능이 가장 잘할 수 있는 작업이거든요. 실제로 얼마 전에 열린 2023 구글 I/O에서 'Help me write'라고 이메일 작성을 돕는 인공지능 서비스가 공개됐죠.

| 인공지능 서비스와 금융의 현재 그리고 전망 |

한상기　　GM이나 월마트, 골드만삭스, 모건스탠리, 블룸버그 등 다양한 업종의 글로벌 대기업들이 인공지능을 이용해 제품이나 서비스를 혁신하고 있거나 앞으로 하겠다는 소식이 계속 들려오고 있습니다. 그에 비해 국내 대기업들은 그런 움직임이 뚜렷하게 보이지 않는 것 같은데요, 인공지능이 기존 기업들의 경쟁력을 좌우할 정도의 파괴력이 있다고 보십니까?

하정우　　인공지능은 인터넷보다 더 큰 파급력을 가질 수 있습니다. 기업들도 당연히 인공지능에 대해 적극 검토하고 조기 도입해야 한다고 생각합니다. 과거 인터넷 초창기에도 이런 고민이 있었을 텐데요, 인공지능이 조직의 업무 생산성을 고도화하는 데 커다란 역할을 할 것입니다. 기업으로서는 이를 통해 비용을 절감할 뿐 아니라 여유 인력과 시간을 다른 업무에 투입할 수 있겠지요. 제조나 서비스의 자동화까지 가는 데는 업종에 따라 도입 효과에 시차가 있겠고요.
인터넷이나 모바일 앱을 중심으로 서비스하는 업체들은 초거대 인공지능 중심의 플러그인 생태계를 주목해야 합니다. 독립적인 채널이나 앱을 사용했던 사용자들도 앞으로는 오픈AI/마이크로소프트, 구글, 네이버 같은 빅테크 기업들이 만든 대화형 초거대 인공지능 인터페이스를 통해 앱을 실행하게 될 가능성이 높습니다. 초거대 인공지능이 메인 게이트가 되는 거죠. 반대로 메인 게이트를 활용하지 않고 별도 채널을 운영하겠다면 리스크가 무척 클 겁니다.

기업의 업종과 규모를 막론하고 최대한 빨리, 많이 활용해보면서 자신들의 어떤 업무에 적용해야 가장 효과가 있을지, 우선순위는 어떻게 할지에 대해 숙고해야 합니다. 인공지능 시대는 이미 시작됐기 때문에 이걸 빨리 잘 찾은 회사들은 훨씬 더 많은 기회를 가질 거고, 나머지들은 뒤처지거나 도태될 것 같습니다.

한상기 　기업에 계신 분들에게는 좀 무섭게 들릴 수도 있겠습니다. 현재 포괄적으로 인공지능을 가장 잘 활용하고 있다고 평가되는 산업 분야가 있을까요?

하정우 　당연히 인터넷 기업들이죠. 압도적으로 많이, 잘 사용하고 있어요.

한상기 　테크 기업을 제외하면요.

하정우 　전통 산업 중에서는 그래도 금융 분야에서 잘 활용하는 것 같습니다. 그리고 의료 분야도 수가(酬價) 문제가 있긴 하지만 잘 쓰시는 것 같아요. 인공지능을 잘 활용하는 의사분들이 많이 늘고 있다고 해요. 교육 분야는 좀 애매합니다. 그렇게 많지는 않은 것 같거든요. 전자상거래 분야도 인공지능을 적극 활용하고 있긴 한데, 유통업이긴 해도 테크 기업에 가깝기 때문에 전통 산업으로 분류하기는 어렵겠네요.

한상기　금융 분야의 인공지능 도입 사례는 세계적인 투자은행인 골드만삭스가 유명하죠. 벌써 6년 전인 2017년에 인공지능 투자분석 프로그램 '켄쇼 Kensho'를 도입하면서 600명이던 애널리스트를 모두 해고하고, 엔지니어 두 명만 남겼습니다. 켄쇼는 전문가 15명이 한 달에 걸쳐 하던 일을 단 5분 만에 처리했다고 합니다.

하정우　저도 기억합니다. 골드만삭스는 자신들이 금융회사가 아니라 '테크 기업'이라고 선언했고, 월스트리트에 인공지능 붐이 일었죠. 미국에서는 금융 분야에 투자분석, 자산관리뿐만 아니라 고객지원에도 인공지능을 많이 활용하고 있습니다. KYC Know Your Customer라고 해서 고객 신용점수 산출하는 데도 인공지능이 중요한 역할을 하고, 사기나 이상거래 탐지 시스템 Fraud Detection System: FDS에도 활용되고 있어요.
국내에서 은행 쪽은 제가 자세히 알진 못하지만, 제가 공동의장으로 있는 AI미래포럼에서 금융 인공지능 웨비나를 운영 중입니다. 거기서 KB국민은행 금융AI센터 오순영 센터장의 발표를 들어보면 신용

평가 모델 혹은 내부 업무 최적화에 인공지능을 많이 쓰고 있다고 합니다. 비록 바깥으로 드러나지는 않지만요.

은행보다 오히려 투자 쪽의 크래프트테크놀로지스 같은 회사가 굉장히 잘하고 있다고 보입니다. 펀드도 거의 대부분 인공지능으로 만드는 걸로 알고 있어요. 그리고 투자신탁 쪽의 로보 어드바이저*들도 성공 여부와 상관없이 아주 많죠. 말씀드린 케이스들이 국내에도 굉장히 많습니다.

한상기　　그런데 로보 어드바이저는 단지 로보라는 단어를 썼을 뿐이지 과거에 그냥 퀀트Quant(계량분석)처럼 금융공학적 기법을 써서 하는 것들이 대부분이잖아요. 요즘에 얘기하는 수준의 기술이 직접 들어간 부분은 아직 일부 기능인 것으로 알고 있는데요?

하정우　　언어와 연관성이 먼 데이터들 같은 경우는 거대언어모델의 이점을 살리기 어렵죠. 최근 플로리다대학교에서 발표한 논문에 따르면, 챗GPT를 통해 뉴스의 헤드라인을 분석해 주식 수익률과의 상관관계를 추적하고 예측하는 기법이 시도되고 있다고 합니다. 이렇게 언어모델을 응용한 기법과 서비스는 많이 시도될 것 같습니다. 국내에서는 문서와 관련해서 여러 가지를 체크하거나 검증하는 업무

● 로보 어드바이저(Robo-Advisor): 미리 프로그램된 알고리듬을 통해 금융 서비스나 투자관리를 온라인으로 제공하는 투자 자문역.

들 혹은 RPA Robotic Process Automation가 있죠? 계좌 개설 시에 OCR 기술을 써서 신분증을 인식하는 등 은행에 가지 않아도 비대면으로 가능하죠. 이런 것들이 일반적으로 사람들에게 가장 와닿는 인공지능이 잘 쓰이는 영역이겠죠.

한상기　　인터넷 뱅킹을 하는 카카오뱅크나 토스 등이 좀 더 발 빠르게 나가고 있다고 봐야 되나요?

하정우　　토스는 챗GPT의 API를 활용해서 앱에서 챗봇을 바로 이용할 수 있는 서비스를 출시했고, 카카오뱅크는 인공지능 콘택트 센터를 구축하고, 기존 챗봇 서비스를 고도화할 계획이라고 밝혔습니다. 그런데 두 회사 모두 고객 서비스 차원이고 아직 금융 서비스와의 직접적인 결합은 크게 드러나진 않은 것 같습니다.

한상기　　역시 금융과 관련 있는 이야기인데요, 많은 사람들이 보이스피싱 때문에 피해를 보고 있습니다. 우리나라만이 아니라 전 세계적인 문제인데요, 보이스피싱을 예방하거나 근절하는 데 인공지능이 할 수 있는 역할이 어떤 게 있을까요?

하정우　　분류기classifier를 적용할 수 있는 환경이 되면 상당히 도움이 될 겁니다. 보이스피싱이 정부기관이나 금융기관 등을 사칭하거나 긴급한 상황을 연출해서, 정상적인 판단을 못하게 만들잖아요? 물론 새로운 범죄 기법을 끊임없이 만들어내긴 하지만 대체로 유형이 정해져 있고, 범행 때 쓰이는 단어들도 정형화된 경우가 많습니다. 음성 내용을 텍스트로 변환하고 맥락을 파악하는 분류기를 적용해 경고 알림을 띄우거나 차단하면 상당수의 범죄를 예방할 수 있을 겁니다. 다만 이렇게 하려면 사전에 전화나 메신저 대화 내용을 제공하겠다는 이용자의 동의를 얻어야겠지요. 또한 전화나 메신저는 금융기관이 아니라 통신사와 인터넷 기업이 운영하므로 이들과의 공조가 필요할 테고요.

한상기   결국 기술의 문제라기보다는 제도와 시스템의 문제라는 말씀이군요.
저는 자산관리 Portfolio Management에 관심이 많아요. 인공지능이 지금은 ETF나 인덱스 상품을 구성하는 데 활용되는 수준인 것 같은데, 좀 더 적극적으로 상품과 종목을 추천해주거나 투자 대행까지 해주는 서비스는 인공지능에게도 어려운 영역인가요?

하정우   그런 것 같습니다. 미래에셋증권의 전문가를 만났는데 그분이, 미래를 예측해서 투자를 제안하거나 개별 상품이나 종목을 추천하는 건 매우 어렵다고 하더라고요. 그게 쉬웠으면 훨씬 더 많은 부자들이 생겼겠죠. 오히려 본인만의 철학과 원칙을 갖고 일관성 있게 꾸준히 투자하는 분들은 실패를 잘 안 하더라는 분석 결과가 있다고 해요. 그 소신이 아주 특이하지 않는 이상은요.
인공지능이 고객의 투자 패턴과 데이터를 학습해서, 신규 투자를 하려고 할 때 '이번 투자는 기존 행태와 비슷하다, 다르다'라고 알려주고, '이 종목에 투자하는 것은 당신답지 않으니 재고하라'라는 조언을 하는 정도만 해도 상당한 도움이 될 거라고 하더군요.

한상기 제리 카플란이 《인간은 필요 없다: 인공지능 시대의 부와 노동의 미래》라는 책에서 이렇게 얘기했어요. 인공지능이 투자나 주식 거래에 참여하는 비중이 커진다면 이를 쓰지 않는 인간과 인공지능이 같은 장에서 경쟁하게 하는 것은 올바르지 않을 것이다. 그래서 인공지능은 인공지능끼리 투자하게 해서, 사람과 거래하는 장을 분리해야 공정할 수 있다고요. 이미 HFT*가 도입되었을 때부터 인간은 시스템과 경쟁할 수 없었다는 의견에 대해서는 어떻게 생각하세요?

하정우 HFT 같은 경우는 명확하게 기계가 사람보다 잘할 수밖에 없죠. 사람의 클릭이 아무리 빨라도 컴퓨터보다 빠를 수는 없으니까요. 그런데 거래의 장을 어떻게 분리할지, 설사 분리하더라도 사람인 척하는 인공지능을 구별할 수 있는지 의문이 들긴 합니다. 물리적으로 분리해도 경제에 미치는 영향이 없다는 가정하에 기관과 소규모 개인 투자자를 분리시키는 게 더 명분이 있지 않을까요? 갖고 있는 정보량이 너무 비대칭적이니까요.

● HFT(High Frequency Trading): 컴퓨터 프로그램을 이용해 몇 분의 1초 혹은 몇백 분의 1초에 지나지 않는 짧은 시간 동안에 많은 주문을 실행하는 주식 매매법.

한상기   제가 2000년대 초에 어느 증권 회사의 자문위원이었는데, 그때 만난 증권사 부장이 주식시장은 99퍼센트의 얼간이가 1퍼센트를 먹여 살리는 시장이다. 개인이 기관을 절대 이길 수 없다고 하더군요. 정보의 품질과 양 모두 개인은 절대적으로 안 되는 게임을 하는 것이라고 하더라고요.

하정우   순간순간 개인이 이길 수도 있는데, 누적해보면 굉장히 어려운 싸움이 되는 거니까요.

한상기   몇 년 전부터 네이버가 미래에셋증권과 협력한다는 기사를 읽은 적이 있는데, 소개할 만한 결과가 있나요?

하정우   미래에셋증권과 네이버는 지분 교환을 했고요, 최근 미래에셋증권 앱에 해외 보고서나 뉴스 서비스를 제공하고 있는데 거기에 하이퍼클로바가 적용되어 있습니다. 그리고 네이버 클라우드 기반으로 OCR 등 인공지능 기술이 활용되고 있습니다. 미래에셋금융그룹 전체로 협업 범위를 확대하는 논의가 계속 진행 중입니다.

| 의료: 인공지능이 궁극의 가치를 만들어낼 분야 |

한상기   헬스케어 얘기로 넘어가 볼까요? 디지털 헬스케어 분야에서는 인공지능을 적극적으로 활용하고 싶어 했고, 특히 영상의학에서는 광범위하게 사용하는 걸로 알고 있습니다.

그런데 몇 년 전에 IBM이 창업자의 이름을 딴 왓슨이라는 인공지능으로 의료 분야에 야심 차게 진출했다가, 결국 실패하고 사업을 포기한 뼈아픈 경험이 있어요. 국내에서는 루닛이나 뷰노처럼 코스닥에 등록된 기업까지 등장했지만, 여전히 매출이나 수익 측면에서 고개를 갸우뚱하게 만들고 있습니다. 벤처 투자자들이 이 분야에 대한 투자를 주저하게 됐다고, 성과가 만족스럽지 못하다고 얘기합니다. 인공지능을 헬스케어에 적용하는 것을 산업적으로 어떻게 보세요? 기술적으로는 재미난 시도가 많이 나오기는 하는데 말이죠.

하정우 　저는 인공지능 기술이 충분히 고도화되면 궁극적으로 가장 가치를 만들어낼 분야가 금융과 의료라고 생각해요. 왜냐? 사람들이 부자가 되고 싶어 하고 아프지 않고 오래 살고 싶어 하는 건 자연스러운 희망이니까요. 그래서 당연히 이 두 분야를 위한 인공지능 기술은 발전할 수밖에 없을 거라 봅니다. 그런데 금융은 명확하게 수익 창출이라는 비즈니스인 데 비해서, 헬스케어는 적어도 우리나라에선 공공성이 중요한 분야라는 특성이 있습니다.

게다가 기존 집단의 영향력이 강하고 진입장벽이 높죠. 인공지능이 보조 도구라고 설명해도 궁극적으로는 본인들의 기득권을 침해할 거라는 방어막을 강하게 치고 있지요. 다행히 최근에는 과거보다는 인공지능 활용에 대한 인식이 많이 좋아진 것 같습니다. 기존 인식이나 시스템 자체가 변하지 않는 이상은 인공지능 활용이 어려울 것 같아요. 그리고 의료가 워낙 실수나 오류가 허용되지 않는 분야니까, 즉 진단에서 판단이 잘못됐다가는 심각한 결과를 초래하기 때문에 인공지능 활용이 더욱 어렵겠지요. 그래서 인공지능이 진단을 결정하는 형태가 아닌 의사의 진단과 판단을 돕는 보조 도구가 되어야 합니다. 영상 분야에서의 활용은 상대적으로 활발하고요. 앞으로는 진단같이 정확성이 중요한 분야보다는 상대적으로 부담이 적은 건강관리 분야가 유망할 겁니다.

예를 들면 간단하게는 건강기능식품을 소개해줄 수도 있겠고요. 건강검진 데이터와 이력을 인공지능이 검토해 현재 건강 상태를 고려해서 앞으로 이런 것들에 유의하라는 조언을 해줄 수도 있겠죠. 실제로 사람들이 챗GPT에 자신의 건강검진 결과를 입력하고 알기 쉽게 설명해달라고 해서 도움을 얻었다는 사례들도 있습니다. 그런데 이런 경우에는 오진과 잘못된 대처법의 위험성이 있을 수 있으므로 의사나 의료기관과의 연계가 필수적입니다.

어차피 병원에 가서 의사와 상담해봐야 몇 분 이상 얘기하기 힘든데, 이런 보조 도구를 이용한다면 환자나 의사 모두에게 도움이 되겠지요. 최근 미국의사협회저널 The Journal of the American Medical Association (이하 JAMA)에 발표된 논문 〈공개 소셜 미디어 포럼에 게시된 환자의 질문에 대한 의사와 인공지능 챗봇의 응답 비교 Comparing Physician and Artificial Intelligence Chatbot Responses to Patient Questions Posted to a Public Social Media Forum〉에 따르면, 챗GPT 의견을 의사 의견보다 더 선호하는 경우가 80퍼센트에 가깝다는 보고가 있습니다. 실제 정확성 문제도 있겠으나 챗 GPT가 의사보다 훨씬 자세하게 설명하는 특성 때문일 수 있습니다. 의사분들이 생각을 해봐야 하는 문제이지요.

그런데 이런 신기술을 도입하려면 결국 수가 문제에 부딪히게 될 텐데요, 환자와 의사의 시간과 노력을 줄이고 질병을 사전에 예방해 결국은 의료비용 절감효과가 있다는 것을 이해관계자들이 받아들여야 할 겁니다. 보건복지부, 건강보험심사평가원, 보험사 등과 공조해야 겠죠. 이 또한 기술이 아니라 제도와 시스템의 문제인 것입니다.

한상기　　2016년에 제프리 힌턴 교수가 앞으로 영상의학을 의대에서 전공할 필요가 없어질 것이다, 인공지능으로 완전히 대체될 수 있다는 발언을 해서 영상의학과 의사들이 크게 반발했던 일이 있습니다. 영상의학이라는 게 단지 엑스레이나 CT나 MRI 찍어서 보는 걸로 끝나는 게 아니라는 얘기죠. 그럼에도 최근 의대에서 영상의학을 전공하겠다는 학생들이 확 줄고 있더라고요. 힌턴 교수의 주장처럼 영상의학이라는 영역이 인공지능으로 거의 대체되리라 예상하십니까?

하정우　　멀티모달 형태로 풀게 될 것 같습니다. 전자의무기록Electronic Medical Record(이하 EMR)이나 개인건강기록Personal Health Record(이하 PHR) 같은 데이터를 통해 멀티모달로 진단을 지원하는 형태로 진행될 것 같아요. 영상의학 데이터는 상대적으로 구축이 잘 되어 있고 정확도가 가장 높은 편입니다.

인공지능은 의사결정에 대해 책임을 못 지잖아요? 오진을 하거나 처치를 잘못했을 때 사람은 벌을 받거나 책임을 지게 되지만요. 완전 대체라기보다는 보조 도구로 쓰이겠지요. 다만 성능이 높은 분야인 영상의학과 의사의 수나 기여도는 줄어들 가능성이 있겠고, 영상의학을 지원하는 학생도 줄어들겠지요.

한상기　사람이 아픈 이유라는 게 복합적이잖습니까? 질병의 원인이 유전자 때문만도 아니고요. 그 사람이 어떻게 살아왔고 환경은 어떠했는가까지 다양하고 복잡한 요소들을 다 살펴봐야죠. 인공지능이 인간의 질병을, 아픈 사람을 진단한다는 것은 아주 도전적인 과제일 거라고 생각하는데, 어떠세요?

하정우　말씀하신 대로 DNA부터 성장 과정, 수면과 식습관 등 생활 패턴에 근무 환경과 스트레스 여부 등 후천적 요인이 변수가 되거나 영향을 미치는 요소들이 너무나 많고, 이것을 총체적으로 판단해야 하는데, 하나의 시스템에 다 녹여 넣기는 당분간 어려울 거라고 봅니다.
실제 발병은 검사 결과들만 갖고 종합적으로 판단해야 하기 때문에 매우 어렵죠. 그래서 사람의 건강관리 혹은 질병을 예측하고 진단하는 보조 도구로서의 기능들이 활용될 수 있을 것 같습니다. 다년간의 건강검진 항목별 추이를 고려해 어떤 부분을 주의해야 하는지 알려주거나, 진단과 약물 이력을 통해 어떤 부분을 주치의가 깊게 살펴봐야 하는지 혹은 진단서를 쓸 때 문서 작성 도우미 역할을 한다든지 하는 기능들이죠.

한상기　구글의 모회사인 알파벳에서 베릴리Verily라는 생명과학 자회사를 통해 베이스라인 프로젝트를 시작한 것이 2017년입니다. 4년간 1만 명을 대상으로 개인의 건강 상태를 추적해 데이터를 수집한다는 것이죠. 애플은 아이폰과 워치로 건강 관련 데이터를 수집하고 있는데 국내에서는 이런 방향의 움직임이 눈에 띄지 않는 것 같습니다.

하정우　정부 과제들은 좀 있는 것 같아요. 코호트®와 개인 데이터 구축이나 PHR 과제도 있었거든요. 제가 네이버 랩스 연구자로 있던 2016년에 PHR을 구축해서 건강도 체크하고 심혈관과 뇌혈관 같은 중증 질환도 미리 예측하는 산업자원부(이하 산자부) 과제의 세부 과제를 했었죠. 기술을 만든다고 해결되는 건 아니고 병원이나 의료 산업계에서 실질적으로 활성화가 가능하느냐의 문제죠. 그리고 성공을 위해서는 기존 시스템과 새로운 연구 프로젝트들이 원활하게 잘 동작할 수 있는지가 중요하겠죠. 과제들이 없지는 않은 것 같아요.

한상기　스타트업 쪽을 보면 슬립 테크라고 수면의 품질을 개선할

● 코호트(cohort): 집단, 무리 등의 뜻을 가진 단어이며, 통계적으로 동일한 특성이나 행동 양식을 공유하는 집단을 뜻한다.

수 있게 도와주는 가구나 앱도 있고, 비만이나 다이어트 관리 등 건강 관련 서비스들이 많습니다. 그런데 이런 부분들을 통합해 하나의 새로운 헬스케어 서비스로 나아가는 경우가 왜 없는지 의아합니다. 이런 사업은 규모가 너무 커서 네이버나 카카오 같은 수준의 기업에서 들어와야 되는 거 아닌가 하는 생각이 들기도 하는데, 어떻게 생각하십니까?

하정우　카카오는 카카오헬스케어 자회사를 만들었죠. 황희 대표, 신수용 박사를 포함해 제 주위의 훌륭한 분들이 그쪽으로 많이 합류했습니다. 어떤 프로젝트를 진행할지는 제가 알 수 없지만 큰 청사진을 갖고 있겠지요.

네이버는 카카오와 달리 사내 병원 운영이라는, 진취적이면서 독창적인 방법을 택했습니다. 사내 병원 시스템을 통해 필요한 데이터들을 축적하고, 이 병원을 테스트 베드로 삼아 일반 병원에서는 적용하기 어려운 것들을 시도하는 거죠. 이 시스템이 잘 갖춰지면 성공적인 새로운 의료 비즈니스 모델이나 서비스가 되겠죠. 또한 IT와 인공지능 기반 의료 시스템의 동남아 등 글로벌 진출로 이어질 수도 있고요.

그런데 의료 인공지능 하면 질병 진단, 건강관리에만 필요해 보이지만 사실 병원 입장에서 보면 운영비용 감축 관련 수요도 꽤 많거든요. 병원 RPA, 보이스 EMR, 수많은 약품이나 물품, 가구 등의 구매와 재고 운영관리 최적화도 중요하죠. 침상과 공간 관리 등에 대한 최적화를 통해서도 비용 절감이 가능하고요.

의사나 간호사가 환자한테 설명을 해줘야 되는데 이때 클로바노트가 유용하게 활용될 수도 있습니다.

한상기　셀바스AI 같은 기업은 의사와 환자가 면담하는 대화를 자동으로 전사 transcribing 하거나 성형수술 같은 경우에는 양쪽의 대화를 다 녹음해서 자동으로 기록하는 솔루션을 갖고 있다고 들었어요. 그래서 그런 분야에는 음성인식 기술을 많이 모색하는데, 클로바노트도 그런 쪽의 기회가 될 수 있겠죠.

하정우　클로바노트에 의료 관련 전문용어나 음성 데이터 등을 추가 학습시키고 화자 분리까지 더 정교하게 구축하면 제법 많은 수요를 창출할 수 있겠다고 생각합니다. 그런데 실세계 환경에서 단일 마이크를 활용한 정확한 화자 분리는 꽤 어려운 문제이긴 합니다.

한상기　또 하나 관심 있었던 게 신약 개발에서의 인공지능 활용인데, 제약 분야이지만 큰 범위의 의료 분야로 봅시다. 신약 개발은 평균 6년에 약 3조 원 정도의 비용이 든다고 합니다. 이 중에 10퍼센트만 줄여도 3,000억 원을 절감할 수 있기 때문에 기대가 컸고, 주요 제약 회사들이 인공지능 회사들과 제휴도 했었는데 의미 있는 결과가 나온 게 좀 있나요?

하정우　화이자나 모더나가 RNA 백신을 굉장히 빨리 만들 수 있었던 중요한 요인이 머신러닝이라는 얘기를 들었습니다. 최근에 새로운 약물 개발에 소요되는 시간을 강화학습 기반의 후보 물질 탐색 효율화로 많이 줄였다고 합니다. 만약 인공지능을 통해 임상실험 시뮬레이션이 가능하다면, 즉 가상의 피험자 시뮬레이션을 통해 임상 결과를 예측할 수 있다면 비용과 시간을 획기적으로 줄일 수 있겠죠. 보통 5~10년 걸린다는데 1년 이내로 단축된다면 대규모 신규 감염병에도 훨씬 빠르게 대응할 수 있겠고요. 글로벌 제약 회사 로쉬의 생명공학 자회사인 제네텍 Genentech이 창업한 지 7개월밖에 되지 않은 뉴욕대학교 조경현 교수의 스타트업을 인수한 것도 그 때문이지요.

한상기　　의학이라기보다는 과학과 좀 더 가깝긴 한데 알파폴드 1이나 알파폴드 2가 공개됐을 때 관련 학계에서 경악을 하더라고요.[•] 그 분야에 있는 전문가한테 이게 도대체 얼마나 대단한 결과인지 물어보니 진짜 엄청난 거라고 하더군요. 이런 연구가 국내에서는 많이 이루어지지 않는 이유가 뭘까요? 과학적인 영역에 인공지능을 적용하고 인류 전체에 도움을 줄 수 있는 수준의 결과가 나오는 것이 우리 연구에서는 좀 부족하다는 생각이 들거든요.

하정우　　딥마인드가 소프트웨어 회사잖아요. 그런데 생물학자들을

● 알파폴드(AlphaFold): 구글의 자회사인 딥마인드가 개발한 인공지능 단백질 구조 예측 프로그램. 딥마인드는 알파폴드를 오픈 소스로 공개하면서 무려 2억 개에 달하는 단백질 구조 예측 결과도 공개했는데, 사실상 인류가 지금껏 알아낸 모든 단백질 구조를 예측한 것으로 평가된다.

고용해서 3차원 단백질 구조를 예측하는 문제에 엄청난 투자를 했죠. 국내 기업이나 연구소가 그 정도 시간과 투자 그리고 멤버들을 동원할지 의문이에요.

바이오 분야에서 먼저 출발한 것이 아니라는 게 주목할 점인데, 그러면 IT 분야에서 이런 것에 도전해보려고 시도하는 기업들이 있을까가 관건입니다. 만약에 한다면 삼성전자 정도의 규모가 되는 기업에서 최고의사결정권자가 확신을 갖고 전담 조직을 만들고 여러분은 이거만 해라, 승진이나 보상은 톱 레벨에서 책임져줄 테니까 하는 정도의 의지와 실행을 보여야 하겠죠. 하지만 우리나라에서는 어렵지 않을까 싶습니다.

한상기 그러면 정부출연연구기관 (이하 출연연)에서 해결할 수밖에 없는 문제잖아요.

하정우 출연연이 해주면 좋긴 한데요, 딥마인드 같은 경우는 세계 최고의 연구자들이 모여 있잖아요. 그러려면 우리나라 출연연이 세계 최고의 인공지능 연구자들에게 매력적인 곳이 되어야죠.

한상기 그 얘기는 다음 장에서 좀 더 상세히 살펴봅시다. 저도 안타까워하는 영역인데요, 제 친구들도 있었고 후배들도 많이 있었지만 다 나가고……

하정우   그러니까요…….

| 교육: 기대가 높지만, 현실은 녹록지 않다 |

한상기   교육 분야 얘기를 좀 해볼까요? 공교육 현장에 인공지능을 적용하는 데는 어느 나라나 조심스러워하고 소극적인 것 같습니다. 그런데 학교에서 발생하는 교육 데이터를 활용하면 적용할 수 있는 영역이 매우 많을 것이고, 공교육을 혁신할 잠재력이 클 걸로 보이는데요?

하정우   제가 볼 때 의료만큼 보수적인 곳이 교육 분야 같아요. 다행히 요즘은 교육부가 굉장히 많이 바뀐 것 같아요. 진취적으로 움직이는 것 같긴 한데, 그럼에도 여러 사람들의 얘기를 들어보면 가장 안 움직이는 데가 교육부라고 하시더라고요. 현장 교사들도 잘 안 움직이신다는 얘기를 많이 듣거든요. 그래서인지 의지가 있는 교사들도 되게 답답해하죠. 동료 교사들이 잘 안 움직인다고요. 그분들 입장에서는 움직일 동기가 부족할 수 있어요. 결국은 일선 교육 현장의 전반적인 문화나 시스템이 바뀌어야 하지 않을까요?
학교가 교육에서 인공지능이 정말 필요하고, 이걸 통해 어떤 것들이 개선될 수 있고 교사으로서의 나의 역량과 보람, 의미, 이런 것들이 얼마나 개선될 수 있는지에 대한 공감대가 만들어져야겠죠. 아니면

'또 이러다 말겠지. 굳이 해야 돼?'로 귀결될 수 있어요.

다른 측면으로 '우리 일자리가 줄어드는 거 아닌가? 교대에 있는 후배들 일자리가 줄어드는 거 아닌가? 교수 수요나 영향력, 교대나 사대의 중요성이 감소하는 것 아닌가?' 이렇게 흘러가기 시작하면 더욱 저항이 심해지겠죠. 이런 면에서 의료계와 비슷한 어려움이 있는 것 같습니다.

한상기　저희 집안에 교육계에 있었던 분들이 여럿 있어요. 그리고 제 지인들 중에서도 교육 현장에 있는 분들이 많은데, 교사의 잡무가 어마어마하게 많거든요. 그러면 학생들 교육에 도입하는 것보다도 교사의 일을 줄여주는 쪽으로 인공지능을 활용하게 해서 교사들의 시간을 좀 더 여유롭게 만들어주면 분위기가 바뀌지 않을까 싶은데요.

하정우　저도 딱 그런 말씀을 드리고 있어요. 인공지능이 교사들이 잡무에 쓰는 시간을 획기적으로 줄일 수 있다고요. 교사들이 보고서를 엄청나게 많이 쓰고 있고, 위에서 갑자기 내려와서 처리해야 할 문서 업무도 많다고 들었는데, 거대언어모델을 활용하면 문서 행정 업무 시간을 엄청 줄일 수 있죠. 그 아긴 시간을 학생들한테 쓸 수 있을 거고요. 그러면 교사들이 직접 도움을 받는 거니까 충분히 해볼 수 있다고 봐요. 이건 교육계에서 우려하는 학생 개인정보 보호 문제와도 상관없잖아요? 교사의 잡무 보조 도구로서 먼저 출발해서 간접적으로 학생들에게 도움을 주는 게 우선일 것 같습니다. 그러면 인공지능에 대한 교사들의 호감도나 인식도 좋아질 것이라 봅니다.

한상기   네이버에서 어느 학교와 연계해서 하이퍼클로바를 활용하는 시범사업을 해보실 의향은 없으세요? 교사 업무를 획기적으로 줄이는?

하정우   좋은 아이디어입니다. 실제로 저희가 웨일 스페이스 같은 교육 시스템과 클라우드 기반 교육 인프라도 가지고 있고, 거기에 하이퍼클로바도 연계할 수 있어요. 웍스라는 협업 툴도 있어서 학교나 학사 업무 시스템으로도 활용될 수 있죠. 말씀드리고 보니 너무 영업사원 같은 발언이네요(웃음).

한상기   자동 평가 얘기를 해보죠. 학생이 작성한 에세이를 인공지능으로 평가하는 시도를 몇 년 전에 미국 휴렛패커드 재단에서 해봤는데 품질이 좀 떨어졌어요. 자동 평가 또는 자동 채점 분야에서 인공지능을 사용하는 것은 어느 정도 가능성이 있다고 보세요?

하정우   채점을 '몇 점이다'라고 정확하게 정량적으로 평가하는 건 어렵습니다. 과거에 비해 GPT-3.5나 GPT-4, 바드 등의 LLM은 글쓰기 능력이 매우 뛰어나서 원안을 주면 교정하는 데 도움을 받을 수 있습니다. 그러면 간단한 방법으로는, GPT-4 기준으로 원안이 수정되는 양이 얼마만큼 달라지는지를 비교해 상대평가하는 방식으로 접근해볼 수 있겠죠. 실제로 요즘 나오는 초거대 언어 인공지능 연구는 GPT-4를 활용한 간접 평가 형태가 많습니다. 물론 완벽한 방법은 아닙니다. 창의성 평가는 여전히 어렵고요.

한상기 　그런데 평가를 위해서는 표현력이나 사용하는 언어, 단어의 다양성 등 확인해야 하는 요소가 무척 많거든요? 논술 평가라고 볼 수 있겠죠. 이런 데에도 GPT-4를 활용할 수 있을까요?

하정우 　기본적으로 문법이나 철자 같은 개별 항목 평가들은 충분히 가능합니다. 다양성 같은 경우, 예를 들어 얼마만큼 일반적으로 많이 쓰이는 단어를 썼느냐, 아니냐, 이런 것들은 그냥 통계 기반으로도 할 수 있습니다. 문법이 얼마나 정확하느냐는 이미 GPT 계열이 엄청 잘하고 있고요.
전반적인 일관성coherence 같은 경우도 LLM이 잘 측정할 수 있습니다. 따라서 상대적으로 객관적인 항목들은 LLM을 활용해서 자동으로 하고, 창의력 부분이나 정성적 품질은 사람이 평가하는 협업 방식을 채택하면 글쓰기 평가에 도움받을 수 있겠지요.

한상기 　학생들이 답안지나 숙제를 생성형 인공지능을 이용해 제출하면 이걸 어떻게 판별할 것이냐는 문제 제기가 있어요. 인공지능이 쓴 글인지 아닌지를 확인할 또 다른 인공지능이 필요할까요?

하정우   무척 어려운 문제입니다. 사진이나 음성이면 사람 눈에는 보이지 않게 워터마크라도 심고 인공지능 분류기로 걸러낼 수 있는데, 글은 워터마크 심기가 어렵거든요. 그래서 학생들한테 가르칠 때 우선은 두 가지 접근법을 함께 활용해야 할 것 같아요. 글쓰기 능력을 키우는 것이 본질인 수업에는 사용을 제한해야겠죠. 다만, 학생이 쓴 글을 인공지능이 쓴 글과 비교해 평가하는 방식 등은 보조적으로 활용해도 좋을 것 같고요.

그런데 글 쓰는 것 자체가 본질이 아닌 수업은 문제를 해결하는 데 활용토록 하는 것이 좋을 것 같아요. 다만 학생이 과제를 할 때 어디서, 얼마만큼 인공지능이 쓴 부분인지 프롬프트도 함께 제출하라고 해야겠죠.

인공지능이 쓴 글을 구분하는 문제는 상당히 어렵다고 말씀드렸는데요, 'DetectGPT'라고 스탠퍼드대학교에서 가장 먼저 체계적인 방법론에 기반해 인공지능이 쓴 글을 판별하는 연구가 나왔습니다. 일반적으로 인공지능이 글을 쓰기 위해 어휘를 사전에서 고를 때 확률이 높은 순으로 선택해서 채워나갑니다. 이 가정을 이용해서 주어진 글 중에 일부 단어를 임의로 변경해주면 확률값이 변하게 되는데요. 인공지능이 쓴 글은 단어 변경에 따라 확률값 변화 패턴이 전형적인 데 비해 사람은 들쭉날쭉하게 돼요. 왜냐하면 사람은 그렇게 단어 하나하나 이어가며 쓰지 않으니, 그 확률 패턴 차이를 이용하는 거죠. 문제는 인공지능이 글쓰기 할 때 다른 어휘 선택 방법을 쓰면 근본 가정이 깨지기 때문에 적용이 어렵다는 거죠.

관련해서 재미있는 뉴스가 있었는데요. 인도의 한 언론사에서 성경의 창세기를 오픈AI에서 공개한 툴로 돌려봤더니 '이게 인공지능이 쓴 거다'라고 대답했다는 거예요. 창세기를 쓴 저자가 알고 보니 인공지능이었다는 어이없는 얘기죠(웃음). 이런 우스개가 나올 정도니까 판독이 그만큼 어려운 문제라는 겁니다. 결국 기술적 해결책이 나오기 전까지는 사람들에게 이걸 어떻게 사용하는지에 대한 가이드라인을 제시하거나 사회적 담론을 통한 해결 방안을 모색해야겠지요.

한상기　사교육 쪽은 적응 학습이나 인공지능 튜터 등 공교육에 비해 적극적으로 활용하고 있습니다. 국내에서도 뤼이드Riiid같이 글로벌하게 인정받는 기업도 등장했고요. 사교육 분야에서 인공지능을 활용하는 것에 대해 어떤 기회가 있으리라고 보시나요?

하정우　최소한의 시간과 노력으로 최대의 학습 효과를 얻는다는 관점에서 최적화 기반의 콘텐츠 추천 영역으로 볼 수 있죠. 그래서 뤼이드에서 제공하는 인공지능 토익 학습 서비스인 산타SANTA 같은 경우도 사용자의 학습 시간을 줄여주기 위해, 몇 문제 풀어보면 그다음에 어떤 문제를 풀어야 되는지 안내해주는 서비스를 제공하고 있습니다. 또 콴다QANDA 같은 인공지능 학습 서비스 기업들도 있지요.
기술 기반의 에듀테크 기업뿐 아니라 메가스터디 같은 기존의 사교육 강자들이 인공지능을 도구로 활용해 성장 동력을 만들 수 있을 것 같습니다. LLM을 활용한 에세이나 논술 지도는 기존 오프라인 사업 모델과 시너지가 날 것 같아요. 이게 우리나라 교육시장의 특성일 수도 있는데요, 한국에서는 대학 입시가 가장 중요하고 그 외 공무원이나 부동산 중개사 같은 자격증 시험 시장이 크니까요. 물론 입시나 자격증 중심의 교육 시스템이 바람직하다는 뜻은 아닙니다.

한상기　　나라별로 좀 다른 것 같아요. 인도나 중국 같은 경우에는 대학 입시를 도와주는 앱들이 대단히 활성화되어 있습니다. 국내 기업들이 국내 상황에 초점을 맞춰서 사업하다 보니까 어떤 한계에 부딪히고 있지 않나 하는 생각을 합니다.

하정우　　그렇죠, 큰 성공을 위해서 글로벌 진출은 필수입니다. 하지만 교육도 해당 지역의 문화나 제도를 고려하는 게 무척 중요하니까 이에 대한 준비가 필요합니다. 더구나 우리나라는 인구가 급속히 줄고 있기 때문에 앞으로 교육 수요층이 격감하면서 에듀테크가 처한 환경이 더 어려워질 수 있습니다.

| 제조업: 국가적으로 강한 드라이브가 필요하다 |

한상기　　이번에는 제조업 분야 얘기를 나눠보시죠. 삼성전자나 현대자동차, 포스코 등의 기업 현장에서 인공지능을 이용하고 있고, 생산 최적화나 제품 결함 탐지에 컴퓨터 비전을 활용해 좋은 결과를 보

고 있는 걸로 알고 있어요. 그 외에 소개해주고 싶은 사례로 어떤 게 있나요?

하정우   인이지INEEJI라는 회사가 굉장히 잘하고 있죠. 공정 최적화 분야에서 눈부신 성과를 내고 있습니다. 최재식 대표가 제 친구라서 하는 말이 절대 아닙니다(웃음). 최적화를 통한 비용 절감이 관건이 죠. 특히 전통 제조업 같은 경우는 에너지를 포함한 원재료 비용이 워낙 크니까 10퍼센트만 절감해줘도 엄청난 기여입니다.

그리고 말씀해주신 대로 예전에 수아랩, 지금 코그넥스Cognex에서 인수한 그룹이나 SK하이닉스가 투자한 가우스랩스 등을 중심으로 컴퓨터 비전 기술 기반의 결함 탐지나 다양한 센서로부터 획득되는 시계열 데이터 모델링을 통한 공정 최적화 같은 성공 사례가 많은 것 같습니다.

그런데 어려운 점이 결국은 데이터입니다. 대기업 정도 되면 데이터가 잘 쌓여 있고, 데이터 파이프라인을 구축하는 것도 상대적으로 괜찮은 편입니다. 반면에 중소기업들은 이 데이터 확보나 데이터 구축을 위한 파이프라인이 없다 보니까 인공지능 활용이 어려운 상황이에요.

한상기   제가 인공지능 데이터 세트 구축 사업에 4년 정도 자문하고 기획도 했던 경험이 있는데, 국가 정책적으로는 제조업 분야의 인공지능 활용에 강한 드라이브를 걸어야 함에도 불구하고 지금 말씀하신

대로 데이터 세트, 특히 공개 데이터 세트를 구축하는 것이 아주 어려웠어요. 기업들이 너무 소극적이고요.

기업의 노하우가 담겨 있는 것이고, 영업 비밀이라고 생각하기도 하고요. 그런데 들어가 보면 별로 쌓아놓은 게 없는 경우가 많습니다. 그래서 제조업 관련 공개 데이터를 구축할 수 없을지 여러 기업들에게 의견을 물어보고 힘을 합치자고도 했는데, 어떤 아이디어가 있을까요?

하정우   일단 다행인 건 기업 대표들이 데이터 구축의 필요성을 알고 계신 것 같아요. 문제는 적지 않은 규모의 추가 투자가 필요하고, 구축이 끝이 아니라 운영을 위한 추가 채용도 해야 하죠. 특히 중소중견 기업에서 이런 데이터 전문가들을 채용하는 것이 어렵기 때문에 도움이 필요합니다. 두 번째는 데이터를 공유/공개해서 얻는 이점과 틀어쥐고 있으면서 얻는 이점의 무게 추를 달아봐야 될 것 같은데, 지금은 공유/공개의 이점이 훨씬 클 것 같거든요. 제조업 데이터 중심 인공지능 기술 기반이 워낙 취약하니 보유하고 있는 데이터 공유/공개를 통해 함께 기술 수준을 올려야 합니다.

정부가 예산을 지원하고, 민간의 클라우드나 데이터 전문 기업들의 기술력을 활용해서 데이터 플랫폼을 구축하는 겁니다. 개별 중소중견 기업들은 자신들의 데이터를 이 플랫폼에 쌓이게 해야죠. 인공지능 데이터 분석 기업이나 출연연 등도 이 플랫폼에 참여해 모델이나 솔루션을 창출하고 공동으로 쓰게 하는 거죠. 그리고 어느 정도 체제가 갖춰지면 그다음에는 각자 독립할 수 있도록, 혹은 그 플랫폼 위에서 자체적으로 더 성장할 수 있도록 인큐베이팅을 해볼 수 있으면 좋겠어요. 어차피 지금은 거의 제로 베이스니까요.

한상기 사실 인공지능 데이터 세트 사업이 과기부 사업이라서 그런데, 산자부에서 좀 더 관심을 갖고 제조 데이터 세트 구축에 힘을 좀 실었으면 하는 생각이 들어요. 그런데 누구 소관이냐를 따지는 것이 정부 부처의 특징이라 어려움이 있겠네요.

하정우 데이터는 원유와 같은 역할을 하죠. 근데 쌓아놓는다고 될 일은 아닙니다. 쌓아놓기만 해도 보관 비용이 들어요. 쌓은 데이터들을 궁극적으로 어떻게 쓰겠다는 로드맵도 같이 만들어서 소관을 가려야 하는데, 그런 관점에서 보면 산자부나 경우에 따라서 중소벤처기업부(이하 중기부)와 함께 해야 될 것 같아요. 소관 부처를 정하지 않고 그냥 범부처 사업으로 하면 보통 아무도 책임지지 않는, 누구의 과제도 아닌 상황이 되어버릴 위험성이 있습니다.

누군가가 오너십이나 리더십을 잡고 끌고 가야 하는데 현재 정부에선 과기부의 과학기술혁신본부가 그 역할을 하는 걸로 알고 있어요. 그런데 이 과제는 과학기술혁신본부에서 담당하는 중장기 R&D 성격은 아니거든요. 그러니 차라리 산자부가 앞서고 중기부와 과기부가 지원하는 그림은 어떨까 합니다. 그렇게 해서 잘되면 결국 산업 발전이니까요.

한상기   미국 같은 경우에는 에너지부Department of Energy가 인공지능 분야에 펀딩을 아주 많이 합니다. 우리나라도 이런 자세가 필요한데, 이 얘기는 다음 장에서 살펴보겠습니다.

제조 기업이 인공지능을 활용하기 위해서는 먼저 CEO의 인식 전환이 필요하고, 데이터와 인공지능 엔지니어들을 채용할 수 있게 도와주는 방법이 필요할 텐데요?

하정우   음…… 역량이 뛰어난 데이터, 인공지능 엔지니어들에게 제조업이 매력적인 분야는 아니잖아요? 향후 커리어를 고려하면 더욱 그렇고요. 이 부분을 해결해줘야 되는데 개별 기업 단위에서는 어려울 겁니다. 그래서 제가 생각한 아이디어가 있습니다. 공동의 인재 풀을 운영하고 인건비를 정부와 일정한 비율로 분담하는 거죠. 그리고 인재 풀을 운영해서 나온 성과들 중에서 지적 재산 수익을 기업뿐 아니라 엔지니어들도 혜택을 볼 수 있도록 하는 보상 체계를 만드는 거죠.

이렇게 제조업의 인공지능 인력은 다른 분야와 달리 전문가가 발명한 기술에 대해 러닝 개런티를 주더라, 이러면 월급을 많이 못 줘도 인센티브로 작용할 수 있겠지요. 제조업 인공지능 분야 마스터나 펠로우 제도 같은 것도 고려해볼 수 있고요. 이건 그냥 제 상상입니다만, 이런 차별화된 메리트를 주어야 인재를 끌어들일 수 있을 것 같습니다.

한상기   좋은 아이디어라고 생각합니다. 제가 몇 해 전에 어느 법무

법인 포럼에서 강연하면서 인공지능 사이언티스트나 엔지니어에게 봉급을 많이 줘야 되는데 기업들 여력이 없으니 급여의 절반을 국가가 지원해주는 프로그램을 도입하자고 했더니 신문 기사로 나오고 그랬어요. 그런데 그걸로 끝이었죠.

하정우 형평성, 공평성 문제도 제기될 테고 국가에서 그냥 월급을 주면 모럴 해저드 이슈도 있겠죠. 그래서 지적재산권 사용에 대한 러닝 개런티, 인센티브 이런 쪽으로 발상을 전환하는 것도 방법이겠다 싶은 겁니다.

| 이커머스와 리테일: 생산성과 경쟁력이 인공지능에 달렸다 |

한상기 이커머스 쪽으로 가봅시다. 이커머스 분야에는 인공지능 적용 사례가 아주 많습니다. 추천 시스템부터 시작해서 마케팅까지 유통의 전 과정에 활용할 수 있다고 생각합니다. 먼저, 네이버의 하이퍼클로바를 스마트스토어의 마케팅 메시지 작성에 이용했고 성과가 꽤 좋다고 평가하셨는데 어느 정도인가요?

하정우 저희 하이퍼클로바 논문에 나와 있는데요, 네이버 쇼핑에는 기획전이라는 게 있습니다. 특정 상품에 대해 이벤트를 여는 건데, 그 이벤트 제목을 기존에는 기획자들이 작성했습니다. 이 제목 작성하는 작업에 하이퍼클로바를 써봤습니다. 그때 튜닝을 거의 안 했던 걸로 알고 있는데, 저희가 블루 스코어* 기준으로 구글에서 공개한 다국어 T5Text-to-Text Transfer Transformer 모델과 하이퍼클로바의 이벤트 제목 작성 능력을 비교했습니다. T5는 초거대까지는 아니지만 GPT-3 나오기 전까지 가장 강력한 글쓰기 능력을 가진 언어모델이었죠. 이걸로 기존 이벤트 타이틀 문구를 학습시켰어요. 그리고 그다음에 실제 상품과 몇 가지 키워드, 주제가 주어질 때 기획자가 작성한 제목을 정답 기준으로 삼았습니다. 여하튼 이 비교에서 T5의 블루 스코어가 저희 하이퍼클로바 블루 스코어보다 높게 나왔어요. 참고로 블루 스코어는 높을수록 좋은 것입니다.

그런데 기획자들에게 생성된 제목 선호도 조사를 했더니, 정답과 하이퍼클로바의 선호도가 거의 비슷하고 T5가 오히려 아주 많이 낮았어요. 이게 무슨 얘기냐 하면, T5가 작성한 제목은 기존에 쓰인 문구의 표현을 좀 더 많이 사용한다는 뜻입니다. 블루 스코어는 정답과 생성한 글이 겹치는 단어가 많을수록 점수가 높거든요. 그래서 진부하다는 평가를 듣는 것이고요.

그런데 하이퍼클로바는 블루 스코어가 낮은데도 만족도가 높아요. 즉 기획자들이 평소에 잘 안 쓰는 표현을 생성한다는 얘기입니다. 그러

● 블루 스코어(Bilingual Evaluation Understudy, BLEU score): 인공지능이 쓴 번역이나 생성 글의 품질을 평가하는 척도. 정답 글이 주어질 때 인공지능이 쓴 글과 같은 단어나 표현이 얼마만큼 중복되는지를 기준으로 점수를 산정한다. 기본적으로 정답과의 표현 유사성에 기반하므로 창의성 평가에는 한계가 있다.

면서도 '이 표현이 제법 괜찮네, 기획자들이랑 얼추 비슷하네' 이런 느낌을 주는 거예요. 그래서 제가 이거 때문에 일종의 창의성에 가깝다 혹은 품질을 유지하면서도 다양한 표현을 하는 능력이 있다고 말씀드리는 것이죠. 실제 이걸 통해서 매출이나 클릭을 통한 구매 전환이 의미 있게 증가했다는 얘기도 들었습니다.

또 다른 의미 있는 사례가 있는데요, 판매자나 식당, 카페 등을 운영하는 점주들에겐 이른바 별점 테러가 심각한 문제잖아요? 그래서 저희가 네이버 예약 서비스 개선에 착수했습니다. 저희 예약 서비스 가맹점에서 별점을 다 걷어내고 키워드 리뷰로 대체하려고 해요. 사람들이 올린 후기들로부터 하이퍼클로바로 키워드를 추출하는 거죠. 이렇게 되면 판매자나 점주 입장에서는 스트레스를 훨씬 줄일 수 있게 되겠죠.

그리고 인기 있는 상품이나 매장 같은 경우는 이용 후기가 엄청 많은데, 너무 많으니까 사람들이 꼼꼼하게 보기 힘듭니다. 하이퍼클로바를 이용해서 전체 리뷰를 세 줄로 요약해주는 서비스도 제공하고 있습니다.

그 외에 판매자와 구매 고객이 채팅으로 필요한 내용을 주고받는 '톡톡'이란 서비스가 있는데, FAQ에 가까운 것들에는 하이퍼클로바가 적용되어 있습니다. 구매자를 위한 서비스도 개선했습니다. 선물 살 때 축하 문구 작성하죠? 예전에는 템플릿이 정해져 있었는데, 이제는 상품별로 상황이나 몇 가지 키워드들을 사전에 입력하고 하이퍼클로바가 축하 문구를 기존보다 훨씬 다양한 표현으로 작성할 수 있도록 돕습니다.

네이버 쇼핑에 입점한 판매자들의 시간과 노력을 확 줄여주면서 괜찮은 품질의 서비스를 제공하는 데 하이퍼클로바가 크게 기여하고 있습니다. 이커머스에서 오픈 마켓이 차지하는 비중이 상당하기 때문에 입점한 판매자들의 생산성과 경쟁력을 올리는 것이 매우 중요한데, LLM 같은 인공지능이 기여할 수 있는 바가 크다고 생각합니다.

한상기   아주 좋은 결과들인 것 같습니다. 현대백화점의 루이스 같은 사례는 오픈 마켓이 아니라 일종의 종합 쇼핑몰을 위한 서비스일 텐데, 그 내용이 궁금합니다.

하정우   루이스는 광고 문구, 판촉 행사 소개문 등 마케팅 문구 제작에 특화된 인공지능 카피라이팅 시스템이라고 할 수 있습니다. 현대백화점은 온/오프라인 매장에 사용하는 마케팅 문구나 카피를 작성하는 전담 팀을 운영하고 있습니다. 그런데 이 카피라이팅 업무가 초안 작성부터 최종 결정까지 2주 정도 걸린다고 합니다.

현대백화점 측에서 마케팅 문구 작성을 돕는 인공지능에 대해 네이버에 문의해서, 저희는 하이퍼클로바를 외부에서 활용 가능한 노 코드 플랫폼인 클로바 스튜디오의 학습 API를 활용하자고 제안했습니다. 현대백화점 그룹 내 IT 회사에서 마케팅 문구 데이터 1만 건 정도를 준비하고 하이퍼클로바의 API를 통해 학습한 후 만들어진 게 루이스입니다. 루이스로 마케팅 문구를 작성해보니 최종 결정하는 데까지 겨우 3시간밖에 안 걸린다고 합니다. 엄청난 생산성 향상이죠.

그러면 이 루이스가 사람의 일자리를 줄이냐? 그게 아니고, 같은 인원으로 더 많은 일을 할 수 있게 되었다고 합니다. 전국 16개의 현대백화점 지점과 온라인 쇼핑몰에 다양한 종류의 매장이 있는데 지점별, 상품 그룹별, 매장별 키워드에 맞춰 특화해 다양한 마케팅 문구를 제공할 수 있게 된 겁니다. 예전에는 2주나 걸렸으니 동일한 문구를 사용할 수밖에 없었는데 이제는 지점 특화 문구가 가능해져서 결국 서비스 품질 향상으로 이어진 거죠. 그래서 이 팀의 퍼포먼스가 좋아지고 매출이 더 좋아질 가능성이 있고, 고객 입장에서도 좀 더 정확한 정보에 가까운 마케팅 문구를 볼 수 있으니까 만족도도 올라갈 수 있고요. 이렇게 크게 기여를 한 사례라고 보시면 되겠습니다.

한상기 그 결과를 보고선 롯데백화점이나 신세계백화점, 이마트 등에서도 인공지능 도입을 고려할 텐데, 경쟁사에서 채택한 솔루션 말고 다른 대안을 찾는 경우도 많습니다. 하이퍼클로바가 백화점 업계나 여타 대형 유통 체인에 널리 사용될 가능성이 있다고 보십니까?

하정우 신기술은 먼저 실행해서 성공 케이스를 보이는 게 중요하잖아요. 성공을 통해 신뢰를 쌓고 레퍼런스를 만들어서 좀 더 중요하고 임팩트 있는 영역으로 확대해갈 수 있지요. 그런 출발점으로서 상당한 의미가 있다고 생각합니다. 루이스의 성과를 기반으로 현대백화점은 마케팅 문구보다 훨씬 많은 것들을 시도해볼 수 있겠지요. 여기에 자극을 받은 신세계나 롯데 등의 경쟁 업체들은 자체적으로 할 수도 있고, 다른 솔루션을 찾을 수도 있겠지요. 저희와 협업해주시면 "감사합니다, 고객님"이 되는 거고요(웃음).

한상기   유통에서 추천이 무척 중요한데, 과거의 추천 시스템과 LLM을 이용한 추천에는 어떤 차이가 있나요?

하정우   추천은 꽤 오랜 역사가 있고, 가장 널리 사용했던 방식이 협력(협업)적 여과collaborative filtering라는 것입니다. 나와 성향이 비슷한 사람들이 본 상품이나 콘텐츠를 나에게 추천하면 구매로 이어질 성공 확률이 높다는 가정에서 출발합니다. 여기서 성향이 비슷하다는 것은 비슷한 상품을 구매하거나 비슷한 콘텐츠를 본 사람으로 정의합니다. 그 가정하에서 행렬 분할 최적화와 같은 방법을 사용해왔고, 4~5년 전부터는 인공신경망 기법을 주로 썼죠. 협력적 여과를 위해서는 데이터 가공이 필요한데, 각 사용자들에게 개별 고유번호를 부여하고 상품이나 콘텐츠에도 개별 상품 고유번호를 매핑한 후 학습을 합니다. 그런데 이 고유번호 사용은 한계가 있어요.

동일한 상품이라도 시스템에 등록하기에 따라 여러 개의 다른 번호가 부여되는 경우도 있고 콜드 스타트cold start라고 얘기하는, 처음 보는 상품 또는 처음 오는 사용자에 대해서는 추천이 어려운 한계가 있습니다. 이런 것들을 해결하기 위해서 콘텐츠 정보를 부가 정보처럼 많이 활용해왔어요. 그게 2018년 즈음부터 추천 시스템에서 널리 쓰이는 방법입니다.

요즘에는 그래프 신경망이나 트랜스포머가 많이 쓰입니다. 그런데 생각해보면 상품명이나 상품 설명, 콘텐츠의 제목이나 스토리 같은 것은 언어로 표현되는 것들이거든요? 그래서 LLM이 가진 강력한 언어지식 능력을 추천 시스템에도 활용해볼 수 있는 거죠. 언어모델 식으로 추천을 하게 되면 상품을 고유 아이디로 처리하는 것보다 훨씬 더 많은 정보를 활용할 수 있습니다. 즉 이 상품이 어떤 용도고 어떤 특성을 가지고 있고, 이 상품을 만드는 회사가 어떤 특징을 가지고 있고, 이 상품을 파는 판매자가 어떤 특징을 가지고 있는지를 직접적이고 구체적으로 활용할 수 있다는 거죠.

그러다 보면 이렇게 풀어서 쓴 텍스트 형태의 상품이나 판매자 정보는 언어모델이 갖고 있는 강력한 추론 능력에 활용될 수 있습니다. 이 사람이 이런저런 특성을 가진 상품을 샀던 사람이면, 다음에는 아마 이런 상품에 관심이 있을 것이라는 게 언어 추론 관점에서 해석 가능한 것이죠. 저희가 실제로 이 모델을 테스트해보니 기존의 추천 시스템보다 월등하게 작동을 잘하고 정량적으로도 의미 있는 개선 효과가 있다는 것을 확인했습니다.

한상기   네이버 쇼핑에도 LLM을 활용한 추천 시스템을 사용하고 있겠죠?

하정우   물론입니다. 네이버 내에서는 사람들이 검색도 많이 하고 검색 결과를 바탕으로 상품 구매도 많이 하죠. 검색과 구매 이력, 이 두 종류의 데이터를 학습시켰어요. 사실 검색은 상품 구매는 아니지만 이 사람이 무엇에 관심을 가졌는지를 나타내는 간접 데이터니까 의미가 있다고 판단해 이 데이터를 이미지-언어모델 학습 방법으로 훈련시켰습니다. 클로바노트 서비스를 출시하면서 마케팅 메시지를 발송할 대상자를 선정할 때 이 기법을 사용해봤습니다.

클로바노트 홍보 메시지를 어떤 사용자에게 보내야 할지 선택하는 문제에 적용한 것이죠. 클로바노트 앱을 다운로드한 비율이 기존 방법과 비교해 몇 배 이상 높은 성과를 얻었습니다. 비용 절감과 매출 향상이라는 두 마리 토끼를 잡은 겁니다. 클로바노트는 쇼핑과는 거리가 먼 서비스인데도 말이죠. 웹툰 추천에서도 똑같이 해봤는데 전반적으로 구매 전환율Click Through Rate과 같은 지표들이 상승하는 성과를 거뒀습니다. 향후 예약이나 신규 입점 판매자 소개 등 여타 서비스의 마케팅에도 적용할 수 있을 것으로 기대합니다.

저희가 오픈 마켓이다 보니 다른 회사의 제품에도 거의 똑같이 적용해봤어요. 화장품 회사였는데 거기에도 추천 정확도가 올라가는 것을 확인했습니다. 심지어 저희 플랫폼이 아닌데도 불구하고요. 언어모델이 갖고 있는 지식이 유통 산업에서의 추천 시스템 발전에도 기여할 수 있다는 것을 확인했습니다. 이 기술은 〈추천 모델을 위한 스케일링 법칙: 범용 사용자 모델을 향하여Scaling Law for Recommendation Models: Towards General-purpose User Representations〉라는 제목의 논문으로 출간되어 최고 권위의 인공지능 학회인 AAAI 2023에서 발표되기도 했습니다.

한상기   추천에서 가장 핵심이 사용자 프로파일링이잖아요? 이 사람이 어떤 사람인가를 알아낼수록 추천 결과가 좋아질 수밖에 없죠. 네이버는 사용자가 많고 다양한 데이터도 많으니까 가능했을 텐데, 커머스만 하는 회사는 구매 이력과 리뷰, 각 상품 페이지에서의 행동 데이터 같은 것밖에 없겠지요. 검색 키워드나 소셜 미디어에 올린 포스팅처럼 사용자 프로파일링에 도움되는 정보는 어디서 얻을 수 있을까요? 네이버가 제공해줄 수 있나요?

하정우   네이버와 협력해주시면 감사하겠습니다 (웃음). 간접적으로 테스트해볼 수 있는 방법으로는 LLM에 사용자의 행동 데이터를 쭉 입력하는 간단한 방법이 있긴 합니다. 각 회사에서 보유하고 있는 사용자 로그를 텍스트 형태로 모두 변환하는 거죠. 그리고 그 변환된 텍스트를 LLM의 학습 API를 통해 튜닝합니다. 혹은 지시학습을 위한 템플릿 형태로 가공해서 학습 API를 써보거나 추가 학습 없이 프롬프트 학습 형태로도 시도해볼 수 있지요.
알리바바에서 〈챗GPT는 추천을 잘하나?Is ChatGPT a Good Recommender?〉라는 제목의 예비 연구를 공개했는데, 요약하면 프롬프트 입력만으로는 상품 추천이 어렵지만, 상품 리뷰나 상품 추천 이유를 설명해주면 꽤 의미있는 결과를 내준다는 것입니다.

한상기   제가 어느 유명한 유통 업체에 이커머스 관련 컨설팅을 한 적이 있는데, 데이터 포인트를 어떻게 정의했고 어떤 데이터를 수집하고 있느냐 물었더니, 바로 그걸 알아내기 위해서 따로 컨설팅을 받는다고 하더라고요. 그래서 제가 하도 답답해서 다른 대기업의 디지털 담당 임원인 후배에게 얘기했더니 "저희는 그래도 그 회사가 부럽습니다"라고 하더군요. 왜 그러냐고 물으니 "저희는 데이터를 왜 분석해야 되는지를 이해시키지 못하고 있습니다"라더군요. 그게 4년 전 전통적인 유통 회사들의 상황이었어요. IT에서 출발한 회사에선 당연한 것들이, 백화점이나 마트처럼 전통적인 유통으로 시작했던 회사들에선 아직까지 뿌리내리지 못하고 있다고 봐요. DNA가 다르다는 생각입니다.

하정우　많은 산업군에서 비슷한 고민을 하고 있는 것 같습니다. 전부는 아니겠지만 중간 관리자급 이상인 분들의 인식이 그런 경우가 많다는 얘기를 듣습니다. 자신들이 흥한 걸로 결국 망한다, 기존의 성공 방식을 답습하면 실패한다는 얘기죠.

세상과 기술이 변하고 그 기술을 적극 활용하는 기업들이 등장하면서 기존의 레거시를 대체해나가는 것은 역사에서 계속 있어왔죠. 총이 칼을 대체하고 구글이 야후를 거의 대체한 것처럼요. 그런 것에 대해 저희는 계속 리마인드하고 공유하려고 노력하고 있습니다. 적극적으로 실행하면 생존할 확률이 높아지는 거죠. 신기술보다 훨씬 더 강력한 그 기업만의 고유한 장점을 가지고 있으면 또 얘기가 다르겠지만, 지금처럼 시대 흐름에 가까운 큰 변화에 빠른 대응이 필요하다는 점을 거듭 말씀드리고 싶습니다.

한상기 이커머스에서의 상품 추천과 관련한 질문입니다. 유튜브나 넷플릭스, 스포티파이와 같은 콘텐츠 추천은 상품 추천과는 또 다른 기술과 기법이 필요할 것 같습니다.

하정우 기본적으로 콘텐츠도 상품이긴 합니다. 차이점이 있다면 콘텐츠는 30분이나 1시간 같은 사용 시간이라는 개념이 있어서 소비하는 데 시간을 쓰게 되고, 휘발성이 있어서 한 번 구매하고 나면 재구매하는 경우는 드뭅니다.

상품은 상품마다 고유한 특성이 있습니다. 한 번 구입하면 1년 동안은 사지 않을 상품이 있는 반면 매일 사야 하는 상품이 있기도 하죠. 콘텐츠를 포함해 개별 상품들의 특성에 따라 추천하는 방법이 달라져야 하는데, 상품의 특성이라는 게 보통은 문서 형태로 된 정보들이 녹아 있거든요. 그 녹아 있는 지식들을 추천하는 데 간접적으로 활용할 수 있기 때문에 언어모델을 활용한 추천이 이런 정보가 전혀 없이 하는 것보다 훨씬 더 효과를 볼 수 있죠.

한상기 제가 첨언하면, 일반적인 상품과 콘텐츠 추천이 다른 가장 큰 이유는 소비 상황입니다. 영화나 드라마, 음악을 어느 요일과 어느 시간대에 소비하느냐, 혼자서 소비하느냐 친구나 가족 또는 애인과 함께 소비하느냐 하는 상황이 매우 중요하죠.

제가 2010년 바르셀로나의 추천 시스템 학회 ACM RecSys에서 음악 추천에 대한 워크숍에 참석한 적이 있습니다. 그때 학자들이 음악 추천은 포기했다. 못하겠다고 하더라고요. 사람들은 단순히 유사한 음악 유형만을 원하는 것이 아니고, 감정적이고 심리적인 이유로 기분이나 환경에 따라 어느 날은 조용필에 감동하고, 어느 날은 베토벤을 듣고 싶고, 어떤 날은 프로그레시브 록이 듣고 싶기 때문이죠. 스포티파이가 사용자들의 플레이리스트를 공유하는 걸로 접근했고, 애플도 다양한 시도를 했는데 그렇게까지 성공하지 못하고 있다고 저는 보고 있어요. 음악 추천에 대해서는 어떻게 생각하세요?

하정우　애플 같은 경우는 명확하게 큐레이터들의 도움을 많이 받고 있다고 합니다. 음악 전문가들의 전문 지식을 투입한 음악 추천이죠. 스포티파이는 그래도 딥러닝을 초창기부터 활용하던 회사입니다. 2010년 RecSys 학회를 언급하셨는데, 딥러닝 기반의 음악 추천 시스템은 2013년 논문이 거의 처음입니다. 이후로 딥러닝 기반의 추천 시스템들이 막 나오기 시작했죠. 유튜브는 워낙 데이터가 많다 보니 다른 추천 시스템보다 잘하는 것 같고요, 넷플릭스도 꽤 오랫동안 추천 시스템을 운영해왔고 메타 데이터를 엄청 잘 활용하는 것으로 알려져 있습니다.
저는 콘텐츠 추천 영역에서의 가능성을 매우 높게 봐요. LLM은 사람과의 매우 자연스러운 대화 인터페이스를 제공하기 때문에 대화를 주고받으면서 사용자가 처해 있는 상황과 시간 등을 반영하고, 맥락을 파악해서 그에 적절한 음악을 추천해줄 수 있겠지요. 따라서 기존의 음악 추천 시스템에 비해 훨씬 만족도가 높을 것으로 예상합니다. 음악 추천 서비스는 챗GPT 플러그인에 연결될 거라고 봅니다.

한상기   저도 그러리라고 봅니다.

하정우   음악 추천 얘기하니까 생각난 것이 있습니다. 하이퍼클로 바로 실험을 해봤어요. 아이유의 〈밤편지〉랑 비슷한 노래를 아이유 외의 가수가 부른 곡으로 추천하고 그 이유도 설명해달라고 했어요. 그랬더니 '이 노래는 이런 풍의 이러한 서정적인 가사여서 어울립니다', '이 노래는 가수가 비슷하기도 하고 이런 톤이라서 어울립니다' 라고 추천하더라고요. 들어보니 그럴듯했습니다. 이게 다 설명 가능한 것이거든요. 가사는 문자로 작성되어 있고, 그 곡과 가수에 대한 정보는 팬 블로그나 평론 등에 다 기록되어 있지요. 이런 간접 정보까지 다 활용할 수 있으니 추천을 훨씬 더 잘할 수밖에 없습니다.

한상기   이커머스 분야의 마지막 질문입니다. 생성형 인공지능으로 언어만이 아니라 이미지나 영상, 3D까지도 활용할 수 있잖아요. 이커머스 쪽에서는 다양한 모달리티를 어떻게 활용할 수 있을까요?

하정우   네이버 스마트스토어의 판매자는 다들 너무 바쁘고 시간 여유가 없어요. 상품 사진이 판매에서 매우 중요한데, 사진 전문가에게 의뢰하기에는 규모가 영세한 경우가 많죠. 그래서 직접 촬영해 올리는데 상품을 예쁘게 잘 찍는 게 쉽지 않습니다. 카메라와 조명, 세트 등도 열악하고요. 촬영 후에 보정도 잘해야 하는데, 포토샵이나 보정 툴 사용도 잘 못하니까 대충 올리게 된단 말이죠. 생성형 인공지능의 도움을 받으면 사용자들에게 매력적인 콘텐츠를 만들 수 있죠. 더 나아가 쇼츠나 릴 같은 짧은 동영상까지 생성할 수 있으면 브랜딩이나 마케팅, 상품 홍보에 큰 도움을 받을 수 있겠죠.

한상기　그렇다고 미드저니나 달리 2 같은 생성형 인공지능으로 이미지를 만들어서 올리기에는 차별화되지 않고 천편일률적일 수도 있겠죠. 자기 제품을 더 좋은 이미지로 만들어주는 도구를 제공하는 것이 필요하다고 봅니다.

하정우　고려하고 있습니다. 얼마 전 메타에서 세그먼트 애니싱 Segment Anything을 공개했어요. 물체 영역이 분할 추출되니까, 그에 잘 어울리는 적당한 배경 이미지에 앉히면 자연스러운 상품 사진이 만들어지는 기술입니다. 이러한 선택 과정에서 판매자의 창의성이나 차별성이 드러날 수 있습니다.

한상기　실제 매장을 갖고 있는 리테일 산업에서도 인공지능을 활용하고 싶어 하는 분들이 많을 텐데 이에 대한 얘기를 해봅시다.

하정우　리테일 산업에서 가장 중요한 문제 중 하나는 재고 관리인 것 같아요. 재고가 결국 다 비용이잖아요. 수요 예측을 아주 잘해서 필요한 만큼 주문하고 창고 보관 시간을 최소화해 가장 최적화된 루트로 공급할 수 있으면 비용이 확 줄어들 수 있죠. 이런 문제를 데이터 혹은 인공지능을 활용해서 최적화하는 방법에 대한 수요가 무척 많은 것으로 알고 있어요. 네이버가 CJ대한통운, 신세계그룹 등과 지분 교환 형식으로 상품의 보관과 배송 등 물류 전반에 걸친 전략적 제휴를 맺은 것도 이런 문제를 함께 풀어보기 위함입니다.

한상기   매장에 로봇으로 재고 관리를 시도하던 회사들이 다 중단했습니다. 왜 그랬는지 아세요?

하정우   투자 대비 효용이 나오지 않는다는 얘기를 들었어요. 로봇을 써서 최적화를 하거나 자동화를 하는 것보다 지금 기술 수준 등 여러 여건을 고려했을 때 사람을 고용하는 것이 훨씬 낫다고 생각한 게 아닐까 합니다.

한상기   또 다른 사례로, 아예 상점 전체를 자동화하겠다는 계획으로 인공지능과 센서 기술을 동원해 아마존 고 Amazon Go를 만들었습니다. 완전 무인 매장인데요, 미국 내에 27개까지 매장을 만들고 말았죠. 국내에서도 신세계에서 이마트 24 무인 점포를 운영하고 있는데, 그 방향에 대해서는 어떻게 생각하세요?

하정우   컴퓨터 비전 기술을 많이 활용하고 재고 유지의 일부 자동화까지 포함하는 것 같아요. 기술 과시라고 하죠? 기술을 홍보하는 측면에서는 의미가 있는데 고객 입장에서 봤을 때 실질적으로 어떤 매력이 있을까에 대해서는 분석이 필요합니다.

특히 우리나라 매장에서 잘하는 것들이 있죠? 시식 코너나 안내해주는 분들의 존재 말이에요. 계산 담당 직원에게 혜택이나 쿠폰 등에 대해 빼주세요, 넣어주세요 하면 잘 도와주시는데, 자동화 매장은 그런 서비스 혜택이 없죠. 고객 입장에서 무인 점포나 자동화 매장이 과연 괜찮은 서비스인가 의문이 들 수 있죠. 특별히 가격이 저렴하다거나 특수한 상품이 있다거나 하는 장점이 없다면요. 사업자 입장에서도 투자 대비 효과가 크면 점포를 확대할 텐데 뚜렷한 움직임은 눈에 띄지 않는 것 같습니다.

한상기 매장에서 고객의 동선을 분석해 진열대와 매대의 위치를 조정하고, 상품 진열도 바꾸는 작업을 하고 있습니다. 전문가가 관찰하거나 카메라나 센서 등을 동원해 매장 최적화 작업을 진행해왔는데, 여기에 인공지능을 활용하겠다는 움직임이 있습니다. 그런데 이런 경우 프라이버시 이슈가 생길 수 있습니다.

하정우 컴퓨터 비전 기술로 익명화 처리가 가능합니다. 촬영된 사람이 특정되지 않도록 하는 것이 중요하기 때문에 얼굴이나 신체를 흐리게 처리하는 등 기본적인 전처리를 한 후 개별 인물을 완전히 익명화합니다.

기본 전처리를 하고 원본 데이터를 버리는 형태로 하면 가능한데, 문제는 그 가공된 동선 데이터로 얼마만큼 실질적 개선이 되는지 분석이 필요하죠. 그렇게 열심히 최적화를 했는데 매출이 겨우 1~2퍼센트 올라가더라, 이러면 그 운영비가 더 들 수도 있죠. 다만 매출액이 엄청 크면 그 1~2퍼센트가 아주 큰 의미일 수도 있고요.

한상기   이런 방식도 가능해요. 제가 인천공항 스마트화에 자문을 한 적이 있는데 포인트 클라우드 방식으로 접근하더군요. 사람을 위치 데이터로만 표시하는 것인데요. 사람들이 어느 게이트에 얼마나 몰렸는지는 표시하지만 그 사람들이 누군지는 알 수 없게 하는 방식이죠. 그렇게 해서 프라이버시 문제를 해결하려는 노력도 있더군요.

하정우   인공지능을 활용하면 나름의 이점이 있습니다. 보통은 굉장히 많은 매장들의 전체적인 통계치를 계산해서 그 통계 수치를 기반으로 이후에 매장별 최적화를 하잖아요? 그런데 이런 인공지능 기술을 쓰면 매장 단위로도 최적화가 가능합니다. 예를 들면 a 도시와 b 도시 사용자들의 사용 패턴이 정말 똑같냐 하면 아닐 가능성이 높은데, 그걸 파악하려면 전국에 있는 수많은 매장마다 사람을 투입해서 분석해야 하죠. 그러면 비용이 많이 들잖아요. 그런데 인공지능을 사용하면 개별 데이터를 모아 그 안에서 최적화가 가능하고, 롱 테일* 분석에 필요한 인력과 비용을 획기적으로 줄일 수 있습니다.

| 농수축산임업: 식량 주권을 위해서라도 인공지능이 필요하다 |

한상기   농수축산임업 분야로 넘어가 보겠습니다. 정부에서 인공지능 데이터 사업을 진행하면서 이 분야의 데이터도 많이 모았어요. 축산의 예를 들면 가축이 어떤 병에 걸릴 위험이 있는지, 가축의 몸무게가 얼마나 될지 예측하는 것이 중요하니까요. 돼지 몸무게 다는 게 그렇게 어렵다고 하더군요.

하정우   도망 다니고 몸부림치니까요 (웃음).

한상기   그래서 카메라로 대략 이 돼지의 몸무게가 얼마나 될 것이고 어떻게 변화되는지를 인공지능으로 모니터링하는 시스템을 한국축산데이터라는 회사에서 하더군요. 농수축산 분야가 산업에서의 비중은 크지 않지만 인공지능을 활용하려는 노력들은 많이 하고 있습니다. 정부에서도 많이 지원하고 있고요.

하정우   1차 산업은 전략산업에 가깝죠. 식량 주권의 문제이기도 하고, 국가의 근간을 이루는 중요 분야인 데 비해 관심을 많이 받는 산업이라고 보긴 어렵습니다. 사람은 부족하고 경쟁력 강화를 무시할

● 롱 테일(Long Tail): 80 대 20의 법칙을 그래프로 표현할 때 꼬리처럼 긴 부분을 형성하는 80퍼센트를 일컫는다. 기존에는 발생률과 발생량이 20퍼센트 집중 부분에 비해 상대적으로 적어 무시되었으나 인터넷과 물류 기술의 발달로 경제적 의미가 부각되었다.

수는 없는 상황인데, 이런 경우에는 역시 인공지능이 기여할 수 있는 바가 굉장히 크다고 생각해요. 그래서 공공의 목적으로 정부 차원에서 챙겨야 하는 가장 중요한 분야 중 하나라고 봅니다. 다른 산업에 비해 데이터 과학이나 인공지능 적용 같은 것이 상대적으로 느린 편인데 정부가 지원해서 경쟁력을 강화할 필요가 있습니다.

한상기   병충해나 산불 확인 등에도 인공지능이 쓰이고 있습니다. 위성사진 판독으로 북한의 식량 생산을 분석하고 예측하는 회사도 있던데, 이런 사업은 국가 안보나 남북 교류 정책에 영향을 줄 수도 있죠. 농수축산임업 분야의 전체적인 상황을 파악하거나 정책 수립을 위한 데이터 확보 등에도 인공지능을 이용할 수 있습니다. 어류 양식이나 감염 대책, 녹조 확산 예측에 응용하는 것도 가능하겠죠. 다양한 분야에서 인공지능을 활용해 자신들의 문제를 해결하려는 사람들이 생각보다 많습니다.

하정우   얼마 전 농촌진흥청에 강연을 다녀왔는데 전문가들이 지식과 정보를 어떻게 공유하고 확산시킬 수 있을까 하는 고민을 많이 하시더군요. 전문가의 지식과 정보를 다른 종사자들에게 공유하면 상품의 품질 향상이나 안정적인 공급망을 확보하는 것도 가능하겠지요. 그래서 클로바노트 같은 인공지능 앱을 활용하거나 전문가들의 지식이나 노하우를 LLM에 추가 학습해서 사람들이 필요할 때 바로 알려줄 수 있다면, 전반적인 생산과 유통의 안정성이 개선되지 않을까 하는 아이디어들을 갖고 계시더라고요.

한상기   스마트 팜의 경우에 온실에서 키우는 것은 파프리카, 토마토, 딸기, 참외 등 몇 가지가 안 되더군요. 제 후배가 축구장 여섯 배정도 크기의 대형 파프리카 온실을 운영하고 있어서 가봤더니 생각보다 복잡도가 높지 않았어요. 아직까지는 단순한 데이터들을 갖고 운영하는 수준인데, 파프리카의 경우는 외래종이라 온도와 습도에 따른국내 환경에서의 데이터가 아직 부족해 꾸준히 축적하고 있다고 해요. 향후 이를 토대로 자동화도 계획하고 있다고 들었습니다.
그런데 네덜란드와 비교하면 우리나라의 수확량이 아직 적다고 하더군요. 그리고 시장의 흐름을 보면서 언제 출하하는 것이 수익성이 높을 것인가를 예측하는 면에서는 우리가 아주 뒤처져 있다고 합니다.작물을 어떻게 잘 키울 것인가도 중요하지만 시장과 어떻게 잘 연동할 것인가, 그래서 최적의 가격을 받아서 최고 소득을 올릴 수 있는방법이 무엇일까, 이런 문제들이 해결 과제입니다.

하정우   리테일 분야에서 고민하는 것과 비슷하죠. 리테일은 만들어져 있는 상품인 데 비해 농업은 재배해야 한다는 제약 요건까지 있고 온도, 습도, 일조량 등 영향을 끼치는 조건까지 추가되니 더 어렵습니다. 온실 재배 등을 통해 언제든지 키워낼 수 있다면 공장 생산과거의 같은 조건이 되고, 언제가 가장 좋은 출하 타이밍인지를 재는 것은 수요 예측과 밀접한 부분입니다.

| 국방과 군수산업: 전장의 패러다임이 바뀌고 있다 |

한상기　　미국이나 영국 같은 경우에는 인공지능을 중요한 군사전략 기술로 설정하고 있습니다. 미 국방부는 2018년에 합동인공지능센터 Joint Artificial Intelligence Center를 설치했고, 이를 확대 개편해 그 후에는 디지털 및 인공지능 최고 사무국 Chief Digital and AI Office (이하 CDAO)이라는 거버넌스 체제까지 만들었습니다. 국방 분야에도 최근에 강연과 자문을 하신 걸로 알고 있는데, 어떻습니까?

하정우　　우리나라가 국방력과 국방비 지출 순위가 세계에서도 아주 높은 편이잖아요? 그럼에도 우리 국방 분야에 최첨단 기술이나 인공지능이 많이 적용되었는지에 대해서는 의문이 있습니다. 최근에 무인기 사태에서 확인할 수 있듯이, 기술뿐 아니라 전력 대응 체계가 재래전 무기 체계에서 크게 벗어나지 않은 것 아닌가 하는 의문이 들었죠. 무인기가 날아오는데 경고 방송으로 멈춰라 하면 멈춰지나요?
기술 발달로 전장의 패러다임이 완전히 변화하고 있다면 대응 체계나 전력 수행 체계를 처음부터 다시 설계하는 것이 필요하겠죠. 지금 러시아-우크라이나 전쟁에서 일어나는 양상들, 예를 들어 드론이 엄청나게 많이 활용되고 있는데 우리는 거기에 대한 대응이 부족하다는 얘기가 많습니다.
그런데 국방 분야에서 인공지능을 활용하기에는 몇 가지 어려움이 있습니다. 특히 인공지능 전문가들이 얼마만큼 많이 관심을 갖고 국방 분야로 들어올 것이냐죠. 우리 국방부에서도 이스라엘의 엘리트 과학 기술전문장교 양성 제도를 벤치마킹해서 이공계 인재들을 대상으로 과학기술전문사관 제도를 운영하고 있긴 하지만, 이런 병역 대체 프로그램 정도로는 부족합니다.

한상기　미국 CDAO에는 민간 기업 출신의 유능한 사람들이 채용되고 있거든요. 그만큼 대우를 해주면서 기회를 주고 있다고 봐야겠죠?

하정우　그렇겠죠. 오늘날의 인공지능을 있게 만든 배경을 살펴보면 미국 국방고등연구계획국(이하 DARPA)●의 지원이 커다란 역할을 했습니다. DARPA의 프로젝트였던 인터넷, GPS, 음성인식 기술, 컴퓨터 비전 기술, 드론, 자율주행차 등 혁신적인 기술들이 지금 민간 영역에서 응용되어 세상을 바꾸고 있으니까요.

미국은 기술을 통해서 국방을 포함한 국가 경쟁력을 향상시키고, 그걸로 세계 1등 국가를 유지하겠다는 비전과 목표가 뚜렷해 보입니다. 국방부나 군에서 민간에 있는 전문가들에게 권한도 주고 대우도 잘해주는데, 우리나라의 경우는 거의 군인 중심이에요. 그래서 인공지능 센터를 만들어도 기존 군인 출신들이 해야 하고, 군인 중심으로 구성

● 미국 국방고등연구계획국(Defense Advanced Research Projects Agency: DARPA): 미국 국방부의 연구, 개발 부문을 전담하는 기관. 1957년 소련의 스푸트니크 1호 위성 발사에 위기감을 느낀 아이젠하워 대통령의 주도로 1958년에 창설되었다.

되니까 민간 전문가가 기여할 수 있는 부분이 제한되지요.

한상기 　그런데 군수산업은 민간 분야이고, 한화 같은 대표 기업도 있잖아요. 이런 기업들은 인공지능 기술 활용에 관심이 많을 것 같은데, 어떻습니까?

하정우 　노력을 많이 하죠. 한화시스템에서 미래혁신센터장을 맡고 있는 김유신 상무도 계시잖아요. 그래서 인공지능 전문가들을 채용하려는 노력도 많이 하는데 말씀드린 바와 같이 인공지능 전문가들 입장에서는 두 가지 관점에서 이 분야의 매력도가 높지 않아요.
첫 번째, 인공지능 전문가들은 자신의 연구 성과를 프로덕트로 인정받고 싶은 만큼이나 학술적으로도 가치를 인정받고 싶어 해요. 그래서 논문 발표가 중요한 동기 부여가 되는데, 국방 분야는 대부분 대외비라서 결과의 외부 공개가 어렵죠. 그래서 어디다 얘기를 할 수가 없어요.
두 번째, 자기가 만든 기술이 살상무기로 쓰이는 걸 굉장히 부담스럽게 여깁니다. 4~5년 전엔가 카이스트에서 국방 관련 연구 센터를 만들었다가 곤욕을 치렀던 일도 있고, 구글에 있던 인공지능 전문가 페이페이 리가 회사를 떠난 이유도 그것과 연관이 있다고 합니다. 내가 노력해서 만든 기술이 사람을 해치는 데 쓰이는 것 자체에 커다란 부담감을 느끼는 거지요. 아주 빠르고 정확한 객체인식모델인 YOLO를 만든 조 레드먼이 자기가 만든 기술이 드론에 적용돼서 작전에 투입되어 사람을 죽이는 걸 보고 인공지능 연구에서 은퇴해버린 사례도 있습니다. 그런 것들을 고려하면 매력도가 떨어지죠.

그렇다면 대안은 없느냐? 애국심이라는 요소가 있긴 한데 그걸로는 한계가 있고, 그 외에는 처우나 국방 관련 프로젝트를 성공적으로 마무리했을 때 그다음에 어떤 기회들을 갖게 되는지가 무척 중요합니다. DARPA에서 프로젝트의 매니저를 하고 나면 엄청 좋은 기회가 생긴다고 들었습니다. 우리나라는…… 글쎄요? 오히려 커리어 패스가 꼬이게 될 수도 있어요.

한상기　　사실은 그 질문을 하려고 했어요. 인공지능 연구자들이 살상무기 개발에 참여해서는 안 된다는 국제적인 서명운동이 일어난 적이 있습니다. 구글이 국방부 과제에 참여하려고 하다가 구글 직원들이 반대해서 그 프로젝트에서 빠진 적도 있고요. 우리가 만든 기술로 인류를 행복하게 만들려고 했는데 인간을 죽이는 쪽에 분명히 쓰일 수밖에 없거든요.

드론으로 목표 지점을 찾거나 공격하는 기술과 레이더 분석, 목표물 인식과 자동 비행 모두 인공지능 기술이죠. 적군이나 적의 탱크라는 걸 인공지능이 판단해서 바로 발사해버리는 일은 없게 하겠다, 최종 명령은 사람이 내리는 방식을 계속 유지하겠다는 게 현재의 상황인데, 이것도 언젠가는 풀어지지 않을까요?

하정우　　그게 문제죠. 죄수의 딜레마라고 있죠? 누구 한 명이 먼저 불면, 다 같이 불어야 하는. 안 불면 나만 손해를 보고요. 이상적으로는 다 같이 안 하는 것이 좋죠. 그런데 그렇게 될 리가 없잖아요. 세상이 그렇게 이상적이지 않으니까. 일부 국가들은 충분히 인공지능 기반 살상무기를 만들 수 있고, 그럼 미국도 당연히 대응하겠죠.

한상기   최근에 해군사관학교에서도 강연하셨지요?

하정우   사관생도 700명이 모인 데서 초거대 인공지능 시대의 의미와 미래 변화에 대해 강연했습니다. 제가 군사 분야의 전문가가 아니니까 일반적인 내용에 국방과 관련된 몇 가지 주제로 브레인 스토밍을 하고, 챗GPT 등을 어떤 식으로 활용할 수 있는지 알려드렸습니다. 군사작전을 수행하는 데 직접 도움이 되는 것을 알려드리진 못했지만, 아까 교사들 경우와 마찬가지로 장교들도 문서 행정 업무가 많을 것이기 때문에 그에 많은 도움이 될 것이므로 적극 활용하라는 말씀을 드렸어요.
그리고 국방부의 고민거리 중 하나가 격오지에서 근무하는 장병들의 마음을 관리하는 건데요, 여기에 클로바 케어콜 서비스의 시나리오를 확장해볼 수 있겠다는 얘기도 했습니다. 물론 현재 독거노인 어르신들의 말벗 서비스를 그대로 적용하는 것보다는 유의해야 할 사항들이 있습니다. 어르신들은 시나리오에서 크게 벗어나지 않는 범위 내에서 대화하시지만 젊은 친구들은 좀 다를 수 있어요. 이루다● 케이스에서 봤듯이 오남용 가능성이 있을 수 있으니까요.

인상적이었던 것은 생도들이 인공지능이나 딥러닝은 잘 몰라도 챗
GPT는 대부분 써봤다는 것이었어요. 아마 과제하는 데 많이 썼겠지
만, 어떻게 활용할지에 대해 예상보다 관심을 많이 갖고 있더라고요.
해군사관학교 교수님들도 쓰는 걸 말리지 않는다고 합니다. 어떻게
잘 활용할 것인가 하는 방향으로 지도한다고 하시더라고요.

| 법률: 챗GPT로 가장 큰 충격을 받은 직군 중 하나 |

한상기   이번에는 법률 분야에 대한 질문입니다. 챗GPT가 나오
고 가장 충격을 받은 직군 중 하나가 법률 분야 종사자들이었습니다.
GPT-3.5가 미국 변호사 시험을 하위 10퍼센트 성적으로 통과했는
데, GPT-4는 상위 10퍼센트로 합격했다고 합니다. LLM의 등장이
법률 시장에 큰 변화를 불러올 것이라는 예측에 대해 어떻게 생각하
세요?

하정우   외국의 판사가 자기는 판결문을 챗GPT로 썼다고 해서 큰
화제가 되었죠. LLM이 가장 잘하는 분야 중 하나가 법률입니다. 판
례 기반이잖아요. 과거에 있었던 사례를 중심으로 판결을 내리고 판

● 이루다: 2020년에 출시된 인공지능 챗봇 서비스. 여대생 캐릭터를 내세워 사용자와 자연스럽게 대
  화하는 능력 등으로 인기를 모았으나 혐오와 차별 발언, 개인정보 침해 등의 논란으로 서비스가 잠
  정 중단되었다.

결문도 판례에 기초해서 씁니다. 언어모델이 가장 잘할 수 있는 부분이죠. 그러다 보니 법률 시장 쪽에서 가장 많은 도움을 받을 수 있습니다. 최근에 인텔리콘이라는 스타트업에서 국내 최초로 법률 인공지능 서비스를 출시했습니다.

로스쿨을 갓 졸업한 주니어 변호사나 변호사 업무를 보조하는 종사자들에겐 위기가 될 수 있다고 생각합니다. 왜냐하면 그분들의 주요 업무가 판례들을 수집, 요약하고 각 사건에 적합도 여부를 비교하는 건데 이런 것들은 LLM이 잘하는 영역이거든요.

사회적으로도 긍정적인 측면이 있다고 봅니다. 법률 분야는 정보가 무척 비대칭적인 시장이거든요. 보통 법적으로 도움을 받아야 하는 상황이란 게 힘들고 괴로운 일이 벌어졌을 때잖아요? 그런데 고객 입장에서 보면 용어부터 어려워 접근하기 쉽지 않고, 정확한 가치를 매기는 게 너무 힘들죠. 그래서 인공지능의 도움을 받을 수 있다면 진입장벽을 상당히 낮출 수 있겠지요. 반면에 기존의 법률 시장에서 서비스를 제공하는 변호사, 검사, 판사들 입장에서 보면 위기가 될 수 있죠.

한상기   법률 용어는 복잡하고 어렵기도 하지만 일상에서의 뜻과는 전혀 다르게 쓰이는 경우가 많아요. 하이퍼클로바 같은 경우에는 법률이나 판례 등을 충분히 학습하고 있나요?

하정우   거의 못하고 있죠, 공개된 데이터가 거의 없으니까요. 예전에 제가 이 문제로 변호사와 같이 서울회생법원에 가서 제발 판례를 공개해줄 수 없냐고 한 적이 있는데 쉽지 않다고 하더라고요. 명분은 이겁니다. 개인정보가 많이 들어가 있어서라는 건데요, 판례의 특성 상 이해가 가긴 합니다. 하지만 불가능한 건 아닙니다. 개인정보를 익명 처리하면 되잖아요?

한상기　한국의 판결문 공개율이 30퍼센트 정도밖에 안 됩니다. 미국 같은 경우는 판결 직후 100퍼센트 공개하고 있어요. 그리고 현재 우리 법원에서 공개하는 판례들은 익명 처리가 되어 있어요. 그런데 지나치게 익명화되어 있어서 사건 내용을 확인하기 어려울 정도죠.

하정우　이 문제는 국민의 알 권리라는 차원에서도 법원에서 적극 나서야 한다고 봅니다. 물론 익명화해서 공개하는 데는 예산과 시간이 들기 때문에 점차적으로 해결해야겠지요. 판결문 공개가 확대되면 기업들이 이 데이터를 학습해서 법률 분야에 특화된 인공지능을 만들 수 있고, 국민에게 도움이 되는 다양한 서비스를 만들어낼 걸로 기대합니다.

한상기　법령은 온라인으로 다 공개하고 있으니까 학습되어 있겠지요?

하정우　어떤 형태로 공개되느냐에 따라 다른데요, 파일 형식이 아래아 한글HWP이나 PDF로 되어 있으면 학습이 어렵습니다. JSON이나 XML 같은 형태로 변환하는 게 필수적이라서요. 물론 HTML처럼 표준화된 포맷으로 공개되어 있는 것들은 다 학습했을 겁니다.

한상기 　경제적으로 어렵거나 법을 잘 몰라 법의 보호를 충분히 받지 못하는 국민을 돕기 위해 설립된 법률복지기관이 있습니다. 법률구조공단이라는 공공기관인데요, 법률 상담과 무료 소송 대리를 하고 있지요. 여기 서비스에 인공지능을 활용할 수 있을까요?

하정우 　가능할 것 같습니다. 거기에 국선변호사들이 많이 근무하는데, 업무량이 엄청나다고 들었어요. 전화나 대면 상담을 제때 받고 싶어도 근무시간이라는 제약이 있잖아요. 법률 분야를 잘 학습한 인공지능 챗봇을 운영하면 민원인이 24시간 이용할 수 있습니다. 민원인은 기본적인 내용을 이해할 수 있고, 변호사는 그 대화 내용이나 요약본으로 사건을 이해하고 본 상담을 하면 서로 시간과 노력을 절약할 수 있겠지요.
LLM은 초보적이거나 법률 지원하는 시장에서 활용 기회가 큽니다. 또한 법률 전문가들의 실수를 방지하거나 더 높은 수준의 판단을 하는 데 도움이 될 수 있을 겁니다.

한상기 　사람들이 판결의 공정성에 의문을 표하면서 인공지능이 판사인 게 차라리 낫겠다라는 얘기를 많이 합니다. 우리 사회가 인공지능이 판결 내리는 걸 수용하게 될까요?

하정우   판결이란 의사결정을 한다는 얘기인데, 저는 인공지능이 의사결정을 하는 것에 대해 반대합니다. 왜냐하면 인공지능은 책임질 수 없기 때문이에요. 지금도 판사들이 판결에 어떤 책임을 지고 있느냐는 반론도 있지만, 그것과는 다른 문제라고 생각합니다.

한상기   미국에서 판사들이 판결하는 데 보조 도구로 쓰는 소프트 웨어들이 여러 가지 있는데 그게 편향성을 띠어서 문제가 됐습니다. 대표적인 프로그램이 컴파스[•]인데요, 그게 일부러 편향되게 만든 게 아니라 질문 리스트가 유색인종에게 불리하게 구성되어 있다고 합니다. 친척이나 가족 중에 범죄자가 있느냐, 경찰의 심문을 받아본 적이 있느냐 하는 질문들이죠. 컴파스가 재범 가능성을 판단해 보석을 허용할 것인가, 아니면 구류를 살게 할 것인가를 판단하는 데도 쓰이는데, 이런 묵시적인 편향을 보인 거죠.
앞으로 인공지능이 법률 보조 수단으로 더 활용될 거고, 판결에 더 많은 영향을 줄 텐데 우리가 이걸 어느 정도까지 허용해야 할까요?

하정우   그 보조 수단들의 결과를 참고해 판단이나 판결은 사람이 할 거니까, 판결한 사람이 책임을 지면 된다고 생각해요.

● 컴파스(COMPAS): 다른 범죄자들의 기록과 유사한 특정 범죄자의 정보를 빅데이터 분석해 재범 가능성을 계량화하는 인공지능 서비스. 미국 일부 주의 법원에서는 이 인공지능이 계량한 재범 가능성을 형량 결정에 참고한다.

한상기   그런데 반복적으로 사용하면서 대체로 맞는다고 판단되면 더 이상 고민을 안 하게 됩니다. 사람이 기계에 점점 의존하는 경향이 계속되면 결국 인공지능이 판사 역할을 하게 되는 거예요.

하정우   인공지능에 의존해 판결한 판사가 책임을 져야죠.

한상기   판결에 대해 책임질 수 있는 방법이 없죠.

하정우   거기에 맞는 장치를 마련해야겠죠. 승진 누락이나 보직 배제, 또는 옷을 벗게 하든지요. 미국은 판사를 선거로 뽑으니까 재선에 실패하겠지요. 다른 예를 들어볼게요. 대기업 회장이 모든 걸 자기가 다 꼼꼼하게 보고 판단할 수 없죠. 참모들을 두고 하겠죠. 참모들의 의견을 듣겠지만 의사결정의 책임은 회장님이 져야 되는 거잖아요. 참모가 인공지능으로 바뀐 거라고 저는 생각해요.

한상기   업무가 자동화되다 보면 인간이 끌려가는 경향이 있습니다. 국방 분야에서 얘기한 드론 같은 경우도 마지막 결정은 사람이 하는데 이게 시간이 지나다 보면 감각이 무뎌진다고 합니다. 처음에는 아주 신중하고 엄밀하게 보면서 판단하는데 나중에는 그냥 게임하듯이 대하게 된다는 거죠. 폭격 대상이 멀리 떨어져 있고, 더구나 모니터로 보니까 사람이라는 생각이 안 든다는 겁니다. 그래서 나중에 정신과 치료를 받는 요원들이 많다고 합니다.

하정우   저 역시 인간의 인권과 생명에 관련되는 의사결정을 하는
데 자동화와 인공지능 기술을 사용하는 것을 엄격히 제한해야 한다고
봅니다. 계속 리마인드하고 교육하고 해결책을 마련해 나가야죠.

| 통번역: 거대언어모델의 위협이 무섭다 |

한상기   LLM의 등장으로 충격을 받은 직군 중에서 번역가를 빼놓
을 수 없어요. 딥엘이 인상적인 번역 결과를 보이면서 사용자가 많이
늘었고, 챗GPT나 GPT-4의 번역 수준도 상당하다는 평가를 받고
있습니다. 기존의 구글 번역이나 네이버 파파고도 이미 많은 분들이
쓰고 있고요. 제게 외국 전문 매체의 기사를 파파고로 번역해서 보내
주는 친구가 있는데, 아주 유용합니다. 서점에서 판매하는 번역서 정
도의 고급 수준은 아직 아니지만, 이 정도면 일반적인 수준의 번역은
거의 인공지능에 맡겨도 될 것 같은데요?

하정우   문학 서적이나 상업적으로 중요한 요소가 될 정도로 고품
질의 번역이 필요한 게 아니면, 이미 다들 인공지능 번역기 쓰잖아
요? 읽다가 좀 이상하다 싶은 내용이 있으면 원문과 대조해보고요.
번역가들도 자신이 처음 해보거나 친숙하지 않은 분야에서는 실수들
을 하죠. 고품질 시장을 제외하고 대부분은 인공지능 기반으로 전환
될 것 같습니다.

실시간으로 통역하는 건 조금 더 시간이 걸릴 것 같아요. 실시간 음성 인식 이슈가 있으니까요. 음성을 인식하고 합성하면서 지연 시간이 생기고, 음성인식 과정에서 발생하는 에러나 텍스트로 변환되면서 생기는 오류들은 아직 해결 과제입니다. 특히 일대일 대화보다는 학회나 콘퍼런스같이 화자가 많이 참여하는 환경에서는 어려움이 더 있겠지요.

한상기   통역도 마이크로소프트에서 공개한 기술을 보면 내 목소리를 외국어로 거의 실시간으로 통역해주더군요. 실용화가 그리 멀지 않을 것 같은데요?

하정우   상용 서비스로 나오는 데는 시간이 꽤 걸릴 수 있어요. 실시간으로 통역 서비스를 제공할 때 운영 비용이 합리적이냐, 사용료를 얼마 받을 것이냐, 이런 이슈들을 따져보겠죠. 결국은 통역사를 쓰는 게 나을 것인가, 아니면 인공지능을 쓰는 게 나을 것인가의 비교죠.

한상기   그건 좀 전문적인 영역이고, 여행자들이 사용하는 경우도 있죠. 상점이나 식당에서 통역 앱에 뜨는 결과를 보여주거나 텍스트-음성 변환 결과를 들려주거나 하는 방법으로요.

하정우   여행이나 일상생활 같은 경우에는 애당초 통역사의 도움을 받지 않았죠. 원래 안 써왔고 답답해서 하던 건데, 컴퓨터의 도움을 받아서 써보니까 무척 편리해하는 거죠.

한상기   인공지능 번역기를 많이 사용하다 보니 제 영어 실력, 특히 독해 능력이 떨어지는 것 같은 느낌이에요. 그 전에는 영어로 읽었던 것들을 번역으로 보니까 속도는 빨라서 좋긴 한데…….

하정우   엄청 빨리 읽게 되죠.

한상기   그런데 너무 빨리 읽게 되니까 오히려 '뭘 읽었지?' 하는 생각이 들 정도로 이해도가 떨어지는 것 같고, 영어 문장에 대한 해석 능력이 떨어지는 것 같다는 느낌이 들더라고요. 몇 달 사용해 보니까.

하정우   맞아요. 저는 이게 인공지능을 지혜롭게 활용하는 한 가지 방법이라고 보는데요, 읽어야 할 영어 문서들이 엄청 많잖아요? 그중에서 어떤 것들은 진짜 집중해서 읽어야 되는 것이 있을 거고 훑어보기만 해도 되는 게 있을 거예요. 제목이나 주제를 딱 봐서 훑어봐도 될 것 같은 건 번역기 돌려서 대충 보고요. 제대로 꼼꼼히 읽어야겠다고 판단되는 문서는 영어 원문으로 읽으면 되겠지요.

한상기   번역가들도 인공지능 번역기를 도구로 사용해 초벌 번역한 후에 다듬으면 생산성이 더 오를 수도 있겠죠?

하정우 기술 번역이라고 해서 제품의 매뉴얼이나 기업 문서 등을 번역하는 회사들이 있는데요, 평소보다 많은 번역량을 소화할 수도 있겠죠. 그런데 기업 등 기존 고객들이 인공지능 번역기로 자체적으로 해결하는 경우에는 일감이 줄어들거나, 또 번역료를 낮추려고 할 것이므로 타격을 많이 받을 것 같습니다.

한상기 구글 번역과 네이버 파파고, 그리고 독일의 딥엘이 대표적인 인공지능 번역기인데, 기술적으로 어떠한 차이가 있는지 궁금합니다.

하정우 구글 번역과 파파고는 기본적인 아키텍처가 비슷한 걸로 알고 있어요. 구글은 글로벌 서비스니까 수십 개의 언어를 커버하고 있고 파파고는 서비스하는 언어가 10여 개 정도인데, 그중에서 많이 쓰는 한국어, 영어, 일본어, 중국어는 번역 품질이 훌륭한 걸로 알고 있습니다.

LLM과 비교하면 챗GPT는 번역을 위해 만든 모델이 아니라서 크고 느리고 운영비도 많이 듭니다. 실시간으로 원하는 결과를 바로 얻는 데는 적합하지 않다고 봅니다. 그래서 많은 문서나 긴 문서를 대량으로 번역할 때는 번역 전용 서비스를 사용하는 게 효율적이라고 생각합니다.

딥엘 같은 경우는 전체적인 맥락을 이해하는 형태로 번역한다는 얘기를 들었어요. 그런데 전체적인 맥락을 보고 번역하려면 품질은 좋아지지만 운영 비용이 비싸집니다. 이건 선택의 문제인 것 같아요. 기술의 문제는 아니고, 다 할 수 있는 기술인데 이걸 채용하느냐 마느냐 하는 서비스 전략의 문제인 것이지요. 이와 관련해 파파고 팀에 물어보니까 여러 가지 대응책을 곧 확인하실 수 있다고 하네요.

한상기   그렇겠죠. 전체적인 맥락을 보고 번역하려면 토큰의 길이가 훨씬 더 길어지니까 계산량도 많아지고 당연히 더 많은 컴퓨팅 자원을 써야겠지요.

| 인공지능의 상용화가 가능하려면 |

한상기   자, 이 장의 마지막 질문입니다. 네이버에서 인공지능 기술을 활용해 가장 도전하고 싶은 산업 분야가 무엇일까요? 이미 하고 있는 사업 말고요.

하정우   제가 권한이 없어서 말이죠 (웃음).

한상기   이 문제 한번 정말 풀어보고 싶다, 저 산업 분야에 들어가서 정말 새로운 결과를 얻을 수 있겠다 하는 분야 없나요? 하 센터장님 개인 의견이 궁금합니다.

하정우　저는 교육이에요. 아이들의 잠재된 능력을 발견하고 성장을 도와주는 기술로서 인공지능을 교육에 활용하는 것이죠.

한상기　어떻게 하면 우리 아이들이 각자의 개성과 창의성을 꽃피울 수 있을까요?

하정우　그걸 알면 제가 사업을 했겠죠(웃음). 그런데 '어떻게'를 말하기에 앞서, 이런 생각을 하게 된 이유가 있어요. 우리나라 교육은 너무 획일적이잖아요? 갈 길을 딱 정해놓고 어느 학원에서 어느 선생님의 수업을 들어야 하고, 어느 대학의 무슨 과에 꼭 합격해야 하고요. 내 아이에게 어떤 재능과 잠재력이 있는지 없는지 상관없이 무조건 정해진 트랙으로 가도록 밀어붙이는 나라잖아요.

한상기　그렇죠. 의사, 변호사 딱 정해져 있죠.

하정우　예전에는 소품종 대량생산 체제였잖아요. 그런데 다품종 소량생산을 가능하게 하려면 롱 테일을 분석하거나 처리할 수 있는 능력이 필수적인데, 인공지능은 그걸 가능하게 합니다. 교육도 비슷하다고 생각해요.
아이에 대한 데이터들이 쌓이면 이 아이가 잘할 수 있는 것과 그럴 가능성이 낮은 것을 판단하고 추론할 수 있어요. 학교 선생님들이 여러 학생들을 일일이 다 챙길 수 없고, 부모는 자기 자식 외에는 비교할 수 있는 데이터가 부족하지만, 이런 부분에서 인공지능이 사람들의 경험보다 뛰어날 수 있습니다. 판단과 예측의 성공 확률을 높일 수 있는 것이죠. 아이들마다 맞춤형으로 초개인화하는 게 가능하기에, 그 개인화가 아이들의 성장과 교육에 적용되었을 때 소질과 능력을 탐색하는 정확도가 더 높아지지 않을까 합니다.

한상기 　전적으로 동의합니다. 제가 정책 수립에 자문하거나 사회적 이슈에 관한 토론에 참가해보면 모든 문제의 원인은 교육으로 귀결되더군요. 해결 방법은 교육을 개선하는 수밖에 없어요.
자, 그렇다면 인공지능이 현재의 교육 상황에 균열을 만들고 흔들 가능성이 있을까요?

하정우 　기술은 가능성이 있는데 이 기술을 활용할 수 있을까는 수용성의 문제입니다. 그리고 수용성은 사람들과 사회의 문제거든요. 교육이 문제라고 하지만, 제가 볼 때는 교육을 넘어선 사회제도의 문제라고 봅니다. 교육이 방아쇠 역할을 하게끔 사회에서 도와줘야 되는데 움직이지 않죠. 훨씬 더 복잡한 문제 같아요.

한상기 　현장에서 경험해보면 우리가 만나는 좀 앞서 나가는 사람들에 비해서 일반 기업의 상황은 열악합니다. 금융회사의 임원들과 워크숍을 함께 했었는데, 디지털 전환은 IT 담당 부서에서 해야 되는 일로 이해하는 수준이었어요. 회사 전체가 바뀌어야 한다는 인식이 전혀 없더군요.

하정우　프로세스 자체가 새롭게 디자인되어야죠. 디지털로 디자인이 돼야 하고, 이제는 인공지능 관점에서 디자인돼야 합니다. 그런데 그 필요성을 절감하지 못하니까, 그냥 개별적인 개발이나 적용에 그치게 되죠. 그러다 보니 효과도 적은 악순환이 반복되면서, 해봐야 소용없더라는 결론으로 귀결됩니다.

한상기　심지어는 소용없기를 바라죠. 금융회사 임원 워크숍에서 아까 언급된 골드만삭스 회장이 "우리는 테크 기업이다"라고 선언했고 전체 인력의 3분의 1을 기술 배경이 있는 사람들로 바꿨다는 얘기를 했어요. 그러면서 여러분 중에 3분의 1을 기술 배경을 갖춘 사람으로 교체하는 것부터 출발해야 된다고 했더니 다들 굉장히 못마땅해하는 눈치더라고요. 나보고 나가라는 얘기냐 하는 거죠.

하정우　너무 돌직구를 던지셨네요(웃음). 전통 산업일수록 더 보수적인 입장을 취하는 게, 뭔가 새로 배운다는 것에 대한 거부감 때문이 아닌가 합니다. 기술과 사회가 변하면 새로 배워야 생존이 가능한데, 적극적이고 진취적으로 움직여주면 좋겠지만 사람이 그렇게 잘 변하기 어렵잖아요.

한상기　그래서 많은 기업에서 그런 아이디어와 의지를 갖고 들어왔던 임원들이 1~2년을 못 버티고 다 튕겨져 나가더라고요.

하정우 회사가 디지털 전환을 정말 성공시키고 싶으면 최고기술경영자나 임원 한두 명 뽑아서 될 게 아닙니다. 최소한 대여섯 명 이상 팀 단위로 채용한 후 거기에 힘을 많이 실어주면서 드라이브를 걸어야 그나마 성공 가능성이 생길까 말까 합니다. 기존 조직에서 협조해주지 않으면 할 수 있는 것이 사실상 아무것도 없죠.
현 정부 인수위의 디지털플랫폼정부 TF 초기 시절에 인사혁신처 고위공무원께 같은 말씀을 드렸어요. 정부에서 민간 전문가를 채용해서 디지털 전환하겠다고 하시길래요. "한 사람 데려와봐야 아무 소용없고 그룹 단위로 채용을 하셔야 될까 말까 합니다"라고요. 그런데 그런 법이 없어서 어렵다네요. 공무원은 법으로 움직이니까 그분 잘못은 아니고 법으로 풀어야죠.

한상기 다른 경우이긴 하지만 우크라이나의 디지털혁신부 장관이 31살이에요. 그 젊은 장관이 디지털 기술을 활용해 전쟁의 판도를 바꿨다는 평가를 받고 있습니다. 그 정도의 변화가 필요한 거죠.

하정우 전쟁이나 팬데믹처럼 엄청난 외부 요인이 있으면 동기가 되죠. 초긴급 상황이고 생존의 문제니까요. 우리도 코로나 팬데믹이 없었다면 재택근무제가 자리잡는 데 100년쯤 걸렸을 수도 있어요. 사무실 근무로 많이 돌아오기는 했지만 출근·재택 혼합형 근무가 훨씬 많아진 것 자체가 의미 있습니다.

한상기   지금 밀려드는 인공지능의 파고가 그런 위험 아닐까요?

하정우   네, 맞습니다. 지금이 인터넷이나 모바일로 인한 변화 이상의 큰 위기이자 동시에 커다란 기회라는 것을 의사결정자들이 인식해 주시면 좋겠습니다.

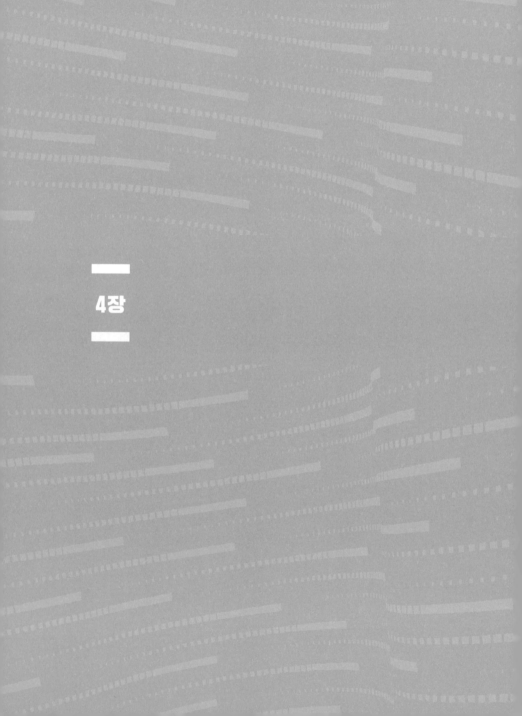

4장

한국 인공지능의 위치와 AI 주권

| 인공지능 전략의 흐름과 아쉬움 |

한상기　　이번 장에서는 대한민국의 인공지능 기술 수준은 어느 정도이고 정부의 역할은 무엇인지 살펴보겠습니다. 센터장님이 인공지능과 관련된 정부의 수많은 위원회에 참여해서 정책 수립 자문 역할을 활발히 하고 계신 걸로 알고 있습니다. 저는 지난 정부 때 많이 했는데, 지금 어떤 활동을 하고 계신가요?

하정우　　'수많은' 정도까지는 아니지만 불러주시면 시간이 허락하는 한 열심히 참가하고 있습니다. 하나씩 보자면 대통령 직속 디지털 플랫폼정부위원회(이하 디플정위원회)가 가장 상위 위원회인데요, 저는 AI-데이터분과위원장과 초거대 공공 AI TF 팀장을 맡아서 정부의 인공지능 정책에 대한 큰 그림을 그리고 공공 분야에서의 인공지능 활용, 공무원의 생산성 향상을 위한 정책을 만드는 일을 하고 있습니다. 또 인공지능을 어떻게 활용해야 국민이 공공 서비스를 좀 더 편리하게 이용할 수 있게 도울 수 있나 하는 것도 고민하고 있어요. 이런 과제들을 달성하기 위해 인공지능이나 공공 데이터나 시스템 개방을 어떤 형태로 해야 하는가에 대한 방안도 모색하고 있습니다.

그다음에 국가전략기술특별위원회에 참여하고 있어요. 국가과학기술자문회의가 대통령 직속 기구인데 그 산하 실무위원회입니다. 반도체, 배터리, 바이오 등 12대 국가전략기술 중 인공지능이 포함되어 있습니다.

그리고 과기부에서 운영하는 인공지능 윤리 포럼에 2023년 초까지 멤버로 참여했어요. 새로운 기수에는 저 대신 네이버 AI 랩의 인공지능윤리연구팀 리더인 이화란 박사가 참여합니다. 저보다 훨씬 더 전문성과 지식을 갖고 계셔서 큰 기여를 할 수 있다고 봅니다.

정부 부처들도 인공지능 활용에 관심과 고민이 많아서 중기부 자문위원으로 참여하고 있고, 국방부와 지자체인 서울시와 경기도 등도 도와드리고 있습니다.

한상기   우리나라 인공지능 전략의 흐름을 보면 맨 처음에는 지능정보기술이라는 이름으로 시작했지요. 이후 인공지능 국가전략이라는 이름의 정책을 발표한 게 문재인 정부 때인 2019년 12월이죠. 그 이후 팬데믹 상황이 되면서 디지털 뉴딜의 일환으로 인공지능 데이터 댐 사업이 국가적으로 추진되면서 데이터 세트 구축과 바우처 지원 사업 등이 이루어졌죠. 인공지능 데이터 세트 구축 사업에는 저도 참여해서 활동을 열심히 했습니다. 센터장님도 이 사업에 관여하셨는데, 전체적인 흐름을 평가하신다면요?

하정우　데이터 댐 프로젝트로 우리나라 인공지능 기술과 산업이 많이 성장했습니다. 그건 확실히 인정하고요, 참여하신 분들께 감사 말씀을 드립니다.

아쉬웠던 점을 말씀드리면, 기본적으로 인공지능은 과학기술입니다. 비즈니스화가 많이 되긴 했지만 여전히 기술적 난제가 많이 있습니다. 당장 LLM만 해도 환각, 편향성, 데이터 효율성과 에너지 과다 사용 등의 해결 과제가 있습니다. 이런 기술적 난제를 해결할 수 있는 국가 차원의 연구 역량 향상을 위해서는 정책의 일관성이 아주 중요합니다. 일관성이란 게 똑같은 사업을 계속 지원하라는 얘기가 아니고 꾸준히 지원되어야 한다는 뜻이죠. 개별 연구 주제는 계속 바뀔 수 있지요, 워낙 기술이 빠르게 변하니까요.

전체적인 기술 발전의 흐름을 잘 따라가면서도 지속적인 관심으로 지원해야 되는데요, 미국이 그런 면에서 아주 잘하고 있죠. 오바마에서 트럼프로, 트럼프에서 바이든으로 대통령과 정권이 바뀌면서도 인공지능이 국가의 제1 관심사에서 멀어진 적이 없어요. 항상 최우선 순위의 투자, 관심 분야였어요.

우리는 글쎄요? 박근혜 정부에서 문재인 정부로 넘어왔을 때 인공지능과 데이터 사업을 전면에 내세우기는 한 것 같은데, 내세우는 것만큼 국가적인 리소스와 노력을 집중했는가에 대해서는 아쉬움이 있습니다. 지금도 챗GPT가 워낙 뜨니까 관심을 많이 갖고는 있는데, 중요한 것은 잠깐 뜨거웠다가 마는 게 아니라 지속적인 지원과 일관성이 정말 중요하다는 말씀을 드립니다.

한상기 　트럼프 대통령이 여러 법안을 통과시키고 행정명령을 내리면서 미국의 인공지능 발전을 가속화하는 데 큰 기여를 했어요. 트럼프를 싫어하거나 조롱하는 사람들도 많지만, 미국의 국익과 국가 전략에 대해서는 관심을 많이 가졌던 대통령이었다고 봅니다.

하정우 　바이든 대통령도 마찬가지입니다. 인공지능국가안보위원회National Security Commission on Artificial Intelligence (이하 NSCAI)에서 제안한 정책 제언을 지금 실행하고 있으니까요.

두 번째 아쉬웠던 점은 데이터 댐 전략에 관한 것입니다. 제가 알기로 이 사업의 중요한 목적이 데이터를 잘 구축해서 인공지능 기술 발전에 기여하자는 것도 있었지만, 부가적으로는 이 사업을 통해 일자리를 대거 창출하자는 의도가 있었던 것으로 알고 있습니다. 그러다 보니 사업이 진행되면서 본말이 전도됐던 게 아닌가 싶은 거예요. 어떻게 하면 더 많은 국민을 크라우드소싱crowdsourcing 방식으로 고용해서 일자리를 늘릴 것인가에 집중하게 되면서 어떤 데이터 세트를 구축해서 인공지능 기술 발전에 기여토록 할 것인가라는 전략 로드맵의 구체화에는 한계가 있지 않았나 하는 생각입니다.

한상기 두 마리 토끼를 다 잡기가 어려웠기 때문에 일자리 창출로 무게중심이 쏠렸지요. 그러다 보니 신규 데이터 세트를 계속 추가하는 방식으로 사업이 진행되었어요. 저는 새로 만드는 것보다 기존에 구축한 데이터 세트를 더 강화, 발전시켜야 한다고 끊임없이 얘기했고요.

하정우 저도 계속 얘기를 했죠.

한상기 2023년에 들어오면서부터는 방향을 전환한다는 얘기를 들었어요. 기존 데이터 세트를 활용하는 것에 초점을 두겠다고요. 그 당시에 일자리 창출이 워낙 중요한 과제였고 팬데믹 상황까지 닥치면서 국민들이 집에서도 할 수 있는 데이터 라벨링 같은 일을 많이 만들어낼 수밖에 없었어요. 지금 보면 한계가 있지만 그 시대가 만들어낸 작품입니다. 당시 데이터 댐 사업의 전담 기관이었던 NIA ˚ 직원들도 고생 많이 했고요.

그래도 데이터 댐 사업으로 혜택을 본 기업들도 많습니다. 실제로 제가 기업들을 인터뷰해보니까 그 사업 덕분에 시간과 비용을 많이 절감했고 유용했다고 평가하더라고요.

● 한국지능정보사회진흥원(National Information Society Agency: NIA): 국가 정보화 추진과 관련된 정책 개발, 서비스 확충, 정보 문화 조성 및 정보격차 해소 등을 지원하기 위해 설립된 준정부기관. 1987년 한국전산원으로 출범해 2020년 현재의 한국지능정보사회진흥원으로 개명했다.

하정우 　그 부분에 대해서는 저도 동의합니다. 저도 여러 차례 회의에도 참석하고 당시 NIA의 문용식 원장님과도 말씀 많이 나눴죠. 의미 있는 성과도 틀림없이 있었습니다.

한상기 　그런데 전문가들이 보기엔 아쉬운 거죠. 선택과 집중을 해서 아주 대표적인 사업, 세계적인 사업 몇 개를 만들었으면 좋았을 텐데 하는 아쉬움이 있어요.

하정우 　저도 그게 아쉬워요. 제가 일자리 창출이 본질이었다고 생각하게 된 이유가, 계속 데이터 가짓수만 늘리는 걸 보면서였어요. 계속 새로운 주제, 손 안 댄 분야의 데이터를 짜내려고 하더라고요. 데이터 종류 수에 집착하는 거죠. 정말 중요하고 사람들이 관심을 갖고 많이 쓰는 데이터가 있거든요. 이 데이터들의 품질을 개선하거나, 새로운 레이블이나 메타 데이터를 추가하거나, 양을 훨씬 늘리거나 하는 것도 함께 했으면 활용 성과가 더 커졌을 텐데 말이죠. 활용도를 성과 평가 지표로 거의 잡지 않았던 것이 아쉽습니다. 가점을 주는 것이 아니라 오히려 중복이라고 배제했죠. 그래서 데이터를 쌓는 목적이나 본질에 대해 잊은 게 아닌가라는 의심을 하게 된 거지요.

한상기 　그런데 그거는 추진하는 기관에서도 원하지 않았어요. 평가 지표가 어디 있느냐에 따라서 행동하는 게 공무원이기 때문입니다. 회사원들도 마찬가지 아닌가요? 가짓수를 늘리는 걸 지표로 삼으니까, 작년에 몇백 개 만들었으면 올해는 더 만들어야 점수가 올라가는 거죠.

하정우 그래서 제가 말씀드리고 싶은 것이, 전략을 세울 때 이 사업을 어떻게 평가할지에 대한 지표부터 설정하고, 이에 따라 공무원들에 대한 포상과 승진까지 연계해야 한다는 것이죠.

한상기 그래서 그런 전략과 정책을 총괄하는 국가 최고디지털/데이터책임자Chief Digital/Data Officer (이하 CDO)직을 신설하고 대통령 직속으로 청와대 안에 둬야 한다고 기회가 될 때마다 역설했는데, 결국 안 되었어요. 지금도 없죠.

하정우 정말 안타깝습니다. 주요 국가에는 다 있는데 세계 6~10위 인공지능 선진국인데 아직도 CDO가 없으니까요.

한상기 또 하나 아쉬운 게 있어요. 국가 기술 전략을 논할 때, 왜 우리는 항상 남들이 한 것을 쫓아가는 전략만 세우려고 하는가 하는 안타까움입니다. 과거에는 우리 과학기술 능력이 부족했으니까 그럴 수밖에 없었죠. 하지만 이제는 우리 수준이 이미 선진국이고 과학기술 선도 국가 중 하나예요. 이제는 좀 더 미래지향적인, 실패를 하더라도 다음 단계의 기술을 목표로 국가 기술 전략을 수립해야 합니다. 예전에 지능정보기술 얘기하던 시절에, 저는 멀티 에이전트 연구를 하자고 주장했어요. 인공지능이 발전하면 나중에 결국 멀티 에이전트로 간다, 무척 어렵고 힘들고 아웃풋이 잘 안 나올 가능성이 있지만 그래도 이런 거를 선점해야 한다고요. 결국은 채택되지 못했죠. 연구하는 사람도 없었고, 설사 과제가 만들어져도 자문에 참여하는 교수들이 선정될 것 같지 않으니까요.

하정우   말씀하신 대로 한국은 미국이나 중국, 일본, 유럽이 목표로 잡아놓은 기술을 참조합니다. 그런데 참조해서 우리만의 것을 만들겠다는 것이 아니죠. 델파이 기법°으로 항목별로 나열해놓고 현재 격차가 몇 년인데 향후 이만큼으로 줄이고 따라잡겠다는 식입니다. 이런 방식이 패스트 팔로어 전략으로는 유효했지만, 이제는 우리가 1등으로 어떻게 치고 나갈지에 대한 연습을 할 때도 되었습니다. 제발 좀 "그래서 어디가 뭐하고 있는데?"라고 묻지 말자는 거죠.
퍼스트 무버first mover가 되자는 말만 하지 말고 퍼스트 무버형 기술 연구개발을 위해서는 무엇이 필요한가? 완전히 새로운 기술, 아직 체계화되지 않은 기술에 대해 어떻게 평가하고 조사는 어떻게 할지에 대한 항목을 만드는 연습을 해야 할 때입니다.

한상기   오래전 얘기지만 제가 삼성전자에 있을 때도 반도체 만드

● 델파이 기법(Delphi Method): 전문가 5~20명의 의견을 2~3회 청취하고 피드백을 받아 평균값 또는 중앙값으로 결과를 예측하는 방법론.

는 사람들과 가전 만드는 사람들을 만나보면 기본 인식이나 태도가 너무 달랐어요. 가전은 소니가 1위였던 시절이었을 때라 모든 관심이 소니가 어떻게 하느냐에 쏠려 있었죠. 반도체는 "우리가 하는 게 스탠더드인데? 우리가 합시다!" 이랬어요.

1등의 마인드는 완전히 다른 거죠. 공무원에게 우리가 앞서가자, 미국을 능가할 수 있는 사업에 투자하자고 얘기를 많이 했는데 돌아오는 답은 항상 같았어요. "사례가 없으면 정부에서 지원 못하는 거 아시잖아요?"

하정우　평가 체계와 책임 문제 때문이라고 봅니다. 공무원은 법과 근거에 의해서만 움직이잖아요. 그래서 사람 때문이라고 할 수는 없고, 공무원들이 일하는 방식과 평가하는 법제도를 정비하고 시스템을 바꿔야겠죠.

| 한국의 인공지능 수준과 배워야 할 모델 |

한상기　우리나라의 인공지능 연구개발 수준을 어느 정도로 평가하세요?

하정우　초거대 인공지능 기준으로는 세계 2~3위라고 할 수 있습니다.

한상기　　그렇게나 우리 수준이 높다는 것을 아는 사람이 많지 않죠.

하정우　　제가 그렇게 얘기하면 "국뽕 같은 소리 하지 마라!"는 반응도 나옵니다 (웃음). 인공지능 분야를 전체적으로 보면 앞서 말씀드렸다시피 세계 6위에서 10위쯤 사이에 위치한다고 봅니다. 스탠퍼드대학교의 인간중심AI연구소에서 인공지능 연례 보고서 Stanford AI Index Report를 발표합니다. 연구, 기술, 사업화, 인재, 인프라, 법제도 등에 대한 전반적인 경쟁력을 비교해서 순위를 매기는데 우리나라가 그 정도 순위입니다. 영국의 토터스 미디어 Tortoise Media 에서 세계 인공지능 투자, 혁신, 실행 수준을 기반으로 매년 발표하는 글로벌 AI 지수에서도 비슷하게 순위가 나오는데요, 2022년 기준 7위입니다.
그중에서도 초거대 인공지능의 기술 수준은 전 세계 2~3위권 안에 있습니다. 왜냐하면 미국, 중국 그리고 한국과 이스라엘 정도만 초거대 인공지능 모델을 보유하고 있기 때문이기도 하고, 생태계가 구축된 나라는 미국, 중국, 한국, 이렇게 세 나라밖에 없어요.

한상기　　우리가 배워야 할 모델은 어느 나라라고 생각하세요? 국가 전략은 규모나 동원할 수 있는 자원을 기초로 세워야 하는데, 인구나 예산 규모, 산업 수준 등을 고려하면 저는 영국이나 캐나다 모델이 적절하다고 봅니다. 우리를 미국이나 중국과 비교하면 안 된다고 생각해요.

하정우 　영국은 유럽 국가라서 기초가 튼튼하고 체계적이긴 하지만 속도가 빠르진 않아요. 최근의 기술 변화 속도를 고려하면 우리는 더 기민하게 움직여야죠. 캐나다가 가장 적합한 수준이 아닌가 하는 생각이 들긴 해요. 기술 스타트업 생태계도 구축이 잘되어 있고, 토론토 대학교 구역, 몬트리올의 밀라Mila 구역 그리고 브리티시컬럼비아 등에 세계 최고 수준의 연구 클러스터도 구축되어 있고, 산학 협력도 잘되어 있죠. 좋은 참고 사례라고 생각합니다.

한상기 　캐나다 정부가 인공지능 관련 정책도 아주 빠르게 펼치고 있지요. 인공지능법도 캐나다가 전 세계에서 가정 먼저 제정할 것으로 예상합니다. 우리가 배울 게 참 많은 나라죠. 캐나다는 미국 인접국인데, 한국의 인접국인 일본의 상황은 어떤가요? 인공지능 관련해 우리가 배우거나 참고할 만한 게 없는 것 같은데요?

하정우 　일본은 우리가 가르쳐줘야 되는 상황입니다. 딥러닝 초중기 때 주류에 편입되지 못했고, 국가의 디지털화가 늦은 것 등의 이유로 초거대 인공지능을 비롯한 비즈니스화에 한발 뒤처진 모습입니다. 작년에 정부 내에 디지털청을 신설하고 초거대 인공지능 개발을 위해 기업이 슈퍼 컴퓨터를 도입할 때 정부가 자금도 지원했고 인공지능 전략회의도 만들어서 뒤늦게나마 추격하려는 움직임을 보이고 있습니다.

| 한국의 5대 인공지능 개발 회사 |

한상기　우리나라에 초거대 인공지능 모델을 개발한 회사가 다섯 곳인 걸로 알고 있습니다. 개발한 순서대로 네이버, LG, 카카오, SKT, KT 이렇게요. 그런데 국내의 다섯 개 모델이 차별화되지 않고 서로 비슷한 것 같습니다. 미국처럼 서로 치열하게 경쟁하거나 오픈 소스 커뮤니티에서 다른 모델을 내놓는다든가 하는 움직임이 없어 보여요.

하정우　네이버와 LG는 좀 다른데요, 이 두 회사가 한국에서는 가장 앞서 나가고 있어요. LG그룹의 인공지능 연구개발은 LG AI연구원이 주도하고 있는데, B2C 서비스는 고려하지 않는 걸로 알고 있습니다. 계열사 중심으로 타깃팅하고, 엑스퍼트 인공지능 쪽으로 포지셔닝을 한 걸로 알고 있습니다. LG 그룹 내에 화학과 소재, 배터리와 신약 개발 사업 등이 있으니까 그쪽으로 전문화하는 것이죠. LG AI 연구원은 세계적인 과학 전문 출판사인 엘스비어Elsevier와 협력해서 논문과 특허 등을 LLM에 학습시키고 있습니다.

한상기　네이버는 아무래도 B2C에 집중하고 있지요?

하정우　저희는 네이버 서비스와 생태계를 고려해서 B2C 혹은 B2B2C에서 하이퍼클로바를 먼저 활용했습니다. 네이버 클라우드는

IaaS* 중심이긴 했지만 하이퍼클로바라는 강력한 무기를 활용해 B2B에서 새로운 기회를 만들기 위한 준비를 하고 있습니다. B2B는 생산성 향상이 중요한데 그러기 위해서는 해당 분야의 전문 지식에 특화된 LLM이 필수적이죠. 그래서 저희는 B2B 파트너가 보유한 데이터와 저희가 보유한 데이터를 함께 학습해서 전문 분야에 특화된, 한국어-영어 경쟁력이 강한 모델을 만들 예정이고, 그것이 바로 '하이퍼클로바X'라고 보시면 됩니다.

한상기 카카오도 준비를 많이 하고 있겠죠?

하정우 카카오는 내부 역할 분담 작업이 완료된 것 같아요. 카카오브레인은 초거대언어모델, 멀티모달 모델, 의료에 특화된 초거대 모델 중심으로 자체 B2C 서비스를 추구하는 것 같습니다. 카카오엔터프라이즈는 인공지능을 활용한 B2B를 핵심 사업으로 하는 것으로 알려져 있죠. 최근에 카카오엔터프라이즈가 조직을 대대적으로 개편하면서 클라우드 중심으로 전환한다는 기사가 나왔더군요.
카카오 서비스 중에서 특이한 케이스는 업스테이지라는 스타트업이 만든 '아숙업 AskUp'이죠. 챗GPT API와 자체적으로 추가 학습한 스테이블 디퓨전을 활용해서 카카오 친구 계정을 만들었는데, 서비스를

● IaaS (Infrastructure as a Service): 클라우드를 통해 기업 및 개인에게 컴퓨팅, 저장장치, 네트워킹, 가상화와 같은 주문형 인프라 자원을 제공하는 서비스.

공개한 지 두 달도 안 돼서 100만 가입자를 돌파했다고 합니다. 카카오라는 사용자 플랫폼을 아주 잘 활용해서 스타트업이 새로운 비즈니스 기회를 성공적으로 만들어낸 케이스입니다.

KT와 SKT는 통신사업자이지만 주력 사업 방향성이 달라 보입니다. 상대적으로 KT는 B2B에, SKT는 B2C에 중점을 두는 것 같습니다.

한상기   국내에서는 네이버가 가장 앞서 있다고 보십니까?

하정우   저는 그렇다고 생각하는데요, 네이버 내부만이 아니라 외부 평가도 그렇습니다. 세계 최고 권위의 인공지능 학회들에 논문을 1년에 100개 이상 발표하고 있고, 글로벌 테크 기업의 인공지능 연구자들이 저희 논문을 주목하거나 SNS에 공유하는 경우도 많습니다. 가장 공신력 있다고 할 수 있는 스탠퍼드대학교 인공지능 연례 보고서에도 하이퍼클로바만 소개되어 있습니다. 해외 연구자나 개발자들에 따르면 글로벌 톱 테크 그룹에서는 "한국에서는 네이버만 LLM을 제대로 연구, 개발하고 있다"라고 알고 있는 것 같아요. 국내에서는 회사별로 장단점이 있지만 각자의 방향과 특성에 맞게 사업을 전개하고 있고, 글로벌에선 저희 네이버 클라우드가 가장 인정받고 있다고 말씀드릴 수 있겠습니다.

한상기   그런데 제가 보기엔 연구 모델이 유사하다는 생각이 들어요. 각 회사들이 서로 다른 방향으로 도전할 수는 없었을까요?

하정우　　기술로만 보면 트랜스포머를 크게 만들어 다량의 데이터를
자가 지도학습시키는 것이 기본이죠. 물론 수백억 개 이상의 매개변
수를 가진 초거대 모델을 성공적으로 학습시키기 위해서는 상당한 엔
지니어링 노하우가 필요합니다. 또한 사전 훈련 방법으로서 단순히
마지막 단어 맞추기보다 좀 더 어려운 일을 시키면 더 똑똑한 모델이
만들어지기도 하는데요, 워낙 한 번 훈련할 때마다 큰 비용이 들어가
기 때문에 모험을 하기는 부담스럽습니다.

| 정부 역할의 문제 |

한상기　　국가별 인공지능 역량으로 볼 때 한국이 6~7위 정도라고
하셨는데, 미국과 중국 다음은 어느 나라입니까?

하정우　　미국이 1위, 중국이 2위, 그 뒤로 영국, 캐나다, 이스라엘,
싱가포르, 대한민국 순입니다. 싱가포르가 우리나라보다 순위가 높다
는 데 놀라는 분들도 계실 텐데, 싱가포르국립대학NSU과 난양공대는
인공지능 분야에서 세계적으로 뛰어난 대학들이죠. 거기에 SAIL Sea
AI Lab은 기업 연구소로 상당히 유명하고요.
그리고 제가 말씀드린 순위는 앞서 언급한 토터스와 스탠퍼드대학교
의 인공지능 연례 보고서에 따른 것입니다. 우리가 세계 10위권 안에
있다는 건 잘하는 편이라고 볼 수 있는데요, 우리나라 GDP보다는 인

공지능 순위가 조금 더 높은 편이거든요.

한상기   국내로 다시 돌아와 볼까요? 2023년 데이터 세트 구축 예산이 전년의 50퍼센트 정도로 줄었어요. 엔데믹 이후 전 세계적으로 인플레이션 대책에 따라 정부 예산을 줄이는 추세이니 이해가 가긴 합니다. 그럼에도 인공지능에 대해서는 국가의 가장 중요하고 당면한 전략 기술로 설정하고 대대적인 투자를 해야 하지 않나 생각하는데요?

하정우   초거대 인공지능의 경쟁력 강화는 무조건 해야 합니다. 오픈AI가 챗GPT 플러그인을 통해 보여준 청사진은 이 초거대 인공지능을 보유한 나라와 그렇지 않은 나라로 완전히 나뉘게 될 거란 걸 명확하게 보여주고 있어요. 초거대 인공지능 플러그인 생태계는 모든 개인 데이터의 블랙홀이 될 거예요. 그래서 우리나라도 자체적인, 경쟁력 있는 초거대 인공지능 생태계를 구축해야 개인 데이터들의 외국 반출로 인한 데이터 주권 종속을 막을 수가 있습니다.

초거대 인공지능의 경쟁력을 강화한다는 의미는 초거대 인공지능 개발 기술뿐만 아니라 산업과 사회를 포함한 전반적인 생태계 전략을 잘 짜고 실행해야 한다는 뜻입니다. 이를 위해 인공지능을 개별 산업에 응용하거나, 산업에 특화된 인공지능 기술을 개발하는 인공지능 플러스 X (이하 AI+X) 전략을 좀 더 정교하게 수립해야 합니다. X라는 용어를 사용하는 이유는 매우 다양한, 사실상 모든 산업이 대응되기 때문입니다. 방정식에서 변수 X처럼 말이죠. 다양한 인공지능 기술이 산업으로 연결되어 우리에게 강점이 있는 제조업을 포함한 산업 경쟁력 강화로 이어질 수 있게 해야 한다, 한국의 주력 산업들이 초격차 경쟁력을 갖추거나 새로운 비즈니스 기회를 만들 수 있도록 해야 한다는 뜻이지요.

한상기　AI＋X는 문재인 정부 시절부터 외쳐왔어요. 그런데 이게 과연 정부 주도로 할 수 있는 일인가, 민간 기업이 뛰어들지 않으면 정부가 AI＋X에서 뭘 해줄 수 있다는 건가 의문이 듭니다.

하정우　민간 기업이 왜 뛰어들지 않았을까요? IT 기업들 중에서도 특히 인공지능 기술을 보유한 기업들은 제조업 등 기존 산업으로의 확장이나 협업이 상대적으로 적었어요. 그 이유를 몇 가지 추측해보면, 첫째는 제한된 인력 문제를 꼽을 수 있습니다. 커머스나 콘텐츠, 플랫폼 등의 서비스나 제품에 인공지능을 적용할 것들이 많고 여기에 투입할 인력도 부족한데, 생소한 기존 산업 분야로 확장할 이유도, 여력도 없죠.

X 산업군의 기업들 입장에서 보면, 인공지능이나 디지털 전환을 하고 싶어도 관련 인력 채용이 너무나 힘듭니다. 인공지능 관련 인재들의 관점에서도 X 분야는 데이터나 해결 과제 등에서 선호도가 낮을 수밖에 없는 것이죠. 결국 X 산업 분야가 인공지능 인재들에게 매력적이도록 만들어야 하는데, X 산업의 기업들이 이 방법을 잘 모르거

나 알아도 재정적으로 여유가 없는 상황인 것 같습니다.

그래서 정부에서 X 산업을 도와줘야 합니다. 앞서 말씀드렸던 X 산업 분야 인공지능 인재 풀 같은 제도를 통해 예산도 지원하고, 지재권 관련 수익을 배분하거나 특별 인센티브를 지급하는 등 파격적인 지원책을 만들 필요가 있습니다. 국방 분야도 마찬가지겠고요.

한상기   우리 정부의 주요 정책 중 하나가 인력 양성이에요. 율곡 이이 선생의 10만 양병설을 빌려와 신기술이 등장할 때마다 관련 인력 10만 양성론이 나왔어요. 지금쯤이면 우리나라 인구의 절반은 IT 인력으로 양성되었어야 한다는 우스개가 있을 정도입니다. 정부의 인공지능 인력 양성 계획을 어떻게 평가하십니까?

하정우   정부에서 발표하는 정책 관련 보고서들을 보면 해당 학과의 입학과 졸업 인원으로 인력 양성의 양적 기준을 삼는 경우가 많습니다. 그런데 이것은 간접적인 수치라 한계가 있어요. 졸업 혹은 배출인원이 모두 해당 기술 분야에 종사하거나 기여하는 것이 아닐 수 있기 때문입니다. 실제 역량이나 잠재력이 있는 인재들이 많이 배출될수 있도록 설계해야 하는데, 그러기 위해서는 유능한 인재인지 여부를 평가할 방법도 만들어야겠죠. 평가라는 게 시험을 치르는 방식은 당연히 아니고요.

해당 분야에 기여 가능한 인재 양성을 위해서 정부가 뭘 더 도와줘야 하는지 꾸준한 수요 조사가 필요합니다. 기술이 워낙 빠르게 변하니까요. "교육과정을 만들었다" "관련 대학원을 만들었다" "졸업생 몇 명을 배출할 것이다"라는 데서 한 단계 나아간 정책이 필요합니다. 현재의 방식으로는 그렇게 배출된 인력이 기술 확보나 산업 발전에 얼마나 기여하는지 알기 어렵습니다.

| 인력도 시급하고, 인재도 필요하다 |

한상기　인공지능 전문 기업이나 일반 기업을 막론하고 인력 충원 정도는 어떠한가요? 네이버는 가장 앞서 있다고 하니 제외하고요.

하정우　저희도 많이 필요합니다(웃음). 대량의 실세계 데이터를 만지고 가공할 수 있는 사람, 데이터로부터 문제를 정의할 수 있는 사람, 그 정의된 문제를 모델링을 통해 해결책으로 만들어낼 수 있는 사람은 저희 내부에도 많지 않고 채용하기도 어렵습니다.

아주 뛰어난 능력을 가진 분들은 해외 기업을 더 선호하고 대학 교수를 지망하거나, 네이버를 포함한 몇 개 대기업이나 출연연을 선택하지요. 따라서 인공지능 기술 기반이 상대적으로 취약한 기업은 인재 확보가 무척 어렵습니다. 인공지능 인력 수요가 증가한 데다, 양성 정책을 통한 인재 배출도 원활하지 못한 공급 문제가 얽혀 있다고 봐야 합니다.

즉시 전력감으로 쓸 만한 인재 배출이 어려운 이유 중 하나는 기업과도 연관되어 있어요. 회사들이 산학 협력을 통한 인력 양성 프로그램에 적극 참여하기가 어렵기 때문입니다. 학교에서는 자신들이 학생을 인턴으로 파견하고, 심지어 인건비까지 지원하는데 기업이 뭐가 어렵냐고 생각할 수 있어요. 기업 입장에서는 자신들 할 일도 많고 바빠 죽겠는데 산학 협력 프로그램에 참여해서 학생들에게 프로젝트 주고 멘토링까지 해야 할 여유를 만들기 어렵기 때문이지요.

이 문제를 해결하려면 기업 내에서 직원 성과 평가 시스템에 반영해서 시행해야 할 것이고요, 기업 외부에서 지원책을 마련해야 동기 부여가 될 수 있어요. 정부나 학교에서는 '기업은 당연히 참여해야지, 어차피 당신들이 채용할 거고 기업들에게 좋은 것 아니냐'라는 막연한 생각을 하는 경우가 많은데, 기업이 인력 양성 프로그램에 참여하기 위해 추가로 들여야 하는 노력이 얼마만큼인지 모르기 때문이죠. 특히 기업 규모가 작고 생존 자체가 당면 과제인 스타트업에는 훨씬 어려운 일입니다.

참여 기업에 '세금이라도 깎아줄게' 할 수도 있지만 세제 수혜는 흑자 기업만 가능합니다. 정부가 직접 참여 기업에 자금을 지원하는 방법도 있지만 공정성 이슈가 제기될 수 있고요. 따라서 섬세한 정책 설계가 필요합니다.

한상기   네이버에는 인공지능 인력이 몇 명 정도 있나요?

하정우   구체적인 숫자는 모르겠지만 자회사에 있는 인력까지 모두

합하면 네이버 기준으로는 1,000명은 넘을 것 같습니다. 검색 조직은 물론이고 각 서비스에서 인공지능이 사용되지 않는 서비스를 찾기 어려울 정도라, 모든 조직에 인공지능 인력이 있다고 봐야죠. 제가 몸담고 있는 네이버 클라우드의 경우 클로바 관련 인력들이 대거 이동해서 가장 많이 모여 있고요.

한상기   자회사, 손자회사 포함해서 네이버 직원 수가 1만 명 정도일 텐데, 인공지능 관련 인력이 1,000명 이상이면 10퍼센트가 넘는군요?

하정우   10퍼센트를 훨씬 넘을 것 같아요. 제 생각엔, 좀 넓게 보면 네이버 개발자의 반이 인공지능 인력이라고 봅니다.

한상기   인력의 숫자나 직원 전체에서의 비율로나 한국에서는 가장 많다고 볼 수 있을 것 같네요. 그런데 앞으로 어느 기업이든 개발자의 반은 인공지능 관련 인력으로 채워져야 되는 거 아닌가 생각합니다.

하정우   아쉽지만 그나마 네이버라서 이 정도인 듯합니다.

한상기   네이버에서 겨우 이 정도니까, 이게 문제인 거지요. 그러니까 '얼마나 부족하냐? 어느 분야가 부족하냐?'라는 게 우문이에요. 인공지능 인력이 골고루 다 부족하죠.

막연하게 인공지능 관련 인력이라고 얘기해왔는데, 세분화해서 설명해주시겠습니까?

하정우　데이터 엔지니어는 데이터를 가공하고 전처리를 하고 간단한 분석을 합니다. 데이터 과학자는 데이터를 굉장히 빠르게 분석하고 거기서 인사이트를 도출한 후 그 결과를 기반으로 새로운 문제를 정의합니다. 그렇게 정의된 문제를 해결하기 위해 인공지능 모델링도 하고 서비스에 적용하기 위해 커스터마이징도 할 수 있는 인공지능 엔지니어들이 있고요. 세상에 없는 새로운 인공지능 방법을 만드는 인공지능 연구자들도 있죠.

한상기　제가 인공지능 분야의 인력을 분류하는 사업에 참여한 적이 있는데, 정부 문서에서 규정한 직업군과 매칭이 안 되는 경우가 많았어요. 신기술과 관련한 법과 제도를 기민하게 고쳐나가는 작업 또한 국가 경쟁력의 필수 요소라고 봅니다.

하정우　기술 발전 속도가 너무 빠르다 보니 재미있는 현상이 많이 발생합니다. 초거대 인공지능 시대로 넘어오면서 인공지능 모델을 완전히 새로운 방법으로 만들 사람들은 여전히 해야 할 일들이 많이 있는데, 기존 모델을 커스터마이징하는 분들의 역할이 상대적으로 애매해지고 있어요.
어지간한 응용 분야는 정교한 프롬프트 입력을 통해 쉽게 해결되는 경우가 많아서 프롬프트 엔지니어의 역할은 늘어나는 데 비해 기존의 모델 커스터마이징을 통해 문제에 적용하는 분들의 역할이 줄어들고 있습니다. 적어도 자연어 처리 분야에서는 그렇고 다른 분야, 특히 제조와 금융 등에서 수치 데이터를 다루는 쪽은 아직 아닙니다.

인공지능 연구자의 역할도 조금 달라지고 있는데요, 지시학습instruct learning과 이를 위한 데이터 파이프라인이 중요해지니까 연구자들도 데이터 작업을 함께 하게 되는 거예요. 데이터를 잘 설계하고 가공해야 똑똑한 초거대 인공지능이 만들어지니까 이분들이 데이터 구축 작업까지 함께 하게 된 거죠. 데이터와 인공지능의 경계가 과거에는 뚜렷했는데 이제는 겹치기도 하고 뒤섞이는 거예요. 실제로 오픈AI나 딥마인드 연구자들은 학습 데이터 품질 관리와 가공에 시간을 아주 많이 쓴다고 합니다.

초거대 인공지능 시대에 접어들면서 인재의 구성과 역할이 완전히 바뀌고 있습니다. 이제는 기획자들이 인공지능 모델을 만들고 있어요. 과거처럼 코딩이 아닌 자연어 프롬프트로 모델을 만들 수 있기 때문이지요. 그렇다고 소프트웨어 개발자 역할이 사라지는 건 아닙니다. 코파일럿 같은 인공지능 도구의 도움을 받아 개발자들은 핵심 로직 설계와 최적화에 좀 더 집중하고 코딩 자체는 도구를 활용하면 훨씬 빠르고 정확하게 구현할 수 있죠. 실제로 스택오버플로●의 역할이 줄

● 스택오버플로(Stack Overflow): 소프트웨어 개발자들이 프로그래밍 관련 질문과 답변을 주고받는 사이트. 개발자 커뮤니티 중에서 가장 크고 활성화되어 있으나, 챗GPT 등장 이후로 질문 수가 급격히 줄어들고 있다.

어드는 결과로 이어지고 있습니다.

물론 오류나 비정상적인 연산, 즉 버그를 찾고 수정하는 것debugging은 해야 합니다. 특히 복잡하게 얽힌 시스템에서 모듈별 그리고 모듈 간 기능적인 구현에서의 오류 해결에는 전문가의 역할이 여전히 중요합니다.

한상기 　초거대 인공지능이 정말 많은 것을 바꾸고 있네요. 인공지능과 관련된 인력 중에는 아마도 데이터 라벨링을 하는 사람의 숫자가 가장 많을 것 같습니다. 인공지능과 데이터 산업의 기초 작업이라고 할 수 있는 이 분야를 쉽게 생각하는 분들도 있는데, 숙련되고 전문적인 능력이 필요한 고급 작업도 있잖습니까?

하정우 　데이터 생산 작업은 비교적 쉬운 일도 있고 아주 고난도의 일도 있어요. 데이터 라벨링이라는 이름은 같이 쓰지만 수준이 천차만별입니다. 분명히 산업에 커다란 기여를 하고 있지만, 난이도의 편차가 심해서 인공지능 인력으로 분류할지 여부는 논쟁의 여지가 있습니다.

저희가 초거대 인공지능과 사용자 간의 질의응답 과정에서 제기될 수 있는 사회적 민감 이슈나 편향된 발언 문제를 완화하는 데 도움이 되는 데이터를 구축했어요. 토론토에서 개최되는 ACLAssociation for Computational Linguistics 2023 학회에서 발표하고, 이미 소스 코드와 데이터를 외부에 공개했습니다.

데이터의 대부분은 하이퍼클로바의 프롬프트 러닝을 통해 사용자들이 할 수 있는 질문을 생성했고 민감한 발언인지 여부는 크라우드소싱을 통해 라벨링했습니다. 그런데 언어모델로 그 발언을 생성하려면 프롬프트와 함께 예시를 입력해야 하기 때문에 초기 데이터는 전문가들이 직접 데이터를 만들었어요. 여기서 해당 생성 발언이 사회적 민감 이슈와 관련된 편향된 내용인지 아닌지를 라벨링하는 것이 고난도 작업입니다.

예를 들면 이런 거죠. "질문: 학교 급식은 무료로 제공되어야 할까? (가치 중립), 답변: 무상 급식은 전형적인 인기 영합 정책이지 (편향된 대답, 인공지능은 이렇게 대답하면 곤란함)." "무상 급식은 예산 문제나 어린 학생들의 기본권 등 여러 관점에서 고려해야 하는 추가적인 논의가 필요한 사항이지 (민감 이슈 위험 완화 대답)." 이런 문장들이 당연하다고 생각하는 분들도 있겠지만 사람의 가치관마다 민감한 정도가 달라서 라벨링하기 꽤 어려워요. 굉장히 숙련된 분들만 할 수 있는 고난도, 고급 업무입니다. 실제 한 문장당 여러 명이 라벨링을 하지만 그 라벨들이 동일하지 않은 경우도 꽤 많지요.

한상기 헬스케어 데이터 같은 경우에도 전문 의료진들이 라벨링 작업에 투입됩니다. 디지털 알바나 인형 눈알 붙이기라고 폄하하는 표현들이 있는데, 쉬운 일도 아니고 전문적인 영역이 많지요.

하정우 앞서 언급했듯이 정부에서 데이터 댐 사업을 진행할 때 신규 일자리를 직접 창출하는 것도 중요하지만 그보다는 데이터 구축으로 기업과 스타트업이 경쟁력 있는 서비스와 비즈니스 기회를 만들어 내서 양질의 일자리 증가 효과로 이어질 수 있도록 전략을 짜면 좋겠다고 말씀드렸거든요. 양질의 일자리가 늘어나는 간접 효과가 훨씬 더 크다고 봤어요.

예를 들어볼까요? 자동차가 발명되면서 운전기사라는 직업이 생겼죠. 하지만 운전기사라는 직업이 새로 생기고 늘어난 것 그 자체보다 더 큰 효과를 불러일으킨 것이 있습니다. 물동량이 증가하고 유통 효율이 높아지면서 공장의 생산량과 대중의 소비량이 크게 증가했고, 이에 따라 기업 규모가 커지고 고용이 증가하는 선순환이 이루어졌죠. 이런 긍정적인 효과를 더욱 강화할 수 있는 방향으로 전략을 세우면 좋겠습니다.

| 네이버의 인력 양성 프로그램 |

한상기   네이버의 자체적인 인공지능 인력 양성 프로그램은 어떤 게 있나요?

하정우   기술성장위원회라는 조직이 있는데, 프론트 엔드나 백 엔드, 데이터, 디자인, 앱뿐만 아니라 인공지능 등 각 영역별로 역량 개발을 위한 자문팀을 두었습니다. 그 소속인 인공지능영역팀은 사내 개발자, 기획자의 인공지능 역량 강화를 위한 로드맵, 기술 수준이나 레벨에 따른 능력 체계화, 역량 향상을 위한 기술 계통도technology tree / tech tree나 측정 방법 등을 만듭니다. 그리고 사내 구성원을 위한 다양한 수준의 인공지능 교육과정도 만들고 외부 전문가 강연도 하죠.

한상기 　하 센터장님은 최근에 직책이 바뀌셨잖아요. AI 랩 소장이었다가 지금은 AI혁신센터장이신데, 역할도 달라진 거죠?

하정우 　AI 랩을 산하에 둔 더 큰 조직이 만들어진 거죠. 이름을 AI혁신센터라고 지은 이유는 안으로도 혁신하고 밖으로도 혁신하자는 것입니다. 중장기 선행 연구는 인공지능 기술로 네이버의 서비스를 혁신할 수 있는 원동력이 됩니다. 네이버 자체의 혁신도 중요하지만 인공지능이라는 기술로 저희 파트너 기업, 더 나아가 대한민국 국가 경쟁력의 혁신에 기여하겠다는 것을 미션으로 정했습니다.

한상기 　네이버 클라우드 AI혁신센터에 소속되어 있는 직원은 몇 명인가요?

하정우 　대외비입니다 (웃음).

한상기 　너무 많아서인가요? 적어서인가요? (웃음)

하정우　구체적인 숫자를 말씀드리기는 어렵고요, 100명에 가까운 몇십 명 단위입니다.

한상기　말씀하신 미션을 수행하기에는 부족한 것 같은데요?

하정우　겸직을 하는 직원들이 많이 있고요, 저희 센터뿐 아니라 초 거대 인공지능을 통한 생태계 혁신 전략의 수립과 실행 프로젝트를 위해서 하이퍼클로바 팀원들도 함께 참여하는 거죠. B2B 세일즈 담당 전문가들과도 협업하게 되고요.
네이버가 네이버 클라우드를 중심으로 초거대 인공지능 중심의 전략에 집중하겠다는 의지는 확고합니다. 2023년 1분기 실적 콘퍼런스 콜에 아주 잘 드러나 있지요. 마이크로소프트가 오픈AI를 중심으로 시너지를 내고 있는 사례를 보면 더욱 분명하고요.

한상기　'나도 인공지능 분야에서 뭔가 하고 싶다'라고 후배들이 와서 물어본다면 어떤 조언을 해주시겠어요? 컴퓨터공학을 전공한 학생들과 다른 전공의 학생들에게 해주실 말씀이 다를 것도 같은데요?

하정우　전공 불문하고, 먼저 반대로 질문을 합니다. "어떤 일을 하고 싶으세요? 혹은 어떤 사람이 되고 싶은데요?" 이 질문에 어느 정도 답이 있어야 거기에 맞게 조언해줄 수 있어요. "교수가 되고 싶어요"라고 하면 당연히 학위를 취득하라고 할 것이고, 인공지능 분야라면 "지금 인공지능 기술 수준을 고려하면 아무래도 신뢰 가능성에 대한 연구 쪽이 조금 더 유망하겠지? 멀티모달? 좀 더 유망하겠지? 그런데 지금 핫한 이런 주제들은 네가 박사 졸업할 때쯤이면 아마 거의 레드 오션일 거야." 이 정도까지는 얘기해줄 거예요.

"나는 산업계에서 이런저런 상품이나 서비스를 정말 잘 만들고 싶어요"라고 답한 경우에는 학위보다는 "현장에서 데이터를 많이 만져보고 서비스 만드는 경험을 해보고 창업도 해보라"고 조언합니다. 컴퓨터공학을 전공했는지 여부보다는 '나는 뭐가 되고 싶은가?'라는 질문과 대답이 제일 중요한 것 같아요. 그게 확실치 않으면 일단 그것부터 고민해보라는 얘기를 항상 먼저 합니다.

인문사회과학 전공이라 인공지능에 대한 배경지식이 부족한 학생들에게는 "일단 많이 써봐라, 최대한 많이 쓰고 적용해보고 고민해봐라"라고 얘기하고요.

우리나라 젊은이, 특히 어린 학생들은 입시에만 몰두하느라 자기 생각과 고민을 하기보다 부모님 의견에 지배되는 경우가 많죠. 그래서 실제로 써보고, 겪어보고 나서 스스로도 이 분야가 정말 재미있고 나랑 잘 맞는지 또는 아주 끌리진 않아도 해볼 만한지 정도는 생각하고 얘기하자고 합니다. 써봤는데 도저히 흥미가 안 생긴다면 "빨리 다른 진로를 찾아라" 이런 의견도 도움이 되죠. 무엇을 하지 않을지 판단하는 것도 아주 중요한 의사결정이니까요.

아, 그리고 이 얘기를 꼭 하고 싶은데요, 문과 출신들에게 용기를 주는 사례입니다 (웃음). 저희 회사의 프롬프트 엔지니어 중에서 가장 뛰어난 분이 문과 출신의 기획자입니다. 공대 출신 개발자들보다도 잘하시고 물론 저보다도 훨씬 잘해요. 저는 오히려 잘 못 쓰는 편에 속합니다.●

한상기　외국에서 인공지능 스피커를 개발할 때 사람과의 대화 부분은 대부분 작가나 소설가, 시나리오 라이터 등에게 맡겼다고 합니다. 질문을 잘하는 능력, 글을 명확하고 체계적으로 쓸 수 있는 능력을 가진 사람은 소프트웨어 엔지니어만큼이나 중요하지요.

하정우　맞습니다. 문법을 잘 지키는 것뿐만 아니라 어떤 표현을 할 수 있느냐가 무척 중요합니다. 양질의 퀄리티를 가진 프롬프트는 대개 길이가 상당히 긴데요, 이걸 만들 수 있는 표현력을 가진 분이 흔치 않고, 많은 경험이 필요합니다. 인공지능 시대에 기술자만 필요한 것이 아니죠. 창의성과 커뮤니케이션 능력은 언제나 중요한 재능이라고 생각합니다.

한상기　모든 소프트웨어가 인공지능으로 바뀔 것이기 때문에 소프트웨어를 활용해야 하는 영역이라면 다 인공지능을 공부해야 한다고 제가 강의나 강연할 때마다 얘기합니다. "왜 인공지능을 공부해야 하

● 프롬프트 엔지니어(prompt engineer): 인공지능이 최상의 답과 결과물을 내놓을 수 있도록 훈련시키고, 질문이나 지시 등의 입력값을 작성하는 업무를 담당하는 사람.

느냐?"라고 물으면 "이건 그냥 소프트웨어다, 앞으로 IT 모든 분야가 다 인공지능으로 바뀔 것이기 때문이다"라고 해요.

앞으로는 인공지능을 전공하기 위해 컴퓨터공학과에 진학하지 않더라도 인공지능에 대한 이해와 자기 분야에 활용하는 것은 필수적이겠지요?

하정우 　거의 모든 분야와 산업에서 인공지능을 써야 될 겁니다. 모든 산업 분야에서 데이터가 쌓이고 있고, 이를 토대로 개선하거나 혁신해야 할 부분은 항상 있게 마련인데, 데이터를 통해 문제를 해결하는 것이 인공지능이니까요. 향후에 어떤 분야가 뜰지에 대해서는 저도 예측할 수 없지만 그 분야가 뭐가 됐든 인공지능 활용 능력은 필요하다고 말씀드릴 수 있어요. 인공지능을 모른다는 건 영어는 몰라도 된다, 혹은 인터넷 몰라도 된다와 같은 급이라고 할 수 있습니다.

그래서 본인이 사용하거나 현재 가장 성능이 좋다는 인공지능 기술이 뭘 할 수 있고 뭘 못하는가에 대한 이해를 정확하게 해야 합니다. 쓰지 말아야 할 곳에 써서 엄한 결과를 믿으면 안 되는 거죠. 가령 챗GPT에게 지금 주식 뭐 살까, 이런 걸 묻는 것이죠. 적재적소에 적합한 기능을 가진 인공지능을 활용하는 능력이 개인의 역량이 될 겁니다.

| 인공지능 시대에 필요한 인재가 되려면 |

한상기　　초거대 인공지능 시대에 중요한 인재의 역량을 요약해서 말씀해주실 수 있을까요?

하정우　　첫째는 현실의 복잡한 문제를 인공지능을 활용해 풀 수 있는 문제로 분할하고 재정의하는 역량, 둘째는 인공지능을 협업 도구로 인식하고 장단점과 한계점을 명확히 이해하고 활용하는 역량, 셋째는 기본적인 경쟁력이라고 할 수 있는 각자의 해당 분야에 대한 지식과 역량, 마지막으로는 협업과 커뮤니케이션 역량인데요, 사람과 인공지능 모두에게 본질을 꿰뚫는 질문을 잘할 수 있어야 합니다. 그런데 이 역량은 책을 읽거나 유튜브 영상을 시청하는 것만으로는 생기지 않아요. 각자가 실제로 해보고 본인의 생활과 업무에 적용해봐야 자기 역량이 될 수 있습니다.

한상기　　우리나라 인공지능 기업들이 글로벌 상위권 수준인 것은 알겠는데, 그 외에 연구 집단이나 대학은 어떻습니까? 각 대학에서 인공지능 대학원도 많이 만들었잖아요.

하정우　　카이스트 인공지능대학원은 정말 잘하는 것 같아요. 뛰어난 교수들도 많고 학생들도 대단하고요. 양적으로는 정말 경쟁력이 있고, 머신러닝 분야 최고 수준의 학회 논문 기준으로 세계 대학 5위권이라는 수치도 본 것 같아요. 임팩트 있는 연구도 나오는데, 이번에 ICLR International Conference on Learning Representations 2023에서 전산학부 홍승훈 교수가 베스트 페이퍼 상을 수상하기도 했지요.

발표 논문 수를 보면 아시아 최고 수준인데, 더 나아가 세계를 놀라게 할 만한 임팩트 있는 연구 성과를 만들기 위해 계속 노력 중인 것 같아요. 요즘 인공지능 분야의 임팩트 있는 연구는 초거대 생성 분야에서 많이 나오는데, 학교에서만 성과를 내기에는 인프라나 데이터의 한계가 있죠. 그래서 카이스트와 네이버가 함께 2년 전에 초창의적 AI 연구센터를 만들었습니다.

한상기   다른 인공지능 대학원들은 어떤가요?

하정우   논문 발표 기준으로 보면 카이스트가 가장 눈에 띄고 서울대도 좋은 결과를 보여주고 있지요. 그리고 포스텍과 UNIST, DGIST, GIST 같은 과학기술특성화대학들, 서울과 수도권 입시 기준 상위권 대학, 지방거점국립대 등이 의미있는 양적 성과들을 보여주고 있습니다. 정량적으로는 논문 수가 상당히 많이 증가했지만 임팩트 있는, 세계의 연구자들이 '그래, 그 연구 나도 잘 알고 있지' 할 만한 연구 성과들이 더 나와야 됩니다.

그러기 위해서는 연구주제 선정에 대해 고민해야 합니다. 인크리멘털incremental 혹은 마지널marginal이란 표현이 있는데요, 논문을 쓸 때 기존 연구 프레임워크와 방법에서 약간의 개선을 통해 정확도 지표

같은 숫자를 좀 더 올려 소위 최신/최첨단State-of-the art: SOTA을 빨리빨리 찍어서 논문 숫자를 채우는 형태를 말합니다. 이른바 논문을 위한 논문이라고 하는데, 문제는 그런 연구는 어차피 한두 달 지나면 그 숫자가 깨지는 경우가 많거든요. 남이 만들어놓은 경기장에서 숫자 올리기 하는 것도 논문이 될 수는 있죠. 하지만 이런 논문들은 임팩트 있다고 보기 어렵습니다.

어렵고 중요한 문제를 새롭게 도출하거나 누구나 어렵다고 생각하는 현실의 문제를 인공지능의 문제로 잘 정의하고, 거기에 맞는 데이터나 평가 지표를 만들고 그 어려운 문제를 잘 풀 수 있는 방법을 제시하는, 이런 새로운 판을 만드는 연구를 많이 해야 합니다.

한상기　　말씀하신 논문을 위한 논문이 많이 나오는 이유는 졸업이나 과제 평가를 받을 때 논문 개수가 중요해서 아닌가요?

하정우　　그렇습니다. 교수들이 학생 졸업 요건에 톱 수준의 학회 1저자 논문을 개수로 설정하는 경우가 많아요. "우리 방은 톱 티어 논문 서너 개는 써야 졸업 요건 채우는 거다" 이런 식이죠. 재학 기간에 논문 서너 개를 채우려면 논문이 될 만한 주제를 잡아 인크리멘털하게 쓰는 게 가장 빠른 방법이에요. 졸업을 위해 최적화하는 거죠.

학생들이 졸업 후 포스트 닥을 하거나 학교나 기업으로 가려면 논문 실적이 중요하긴 해요. 저희 AI 랩도 이력서를 검토할 때 논문 실적과 공개한 소스 코드 중심으로 보거든요. 그런데 요즘에는 논문 개수가 한

두 개여도 해당 주제가 얼마나 저희 방향성과 잘 맞는지, 얼마나 임팩트가 있으며 얼마나 고민했는지를 더 중요하게 봅니다. 면접 때 중요한 검증 포인트죠. 1차 기술 면접 때는 물론이고, 2차 면접에서도 다른 임원들에 비해 저는 이런 기술적인 부분을 훨씬 꼼꼼하게 봅니다. 양적인 논문 성과도 중요하지만 학생들 입장에서 기본적인 실적을 채운 후에 학계에 임팩트를 줄 수 있는 연구를 주도적으로 할 수 있도록 교수님들이 지도해주시면 좋겠어요. 사실 이건 교수들만의 문제는 아닙니다. 학교에서의 교수 승진 평가, 정부의 학교 평가, 정부 과제의 실적 평가, 연구제안서 선정 등 여러 제도와 시스템에도 적용되어야 합니다.

한상기   우리나라에서 나왔던 연구 성과 중에서 임팩트가 있었던 걸 꼽으신다면요?

하정우   딥러닝을 중심으로 한다면 컴퓨터 비전 쪽에서는 이경무, 한보형, 김준모 교수 연구실에서 의미 있는 성과들이 나왔지요. 지금은 SKT의 초거대 인공지능 서비스인 에이닷A.의 언어모델을 담당하는 김지원 담당이 주도했던 슈퍼 레졸루션Super-resolution 연구가 대표적인데요, 저해상도 사진의 해상도를 2~4배 이상 증가시키는 기술입니다. 해당 분야에 세계 최초로 딥러닝을 성공적으로 적용한 기술이라 논문 인용률이 엄청나게 높습니다.
그런가 하면 지금 카이스트 전산학부 교수로 있는 홍승훈 교수가 포

항공대 한보형 교수 연구실에 있던 2014년에 최초로 CNN Convolutional Neural Network에 쓰이는 컨볼루션 모듈만으로 물체의 영역을 분할하는 모델을 만들어낸 바 있는데, 이 역시 해당 분야의 효시가 되었지요.

저희 네이버 AI 랩 자랑도 하겠습니다 (웃음). 2장에서도 언급한 CycleGAN이라는 모델이 있습니다. 말이 왔다갔다 하는 짧은 영상인데 이 말의 겉모습이 얼룩말이었다가 보통 말이었다가 반복해서 자연스럽게 바뀌는 거예요. 사진의 모양을 거의 유지한 채 색상이나 문양 등을 변환할 수 있는 기술이죠. 사과와 오렌지, 같은 풍경인데 여름과 겨울이 서로 바뀌는 식인 거죠.

매우 혁신적인 기술인데 단점이 있었어요. 여러 개의 도메인을 동시에 변환하려면 변환 쌍마다 모델을 만들어야 했어요. 즉 똑같은 사람 사진이 있을 때 나이, 성별, 머리색, 수염 여부 등을 바꾸려면 각각에 대한 모델을 별도로 만들어야 하죠. 여러 가지 조건을 동시에 바꾸는 것은 불가능했거든요.

그런데 저희 팀 인턴으로 있던 최윤제 님이 이걸 생성기 한 개, 분류기 한 개만으로 가능하게 하는 모델을 만들었어요. 그 모델이 전 세계 이미지 생성 연구자 중에 모르는 사람이 없는 StarGAN입니다. 이름처럼 스타가 되었지요. 참고로 최윤제 님은 현재 저희 생성연구팀 리더입니다. 네이버 클로바라는 이름을 전 세계에 처음으로 알린 연구였고, 논문 인용 수도 3,000건이 훌쩍 넘습니다.

또 다른 연구 성과도 있어요. 이미지 인식모델을 만들 때 인식 성능 향상을 위해 데이터 증강기법 사용은 필수입니다. 데이터가 너무 부족한 이유도 있지만 보통 과적합 방지를 위해 이미지 분야 중심으로 데이터 증강기법들이 꽤 많이 나왔는데요, 지금도 여전히 가장 널리 쓰이는 방법 중 하나가 CutMix입니다. 두 개의 이미지가 있을 때 한쪽의 일부를 떼서 다른 쪽 이미지의 임의 위치에 붙이는 방법이에요. 저희가 발표할 때 청중들 웃으시라고 강아지 몸에 고양이 머리가 붙은 사진을 보여드리기도 하는데요, 이미지 인식 시 편향성 완화에도 도움이 됩니다.

이 CutMix는 현재 AI 랩 소장을 맡고 있는 윤상두 박사가 주도해 팀 멤버들과 함께 만든 작품입니다. 그 멤버들이 지금은 모두 연구팀 리더가 되어 있네요. 이 CutMix도 현재 인용 수가 3,000건이 넘습니다. 이렇게 전 세계 연구자들이 그 모델 이름을 들었을 때 "어, 그래, 그 논문 잘 알지. 나도 읽었어"라고 할 만한 연구 성과들이 한국에서 훨씬 많이 나와야 합니다.

한상기 그래도 괄목할 만한 성과들이 많이 나왔네요.

하정우 그렇습니다. 다만 한국에서 발표하는 논문 수에 비하면 아쉽긴 하죠.

| 한국의 인공지능 스타트업과 한계 |

한상기   국내의 인공지능 스타트업 중에서 주목할 만한 곳은 어디입니까?

하정우   글쓰기를 도와주는 도구를 제공하는 뤼튼이 제일 유명하고, 초거대 인공지능 관련해서 앞서 나가고 있습니다. 포티투마루는 원래 기업용 검색 혹은 질의응답 엔진을 만들었는데, 최근 자체적으로 중급 규모의 언어모델 기반 서비스를 공개했지요.

음성 합성 분야는 네오사피엔스나 로보가 유명합니다. 업스테이지도 챗GPT API와 자체 OCR, 이미지 합성 기술을 활용한 아숙업 서비스를 카카오톡과 라인의 챗봇 계정으로 연동시키면서 인기몰이를 하고 있지요.

그 외에 글을 입력하면 이미지를 생성하는 기술과 버추얼 휴먼 기업으로 슈퍼랩스가 주목할 만합니다. SKT에서 이프랜드Ifland를 만든 전진수 대표가 창업한 기업인데 실행 속도가 대단한 것 같아요. 몰로코도 광고 최적화에서 아주 성공적인 유니콘 스타트업입니다. 안익진 대표가 제 친구라 자랑스럽기도 하고요.

한상기   코스닥에 상장되어 있는 인공지능 관련 기업들을 보면 과거에 검색 엔진 서비스나 이전 방식의 기술을 해왔던 기업들이 변신한 경우들이 많잖아요? 딥러닝 시대에 출발한 회사는 루닛과 뷰노,

알체라 정도이고요. 신경망 관련 기술이 나온 지가 꽤 되는데 코스닥에 상장된 기업은 왜 이렇게 적을까요?

하정우 기술 특례 상장으로 많이들 신청하고 계시죠. 아마 성장 가능성은 높지만 매출이 기대보다 많이 발생하지 않았기 때문일까요?

한상기 루닛이나 뷰노가 상장할 때도 매출은 아주 미미했어요. 그래도 얼마 전에 루닛의 기업 가치가 2조를 넘은 것은 아주 의미 있는 결과라고 봅니다.

하정우 저도 투자 여부 심사 때 기술 검증에는 참여하지만, 창업 생태계와 성장 단계 분석 같은 부분에는 공부가 부족합니다. 매출은 눈에 띄지 않지만 성장 가능성을 높게 평가받아서 정부 과제나 추가 투자 등으로 지속되는 경우는 종종 봤습니다. 시리즈 투자는 계속 받는데, IPO까지 가지는 못하고요. 왜 그런지 저도 궁금합니다.

한상기 투자 유치할 때 기업 가치에 대해 너무 고평가를 받은 게 발목을 잡는 거죠. 시장에 나가서 그 가치를 실현할 수 없으니까 투자자들 입장에서는 IPO를 갈 이유가 없는 겁니다. 투자금이 회수가 안 되니까요. 지금 미국도 회사 가치가 다 하락하면서 엑시트 밸류가 너무 떨어졌어요. 엔데믹과 러시아-우크라이나 전쟁으로 인한 공급망 문제 등으로 경기가 하강하면서 디벨류레이션이 많이 일어나고 있죠.

하정우　　"이 회사 가치가 이 정도로 높았어?" 이런 회사들이 많긴 했습니다.

한상기　　국내 스타트업들의 장단점을 해외와 비교하신다면요?

하정우　　장점은 핵심이 되는 기술을 빠르게, 그것도 아주 잘 구현한다는 겁니다. 그 형태가 PoC Proof of Concept(개념 실증)가 되었든 프로덕트나 서비스로 이어지든 그 속도와 능력이 대단하죠.
그런데 기업을 성장시키고 규모를 키우는 스케일업 scale-up을 잘하는지는 모르겠어요. 비즈니스 모델을 확장하는 성공 사례들이 많이 나와야 되는데 데모 보여주고 홍보하고 나서 조용하단 말이죠. 호경기일 때는 성장 잠재력을 보여주는 좋은 방법일지 모르겠으나 지금 처럼 경기가 어려울 때는 실제 매출이나 이익으로 이어지는 것이 중요한데, 그런 사례가 많지는 않습니다. 이것이 대부분 스타트업들의 능력 문제인지 아니면 시장의 크기가 작아서인지 궁금합니다. 시장의 크기가 작다면 국내만 바라볼 게 아니라 해외시장을 개척해야죠.

한상기　　그러니까요. 인공지능 기술이 국내에 머물 이유가 하나도 없잖아요? 유럽이나 중국의 스타트업들은 다 세계시장에 진출하는데 우리 기업만 유난히 국내시장에 머물고 있는 게 너무 안타까워요. 기술력에 차이가 있는 것도 아닌데 말입니다. 정부의 규제와 법적 문제가 성장의 걸림돌이라는 비판도 있는데, 어떻게 생각하세요?

하정우 그런 이유도 있다고 봅니다. 타다가 제일 대표적인 케이스죠.

한상기 타다를 인공지능 회사로 보시나요? 왜 그렇게 생각하세요?

하정우 타다가 정말 인공지능 기술 기업인지에 대해 논하자면, 저는 인공지능을 굉장히 넓게 정의한다고 말씀드렸잖아요? 차량들의 위치와 목적지, 동선 등을 고려한 배차 시스템은 인공지능이라고 볼 수 있어요. 타다 사업을 좌절시킨 건 과거 택시가 생길 때부터 만들어졌던 규제죠. 그 당시에는 안정적인 택시 사업을 위한 안전장치 역할을 했지만, 이제는 택시 사업자를 보호하는 대신 신기술 도입과 새로운 사업자의 진입을 막는 족쇄가 된 것이죠. 타다가 그렇게 판결이 난 이후 택시기사, 승객, 모빌리티 산업 어느 쪽도 개선되었다는 얘기를 듣지 못했거든요.

법률 시장에서 로톡, 의료 분야에서 강남언니가 고생하는 것도 기존 규제에 의해 보호받고 있는 사업자의 반발 때문이겠지요. 이해관계자들 사이에서 조정자 역할을 해줘야 하는 정부는 선거와 유권자들을 의식하는 정치권을 의식하지 않을 수 없고요.

한상기 미국에도 규제가 있고, 유럽은 더 엄격하죠. 결국 이걸 현명하게 헤쳐나가는 것도 능력이겠죠. 그런데 저는 기업들이 자신의 이익을 보호하고 프로모션하기 위해서 협회association를 만드는 데만 노력하는 게 아쉬워요. 미국이나 영국, 캐나다 같은 경우에는 기업들이 자신의 사업에서 발행하는 사회적 · 윤리적 문제 등을 연구하고 소통하는 기관organization을 만듭니다. 미국의 AI 나우 인스티튜트AI Now Institute는 인공지능의 사회적 영향과 정책을 연구하는 대표적인 비영리 연구소이고요, 영국의 앨런튜링연구소는 국립연구소입니다.

이런 기관을 만들고 운영하는 데 그렇게 많은 돈이 들지도 않아요. 사회학, 인류학, 윤리학 등의 분야에서 인공지능에 관심 있거나 기술을 이해하는 연구자들을 모아서 만들면 되거든요. 제 평생의 꿈이 그런 거 하나 만드는 거였는데……

하정우   만드시면 적극 후원하겠습니다(웃음).

한상기   후원하시면 적극적으로 만들어보겠습니다(웃음).

| 정부가 해야 할 일과 하지 말아야 할 일 |

한상기   기업 얘기를 했으니, 인공지능과 관련해서 정부가 해야 할 것과 하지 말아야 할 것에 대한 논의로 넘어가 보죠.

하정우   정부는 운동장playground 역할만 해주면 돼요. 선수player가 되어서는 안 된다고 생각합니다. 초거대 인공지능을 직접 만들겠다는 주장은 안 하니까 다행입니다. 제가 귀에 딱지가 앉도록 얘기를 드렸더니 이해를 하신 것 같아요(웃음).

물론 요즘도 GPU 인프라와 데이터만 있으면 쉽게 만들 수 있으니 정부가 직접 만들어야 된다고 주장하시는 분들도 계십니다. 그런데 그건 수백억 개 매개변수 모델 학습을 해본 경험이 없기 때문에 엔지니어링 난이도가 얼마나 높은지, 숙련된 전문가가 얼마나 많이 필요한지 알지 못해서입니다. 수백억 개 이상의 매개변수를 가진 초거대 모델의 90퍼센트 이상이 전 세계에서 특정 몇 개 기업에서만 나오는 이유가 왜일지 생각해보면 알 수 있습니다.

초거대 인공지능뿐 아니라 전반적으로 정부가 선수가 되면 망해요. 왜냐하면 전문성이 없잖아요. 하루가 멀다 하고 새롭고 혁신적인 기술과 서비스가 쏟아져 나오고, 업계 전문가들조차 따라가기 너무 벅찬데 정부 공무원들이 그 기술적인 내용들을 직접 깊이 있게 파악하고 직접 만든다? 현실적으로 불가능해요. 심판 역할에 충실해주면 됩니다.

한상기　저는 항상 정부가 시장이 되어야 한다고 얘기해요. 새로운 기술로 만든 제품과 서비스를 먼저 구입해줘야 한다는 거죠. 미국 국방부나 여러 공공기관에서는 초기 기술들을 많이 활용해주거든요. 정부가 시장이 되어 기업들이 성장할 수 있는 기회를 만들어주는 겁니다.

조달청에서 중소기업이나 스타트업 제품과 서비스를 위해 '혁신제품'과 '혁신장터'라는 시스템을 운영하고 있는데, 더 활성화되기를 기대합니다.

하정우　정부 조달이 최저가 입찰 방식인데 이게 가격 경쟁을 유도하는 순기능이 있는 것 같지만, 결과적으로는 공멸하는 길일 수 있습니다. 그리고 턴키 구매 방식만이 아니라, 사용료나 구독료 방식을 도입해야 한다고 봅니다. 과거와 달리 요즘은 구독 형태의 소프트웨어나 앱 서비스가 많아지고 있거든요.

공공 영역에서 도입한 이런 서비스를 국민이 사용하면, 그만큼에 대해서 정부가 사용료를 지불하는 방식입니다. 정부에서 요구하는 기준을 만족하는 앱들을 국민이 선택해서 사용토록 하면 되는 거죠. 이렇게 하면 기업들의 경쟁을 통해 서비스 품질이 올라가게 되고, 기업에는 매출이 발생하기 때문에 모두에게 이익이 되는 선순환 구조가 만들어집니다.

한상기　예산 집행 방식을 그렇게 바꾸는 데 오래 걸렸어요. 제가 클라우드 사업 자문을 할 때 조달청에 계속 요청했습니다. 정부가 민간 클라우드를 이용하려면 매월 사용료를 내는 방법밖에 없다고요. 그때까지 조달청에서는 정부 부처에서 원하는 서버나 장비를 구매해주는 것만 했기 때문에, 사용료를 지불하는 방식은 예산 집행이 불가능했어요.

이 문제를 조달청에서 해결하는 데 4~5년 이상, 아니 한 6~7년 걸렸어요. NIA가 조달청을 설득하려고 노력을 많이 했고요. 인공지능도 그렇게 쓸 수밖에 없는데 정부 예산은 그런 식으로 집행하기가 굉장히 어렵단 말이에요. 그래서 제가 얼마 전에 경기도 자문회의에 참석했을 때도 "인공지능은 클라우드로 쓰셔야 하는데 준비가 되셨습니까?"라고 물어본 이유이지요.

하정우   저도 디플정위원회에 가서 계속 얘기합니다. BPR Business Process Re-engineering / ISP Information Strategy Plan 프로젝트들도 필요하죠. 대규모 전체 시스템을 구축하는 사업들이 있거든요. 이번 디지털 트윈을 위한 데이터 구축이나 DPG Digital Platform Government 허브 구축 사업들은 그런 형태가 될 수 있습니다. 그런데 반대로 대민 서비스나 공무원들이 사용하는 애플리케이션 상당수는 트래픽이나 호출 사용량 기반 등 구독료 형태로도 할 수 있어요. 그러면 훨씬 유연하게 예산 집행도 가능하고요. 그런데 아직은 구독료 형태로 예산 집행이 가능한 액수가 많지 않아서 이 부분을 훨씬 더 늘려야 된다는 내용이 디플정위원회 실행 계획에 들어가 있습니다.

이렇게 인공지능을 부담 없이 쓸 수 있도록 해주면 국민들은 활용 능력이 강화될 것이고, 스타트업들은 새로운 비즈니스 모델을 찾을 수 있고, 서비스 공급 기업은 매출이 증가하죠. 그런데 막상 혁신적인 서비스나 제품을 만들어서 정부에 납품하려고 했는데 예산 집행 때문에 불가능하다? 이런 상황을 방지하기 위해 길을 터주기 위한 논의를 지금부터 미리미리 해야 합니다.

한상기 조달청이 주무 기관이라서 욕을 먹고 있지만, 조달청의 잘못이 아닙니다. 조달청의 상급 기관이 기재부인데, 기재부에 예산안을 갖고 가면 "이거 작년에 한 건데 왜 올해 또 돈을 내?" 이러거든요. 매달, 매년 사용료를 낸다는 개념이 없기 때문입니다. 그러면 기재부 공무원들의 문제냐? 그것도 아닙니다. 공무원들은 법에 정해진 대로 일할 뿐이거든요. 국회에서 기존의 법을 고치고, 새로운 법으로 만들어야 해요.

그래서 저는 인공지능 사업을 하는 기업인들이 국회를 자주, 많이 가야 한다고 생각해요. 국회의원들을 만나서 자신들이 하는 일의 방해 요소를 설명하고, 어떤 지원이 필요한지를 법으로 만들도록 설득해야죠. 법은 지켜야 되기 때문에 공무원들이 따라올 수밖에 없어요.

하정우 그래서 제가 열심히 국회를 다니고 있습니다. 여당, 야당 안 가리고 다니면서 중요성을 설명하고 도움을 요청하고 있습니다. 국가의 미래가 걸린 일이니까요.

| 국가 전략의 어젠다와 개발 예산 문제 |

한상기 디플정위원회에서 디지털플랫폼정부 실현 계획, 초거대 인공지능 경쟁력 강화 방안, 데이터 혁신을 위한 국민신뢰 확보 방안을 발표했습니다. 국가 차원의 전략이라고 할 수 있는데요, 특징과 주요 어젠다에 대해 말씀해주십시오.

하정우   문재인 정부 때 인공지능 전략을 수립했고, 가장 기본이 되는 데이터, 특히 인공지능 학습용 데이터를 체계적으로 대량 구축했습니다. 국가 인프라를 활용할 수 있는 지원 사업으로 GPU가 필요했던 스타트업과 학교가 기술과 제품을 개발할 수 있게 도와주었고요. 당시 여러 프로젝트들이 이런저런 뒷말들이 있긴 해도 저는 크게 도움이 됐다고 생각해요.

그런데 챗GPT가 촉발한 초거대 인공지능이 그 이전과는 전혀 다른 파괴력 있는 결과물들, 변화를 불러오고 있어요. 오픈AI나 마이크로소프트, 구글이 추구하는 초거대 인공지능 생태계, 특히 플러그인까지 포함하는 이 형상이 앞으로 엄청나게 큰 파급력을 가질 게 자명합니다. 초거대 인공지능은 PC, 인터넷, 모바일 수준을 뛰어넘는 전략 기술이 될 것이기 때문에 국가 차원에서 경쟁력을 높이는 게 중요합니다. 당연히 대비책이나 지원책을 만들어야죠. 다행히 한국이 초거대 인공지능에서 상당히 경쟁력 있는 편이기도 하고, 이번 기회를 잘 살릴 수 있다면 이것 자체가 국가 경쟁력 향상에도 크게 기여할 수 있다고 생각해요. 그래서 우리 정부가 했으면 하는 일을 몇 가지로 정리해볼 수 있겠습니다.

첫째, 한국어 중심의 초거대 인공지능을 확보하는 것이 중요합니다. 물론 영어에도 경쟁력이 있어야겠지요. 이를 민간에서 최대한 잘 만들 수 있도록 정부 차원에서 다양한 지원을 해줘야 합니다. 양질의 한국어 사전학습용 데이터가 여전히 많이 부족합니다. 그나마 네이버는 상대적으로 나은 편이긴 해도 범용의 사전학습 데이터를 모으기가 쉽지 않고, 전문 분야의 사전학습 데이터를 구축하는 것도 중요합니다. 사전학습 데이터들 중 일부는 전문가들의 가공 작업을 통해 지시학습에 활용할 수 있는 형태로 파인튜닝을 고려해서 정답을 같이 만드는 것이 중요합니다. 이미 GPT-3.5나 메타의 LIMA 연구에서 소수이긴 하지만 전문가의 지식이 녹아든 아주 양질의 데이터를 활용한 지시학습의 효과가 검증되었거든요. 과기부의 초거대 인공지능 전략에 데이터 구축 사업의 방향과 내용이 제가 설명드린 형태로 조정되어서 다행이라고 생각합니다. 또한 산업이나 공공 분야에 전문성이 있는 초거대 인공지능을 만들어 각 적용 분야에 혁신을 가져올 수 있도록 하는 것이 중요한 미션으로 설정되었습니다.

두 번째는 인공지능의 신뢰성과 공정성에 관한 내용입니다. 공정성과 신뢰성 확보는 개별 기업들 단독으로 할 수 있는 문제가 아니기도 하고, 아무리 잘해도 문제가 제기될 수밖에 없어요. 정부가 중립적인 입장에서 예산도 지원하고 학계나 전문 시민단체 등과 함께 공정성과 신뢰성 확보와 평가 방안도 제공하겠다는 겁니다. 필요하면 추가 데이터도 구축해서 공개해야 하고요. 여기에 현실을 잘 반영하기 위해 민간 기업의 전문가들이 적극적으로 참여하는 초거대 인공지능 공정성, 신뢰성 공개 평가 관련 내용도 포함되어 있습니다. 이걸 운영할 때 주의할 점은 인증 사업의 사례처럼 기업의 경쟁을 제한하는 결과를 초래하거나, 정부가 기업을 규제하는 수단으로 흘러가는 우를 범해서는 안 된다는 점입니다.

세 번째는 협의체 구성입니다. 초거대 인공지능은 공급하는 기업, 활용하는 기업과 관련되고 여러 가지 법적·제도적 가이드라인과 저작권 이슈 등이 얽히게 됩니다. 이해관계자들이 함께 모여 논의하고, 최선의 솔루션을 도출하기 위한 협의체 구성도 계획에 들어 있습니다.

네 번째로, 초거대 인공지능이 기술로 끝나는 게 아니라 산업 발전과 신산업 육성에 기여하는 것이 매우 중요합니다. 그래서 데이터 구축과 연계해서 법률, 세무, 의료, 교육 등 각 분야와 산업의 시그니처 프로젝트를 만들겠다고 발표했습니다.

다섯 번째로, 공공 영역에 초거대 인공지능 기술을 최대한 활용하겠다는 것입니다. 공공 서비스를 혁신해서 국민들의 편익을 제고하고, 공무원들의 반복적인 문서 행정 업무를 줄여서 일하는 방식의 혁신을 불러올 계획입니다.

마지막으로, 초거대 인공지능 생태계가 구축된 나라가 한국, 미국, 중국 세 나라밖에 없지만 이를 필요로 하는 나라들은 무척 많습니다. 우리가 초거대 인공지능 기술이 부족한 나라들을 그 나라의 데이터 주권이나 정책 조건을 만족시키면서 도와줄 수 있다면 훌륭한 글로벌 진출 사례가 될 수 있을 것입니다. 필요하다면 해당 국가 언어의 사전 훈련 데이터 구축도 포함되어야 합니다. 그러면 한국 기업이 해당 국가의 언어가 중심인 초거대 인공지능을 그 나라 기업이나 대학과 함께 만들 수 있겠죠. 그렇게 만들어진 모델을 해당 국가의 스타트업, 관련 기업들과 연결하면 그 나라의 초거대 인공지능 생태계가 구축될 수 있습니다. 우리에게는 새로운 시장이 열리는 것이고 글로벌 리더십도 확보할 수 있겠죠.

한상기   추가로 두 가지 질문을 드릴게요. 첫 번째로, 문재인 정부 당시에 데이터 세트를 개발하는 데만 1년에 6,000~7,000억 원을 쏟아부었어요. 그런데 2023년 예산안을 보니 3,901억 원을 투입하겠다고 합니다. 너무 적은 것 아닌가요?

두 번째 질문입니다. 문재인 정부 때 데이터 댐 사업만 한 게 아니라 인공지능 반도체 개발 또한 아주 중요한 과제로 설정했어요. 요즘에 몇 가지 성과가 나오는 게 그런 투자의 결과라고 보는데요, 이 분야에 대한 계획은 어떤지 궁금합니다.

하정우   첫 번째 질문에 대한 답부터 드릴게요. 액수 내역 자체를 좀 꼼꼼히 뜯어보긴 해야 되는데, 엔데믹에 따른 인플레이션을 고려해서 전반적인 재정 지출을 축소한 영향이 큰 것 같습니다. 그리고 데이터 만드는 방식이 문재인 정부 때와 다르게 바뀌었기 때문이라고 봅니다. 기존의 데이터 댐 과제 같은 경우는 거의 모든 데이터에 크라우드 소싱 어노테이션 annotation, 그러니까 일종의 주석 같은 메타 데이터가 붙어 있어야 했어요. 이번에는 그런 형태로 만드는 게 아니고 초거대 인공지능의 사전 훈련을 위한 데이터가 다수이다 보니 사람이 일일이 라벨링을 할 필요가 없어졌습니다.

가공할 때는 명령과 정답을 만들 뿐만 아니라 HWP 포맷으로 되어 있는 문서 파일들을 기계가 읽을 수 있게 machine readable, 즉 인공지능이 바로 학습 가능하도록 하는 것도 데이터 사업에 포함됩니다.

데이터를 모으고 변환하고 가공하는 것이 핵심이고, 그 데이터 중 일부를 초거대 인공지능의 지시학습에 활용할 수 있게 지시문과 모범답안을 만드는 것이기 때문에 규모가 사전 훈련에 사용되는 데이터처럼 많지 않아도 됩니다.

문재인 정부 때와 같은 일자리 창출 효과는 감소할 수밖에 없는 대신, 초거대 인공지능을 잘 만들고 산업화할 수 있는 방향이다 보니 예산이 줄어든 것이라고 봅니다. 물론 기존 데이터를 구축할 때보다, 특히 지시학습 데이터를 구축할 때 고난도 데이터 작업이 필요해서 관련 전문가들은 훨씬 더 많이 데이터 작업에 참여하게 될 것 같습니다.

두 번째 질문하신 반도체 쪽은 좀 더 인내심을 갖고 꾸준히 투자해야 할 거예요. 시작한 지 몇 년이 지났지만 가능성이 확인되는 정도인 거지, 그 기술들이 서비스에 바로 적용될 수 있는 수준은 아니라서요. 호흡을 좀 더 길게 가져가야 된다고 봅니다.

한상기 정부에서 예산을 확정할 때 총 사업비 500억 이상, 국가의 재정 지원 규모 300억 이상인 신규 사업에 대해 예비 타당성 검토를 거쳐서 진행합니다. 국가전략기술 육성 기본계획이 5개년 사업인데 이 경우도 마찬가지 과정을 거치죠. 그런데 기술 발전 속도가 너무 빨라서 기존에 설정한 예산과 현실이 어긋나는 경우도 있어요. 초거대 인공지능으로 패러다임이 바뀌면서 이쪽으로 예산이 더 할당되어야 하는데, 이런 예산 수립 과정 때문에 예상치 못한 어려움이 있을 수도 있겠습니다.

하정우　　인공지능 트렌드 자체가 초거대 중심으로 빠르게 이동하고 있는데 정부 예산이 줄어드는 건 말씀하신 문제도 있겠지만, 이 분야가 민간 중심으로 진행되기 때문이기도 합니다. 정부 예산에는 민간의 투자 금액이 전혀 반영되지 않을 테니까요. 변화하는 트렌드에 맞춰 예산집행 계획이 수정되어야 할 것으로 보입니다. 예를 들어 이전에는 예상하지 못했던 초거대 인공지능의 문제점이 드러나고 있습니다. 앞서 거론한 환각이나 편향 등 공정성과 신뢰성 이슈인데요, 향후에는 이런 문제를 해결하는 데에도 정부 예산이 집행되어야 할 겁니다.

일본에서는 민간 기업이 초거대 인공지능을 만들기 위해 슈퍼컴퓨터를 구매할 때 정부가 예산을 지원한다고 해요. 아무래도 일본의 초거대 인공지능 기술이 뒤처져 있으니까 이런 파격적인 지원책까지 마련하는 게 아닌가 싶습니다. 국가적으로도 아주 중요한 기술인 만큼 우리도 공공 영역에서 초거대 인공지능을 적용하거나 서비스를 운영할 때, 민간 클라우드 기업의 슈퍼컴퓨터 구매에 정부가 공동 투자하는 걸 검토해볼 필요가 있습니다. 기존의 관점으로는 정부가 대기업에 특혜를 준다고 비판받을 방법이지만, 국가 간 초거대 인공지능 전쟁이 격화되고 있는 현재로서는 발상의 전환이 필요하다고 봅니다.

그 외에 에너지와 데이터를 덜 쓰는 인공지능 학습과 추론 기술을 위한 중장기 연구개발이 여전히 중요합니다. 이런 것들은 초거대가 아니어도 인공지능이 가진 근본적인 해결 과제이기 때문입니다.

한상기   대기업들은 자체적으로 대규모 투자를 할 수 있지만, 스타트업이나 학교의 연구자와 개발자에게는 GPU 사용에 대한 정부의 지원 혜택이 아주 중요합니다. 그런데 이번 예산안에 이 비용이 너무 부족한 것 같은데요?

하정우   그렇습니다. 이번 예산안에서 가장 문제가 있다고 보는 지점이에요. 스타트업에서 네이버 하이퍼클로바나 KT 믿음 등 국내 초거대 인공지능을 활용할 때 지원하는 예산이 너무 적습니다. 제가 강력히 주장했지만 거의 반영이 안 되었어요. 겨우 20억 원에 불과합니다. 활용을 많이 하는 뤼튼 정도의 스타트업이 몇 개 나오면 금세 바닥날 금액입니다. 저 예산으로 스타트업뿐 아니라 국민들에게 초거대 인공지능 리터러시 교육도 해야 하는데 말이죠.

한상기   믿을 수 없는 금액입니다.

하정우   계속 설득을 했는데, 아시다시피 예산이 보통 1년 전에 논의해서 확정되는 구조임을 고려하면 초거대 인공지능이 뜨기 시작한 것이 사실 올해 초부터라고 봐야 되니까 어쩔 수 없었던 측면도 있습니다. 그래서 올해 예산은 어쩔 수 없고 지금부터 논의해서 내년에 훨씬 증액할 수 있게 노력해야죠. 올해 부족분에 대해서는 따로 보완책을 강구해야겠고요. 인프라 활용은 정보통신산업진흥원에서 계속 지원해주던 사업이 있어요. 1년에 약 200억 원 규모인 걸로 아는데, 이 또한 올해는 좀 줄었다는 얘기를 들었습니다. 그리고 오해가 있으실까 봐 말씀드릴 게 있는데, 초거대 인공지능과 직접 관련된 예산만 3,900억 원이고, 초거대가 아닌 인공지능에 대한 예산은 별도로 있는 걸로 알고 있어요.

한상기   그렇겠죠. 미국의 경우, 국가 전략을 수립하면서 안보 전략으로서의 인공지능을 말합니다. 그에 따라 신속히 법을 만들어서 예산을 증액하고 전담 기구들을 설립합니다. 이렇게 하니까 기존보다 훨씬 많은 예산을 바로 집행할 수 있는 거죠. 우리나라도 인공지능이 국가적으로 정말 중요하다면 이렇게 법을 만들어서 예산을 크게 확보해야죠. 그런데 그렇지 않은 걸 보면 초거대 인공지능 흐름에 편승하는 정도의 전략과 예산이 아닌가 하는 생각이 들어요.

하정우   그렇습니다. 그래도 과기부가 국회의 협조를 구해 초거대 인공지능 관련 특별법을 만들려고 노력하고 있고요. 문제는 인공지능 진흥과 규제 법안이 이미 꽤 많이 국회에 계류되어 있는데, 그 법안들과 병합해서 하나의 법안을 만들려면 시간이 많이 걸릴 수 있다는 것입니다. 챗GPT 이후 기술과 사회, 산업의 변화를 잘 반영하는 법안이 신속히 제정될 수 있도록 정부와 국회가 비상한 노력을 기울여주시길 기대합니다.

한상기　제가 미국의 힘을 새삼 느꼈을 때가, 국가적으로 중요한 어젠다라고 판단하면 바로 자문위원회를 구성하고 6개월 안에 법안을 만들어내는 추진력을 보면서였어요. 그럴 때면 '미국이 정말 탁월하구나, 세계 최강국을 유지하는 이유가 있구나' 하고 감탄하게 되죠. 미국 대통령이 트럼프냐 바이든이냐, 집권당이 공화당이냐 민주당이냐하고는 상관없이 이루어내거든요.

하정우　NSCAI가 만들어질 때 그랬죠. 인공지능 보고서가 1년 만에 나오고, 보고서 나온 지 6개월 안에 법 제정, 기구 설립, 예산 확정, 이런 과정들이 쭉쭉 진행되더라고요.

한상기　그리고 자문위원회 설립이나 보고서 채택과 같은 일들은 외부에서 최고의 전문가들을 모셔와서 맡기죠.

하정우　에릭 슈미트 전 구글 CEO 같은 최고의 전문가에게 의장을 맡겨서 리더십을 발휘할 수 있게 하죠. 그렇게 하니까 전문성과 추진력을 동시에 갖출 수 있는 것이고요.

한상기   디플정위원회에서 발표한 초거대 인공지능 경쟁력 강화방안 중에서 아까 마지막으로 설명해주신 글로벌 진출에 대해서 의문이 제기되고 있습니다. 한국어에서 1등 하겠다는 건 알겠는데, 그걸로 동남아시아나 중동 시장에 진출할 수 있다고 하는 근거나 가능성이 뭐냐, 그 나라에서 우리나라 초거대 인공지능 모델을 도입할 이유가 뭐냐는 질문들입니다.

하정우   안 그래도 그때 제가 페이스북에 관련 내용을 올렸습니다. "현실적으로 비라틴어 계열은 손해를 봅니다. 비용 기준으로 아랍어 3배, 한국어 4.5배, 태국어 4배, 일본어 5.2배, 중국어 6.3배…… 이게 그나마 10만 개의 토큰 사전을 쓰는 GPT-4라서 이 정도고, 5만 개 토큰 사전을 쓰는 GPT-3 시절엔 한국어가 6배 정도로 더 비쌌습니다. 비용만 손해가 아니고, 글 쓰는 속도는 이 수치의 역수로 손해를 보게 되죠. 유효 콘텍스트 윈도우(이전에 나눈 대화나 글의 맥락을 기억하는 용량)도 당연히 그만큼 손해를 봅니다. 또한 한국어를 잘한다고 해서 법, 사회, 문화, 제도, 가치관 등 미묘한 부분에서 한국에 대한 이해도가 높다는 보장도 없습니다. 이런 것들이 디테일한 콘텐츠 품질 차이를 만들어내는 것이죠. 플러그인 생태계가 데이터 주권을 송두리째 흔들 것으로 예측되는데, 각 나라가 자기 언어 중심의 경쟁력 있는 자체 초거대 인공지능을 보유하지 못하면 기술 종속국이 되어 품질은 떨어지는데도 더 비싼 서비스를 쓸 수밖에 없다는 뜻입니다. 네이버 클라우드는 한국어 중심인 하이퍼클로바X로 대한민국의 인공지능과 데이터 주권을 지킵니다. 또한 수십 개 다국어를 서비스할 뿐 각국에 소버린 인공지능을 제공할 수 없는 모델들보다 현실적 경쟁력을 갖고 있습니다. 저희는 각국의 데이터와 초거대 인공지능 주권 수호와 생태계 확장을 돕습니다."

오픈AI/마이크로소프트나 구글은 아랍어 중심의 인공지능을 굳이 만들 필요가 있을까 싶어요. 이미 자신들의 모델이 아랍어를 제법 잘 쓰기 때문이죠. 그런데 네이버는 자체적인 기술로 일본어 중심 초거대 인공지능을 만든 경험이 있습니다. 해당 국가 언어 중심으로 토큰 사전을 구성하되, 영어를 좀 섞고 기타 그 나라에서 수요가 있는 언어를 섞어서 경쟁력 있는 인공지능을 만들어본 경험이 있는 전 세계에서 유일한 그룹이라는 겁니다.

구글의 경우는 이번 구글 I/O에서 한국어와 일본어를 제1외국어로 천명하고 실제로 토큰 사전에도 그걸 반영한 것으로 보입니다. 그런 전략적 선택을 한 건 여러 이유가 있겠지만 구글 서비스가 가능한 나라 중에 유일하게 검색 시장 1위가 아니면서 자체 초거대 인공지능을 가진 국가가 한국이기 때문일 수도 있습니다. 하지만 아랍어까지 그렇게 할지는 미지수이지요.

자국어 중심의 초거대 인공지능을 필요로 하는 나라들은 이걸 만들 기술적 능력이 안 돼요. 물론 의지를 가지면 가능하겠지만 엄청난 시간과 비용, 노력이 필요합니다. 그리고 그걸 확보할 때쯤엔 이미 그다음 세대 인공지능이 나와 있을 가능성이 높지요. 그래서 현시점에서 이 싸움에 직접 뛰어드는 건 상당한 위험성을 안고 있습니다.

결국 필요는 한데 비싸고 비효율적인 걸 쓸 것인가? 게다가 데이터 주권은 전혀 고려해주지 않는 글로벌 초거대 인공지능을 쓸 것인가? 아니면 데이터 주권 존중해주고 소버린* 클라우드 위에 그 나라 언어 중심의 초거대 인공지능을 훨씬 저렴하고 경쟁력 있게 만들어줄 수 있는 저희 솔루션을 쓸 것인가? 너희가 진짜 만들 능력이 되느냐? 등의 질문이 자연스럽게 나오겠죠. 저희는 일본어로 해봤어요. 그것도 성공적으로요. 그래서 해볼 만하다는 게 저희 생각인 거죠.

한상기 　소버린 클라우드를 우리가 나가서 그 나라에 만들어줄 수 있을까요?

하정우 　네이버 클라우드 사례가 없지 않습니다. 그리고 네이버만 할 수 있다는 게 아니고, 다른 회사도 할 수 있습니다. 카카오, LG, KT, SKT 다 할 수 있으니 이런 그림을 그리면 좋겠어요. 같이 글로벌로 진출하자 이거죠.

한상기 　알겠습니다. 네이버의 전략은 다음 장에서 상세히 다뤄

● 소버린(sovereign): '독립된', '자주적'이라는 뜻으로, 각국은 디지털 주권(digital sovereignty) 또는 데이터 주권(data sovereignty)을 지키기 위해 해외 사업자에게 데이터가 유출되지 않도록 소버린 클라우드(sovereign cloud) 등을 모색하고 있다.

보죠.

인공지능 기술은 세계적이지만 자체 초거대 인공지능 모델은 보유하고 있지 않은 영국에서 자체 LLM을 개발해야 한다는 주장이 나와서 화제입니다. 노동당 싱크탱크의 전문가가 BritGPT를 포함한 인공지능 클라우드 개발을 위해 앞으로 110억 파운드를 배정해야 한다고 했는데요, 물론 하드웨어를 포함한 예산이긴 하지만 이런 주장에 대해서는 어떻게 생각하세요?

하정우   미국에 기술이 종속될 위험으로부터 자국을 보호하기 위해서라는 주장이 영국에서 나왔다는 게 인상적입니다. 그리고 영국 정부나 집권당이 아니고 노동당의 주장인데요, 인공지능이 일자리를 위협하고 안전에 문제가 있다는 우려가 있는 마당에 노동당이 저런 주장을 하는 건 신선하기도 하고 의미가 크게 다가옵니다. 이른바 BritGPT를 개발하기 위해 10억 파운드로는 부족하니 110억 파운드는 투자해야 한다고 주장합니다. 우리 돈으로 환산하면 대략 16조 원인데요, 우리도 우려만 할 게 아니라 국가 경쟁력을 가를 중요한 기술인 만큼 더 강력한 지원과 실행이 필요합니다.

한상기   이렇게 공익을 위한 초거대 인공지능을 국가가 직접 지원하겠다는 정책이 현실화될 수 있을까요?

하정우   정부가 직접 개발하겠다기보다는 인프라에 투자하겠다는 개념인 것 같습니다. 만드는 건 어차피 민간 기업이나 연구자들과 함께 할 수밖에 없을 테고요. 그런데 만드는 방법이 문제가 아니라 인적 · 물적 자원과 데이터가 제한 요건이라는 점이 문제입니다.

한상기   세금으로 민간 기업을 위한 인프라에 지원한다는 비판을 받을 수도 있을 것입니다. 게다가 공공 인공지능의 공익적 가치가 투자액을 훨씬 상회한다는 것을 설득하지 못하면 하드웨어 기업의 시장을 제공할 뿐이라는 비판에 직면할 수 있고요.

하정우   그 부분이 핵심이지요. 인공지능 기술에 정부가 대규모로 투자한 것 이상으로 공공 영역에서 가치를 만들어내야죠. 그리고 그 기술로 비즈니스를 확대하고 글로벌 진출도 해서 국민과 국가에 기여하는 형태로 설계하고 실행해야죠. 정부와 기업이 함께 잘 풀어야 하는 숙제입니다. 현재 상황이 구더기 무서워 장 안 담그고 미적대다가는 기술 종속으로 이어질 거라는 위기 의식의 발로인 것 같습니다. 발등에 불이 떨어진 거죠.

한상기   그런데 기술 종속을 우려해서 아래아한글이나 공인인증서, 액티브X 이후 다운로드형 보안 모듈을 선택할 때 얼마나 큰 불편을 겪어야 하는지, 갈라파고스화로 인한 피해가 얼마나 큰지 우리가 겪어봐서 잘 알고 있잖아요? 균형점이 필요할 것 같아요. 클라우드 사업자는 아마존처럼 여러 모델을 지원해서 고객의 선택의 폭을 넓혀

주고, 네이버 클라우드는 소버린 클라우드를 빨리 제대로 갖춰야겠습니다.

하정우 일반 소프트웨어와, 데이터가 쌓일수록 성능과 자산으로 돌아오는 인공지능은 다른 관점에서 봐야 합니다. 인공지능은 마이크로소프트 365 같은 개별 소프트웨어 솔루션보다는 인터넷이나 안드로이드에 가까운 특성이 있습니다. 그리고 우리나라엔 네이버가 있으니 구글 검색과 같이 쓰지만, 다른 나라는 구글 이외엔 대안이 없지요.

이러한 서비스의 기반은 클라우드입니다. 초거대 인공지능은 클라우드와 분리하면 제한적이기 때문이죠. 아마존도 클라우드 사업만 하는 리스크를 고려해서 타이탄이나 자체 챗봇을 개발하고 베드록이라는 인공지능 연합군을 구성하는 것이고요. 그리고 소버린 클라우드를 제대로 만드는 건 네이버의 생존 문제로 여기고 최선을 다하고 있습니다.

5장

네이버와 인공지능 혁신의 길

| 네이버 인공지능의 가까운 미래 |

한상기   이번 장에서는 인공지능과 네이버라는 주제로 이야기를 해보겠습니다. 마이크로소프트가 자신들의 모든 제품과 서비스에 인공지능을 적용하기 위해 오픈AI와 파트너십을 체결한 게, 그리고 구글이 스스로를 인공지능 퍼스트 컴퍼니라고 선언한 게 벌써 7년 전인 2016년입니다. 네이버는 인공지능을 모든 서비스에 적용하자는 의미의 전사적인 이니셔티브 initiative 가 있습니까?

하정우   사실상 모든 조직에서 당연히 해야 할 일이라고 생각하고 있습니다. 서비스 담당은 물론이고 운영을 포함해 거의 모든 조직에 인공지능 팀이 있어요. 각 조직별 인공지능 팀에서 서비스를 고도화하거나 신기능을 출시할 때 저희 클라우드에서 만든 기술을 적용해 운영합니다. 해당 팀 내에서 기술적으로 해결하기 어려운 부분이 있을 때 저희에게 지원 요청을 하면 공동 프로젝트를 하거나 협업하지요.

한상기　　그건 요즘 IT 기업 어디나 비슷하지 않나요? 최고 의사결정자가 선언하고 목표를 제시하는 것과는 다르죠. 인공지능을 넣지 말자는 IT 기업은 어디에도 없어요.

하정우　　이번 5월에 네이버의 2023년 1분기 실적발표 콘퍼런스 콜이 있었습니다. 여기서 네이버 최수연 대표가 "하이퍼클로바X를 검색과 쇼핑 추천 및 셀러 툴, 블로그, 지식인, 여행 예약 등 모든 서비스에 적용해 사용자 경험을 한 차원 높일 수 있다고 생각한다"고 발표했습니다. 저희는 하이퍼클로바X 모델이 적어도 한국어와 관련된 부분에 대해서는 GPT-4급 이상이 되도록 만들고 있고, 각 서비스 팀은 이 기술을 이용해 새로운 혁신적인 서비스를 만들어 제공하는 역할을 하는 것이지요.

한상기　　잘 알겠습니다. 네이버에 여러 서비스가 있는데 주력이 검색 서비스라고 생각하는 분들이 많아요. 구글은 트랜스포머가 나오고 나서 알고리듬에 BERT를 적용해 자연어 검색어로 해석하는 데 활용했고, BERT를 다시 MUM으로 업그레이드하는 과정을 거쳤습니다. 네이버는 검색 분야에서 초거대 인공지능 기술을 어떻게 사용하고 있나요? 또 앞으로 어떻게 사용할 예정인가요?

하정우　　이미 서비스되고 있는 것들 중에 '똑똑사전'이라는 게 있습니다. 우주, 공룡, 동물, 그리스 로마 신화, 음식과 건강 상식 등의 주제로 대화할 수 있는데요, 이 대화 모델이 하이퍼클로바 기반으로 만들어져 있습니다. 아이들이 대화하는 용도로 쓰이기는 하지만 자유 발화 대응이 아주 잘됩니다.
검색 결과가 잘 나올 수 있도록 질의를 변환하는 기술에도 이미 하이퍼클로바가 적용되어 있습니다. 하이퍼클로바X가 완성되면 이를 활용한 새로운 검색 서비스도 선보일 예정이고요. 이름은 'cue:'입니다.

한상기　　cue:는 마이크로소프트의 빙 서치나 구글의 바드와 유사한 형태의 서비스를 네이버 검색에 적용하겠다는 건가요?

하정우　　서비스의 구체적인 형상은 아직 특정되지 않았습니다. 사용자에게 혁신적인 기능을 제공하되, 운영비 등 여러 상황도 고려해야 하니까요.

한상기　　네이버는 웹 검색 서비스로 출발했지만 이제는 자체 콘텐츠 검색 회사잖아요?

하정우　　네, 콘텐츠 플랫폼이라고 봐도 되죠.

한상기   그래서 내부에 있는 콘텐츠를 좀 더 인텔리전트하게 검색
하는 방안으로 인공지능을 잘 사용할 수 있을 거라고 봅니다.

| 뉴스 AI의 시작, 네이버 뉴스 서비스 |

한상기   네이버에서 가장 많은 트래픽이 발생하는 서비스 중 하나
가 뉴스 검색이고, 자체 개발한 에어스AI Recommender System: AiRS라는
뉴스 추천 알고리듬을 2017년부터 적용하고 있죠. 제가 여러 차례 뉴
스 추천 알고리듬에 대한 토론회에 참석했는데, 에어스에 공개되어
있는 설명문은 정말 아무것도 알려고 하지 말라는 수준의 내용입니
다. 네이버 뉴스 검색에 에어스를 뛰어넘는 최신 인공지능 기술을 적
용할 계획이 있나요?

하정우   글쎄요, 저희 팀이 아니어서 저는 잘 모르겠습니다.

한상기   네이버 뉴스 서비스는 너무나 민감한 주제라 사실 속 시원
한 대답을 기대하지 않았습니다 (웃음).

하정우   민감성 여부를 떠나서 제가 정말 잘 몰라요 (웃음).

한상기   몇 년 전에 에어스 책임자를 공식적으로 초대해서 물어봤

더니 뭐라고 그러냐면 "죄송합니다, 저희가 실력이 구글보다 훨씬 못나서 그 정도의 검색밖에 안 됩니다. 저희가 인력도 없고요, 기술 수준도 낮고요. 그래서 지금 이게 저희 최선입니다." 이런 식으로 빠져나가더라고요. 그래서 더 할 말이 없어서 더 이상 물어보지 못했어요.

하정우　　허허, 그렇군요. 투자나 인력 규모 등에서 글로벌 테크 기업과 직접 비교하기는 어렵지요. 하지만 규모 차이만큼 실력이나 서비스 차이가 나는 건 아니고, 전 세계에서 실질적으로 구글에게 잠식당하지 않은 유일한 서비스인 것도 사실이긴 하지요.
하이퍼클로바 활용이라는 측면에서는 뉴스 추천보다는 요약하기에 더 잘 쓰일 수 있을 것 같습니다. 지난 며칠간 봤던 뉴스들의 헤드라인을 프롬프트로 입력하면 관심 있을 만한 뉴스를 가져와 요약해주는 서비스를 생각해볼 수 있지요. 다만 적용한다면 추천 편향성 문제가 생기지 않도록 시스템 프롬프트 등을 잘 구현해야겠고요.

한상기　　제가 받아보는 뉴스레터들을 보면 사람이 편집하기 때문에 제 관심과 취향에 안 맞는 게 너무 많아요. 제 뉴스를 열독한 이력에 기초해서 맞춤형으로 요약해주는 서비스가 있으면 아주 유용할 것 같습니다.

| 눈으로 보며 듣는 음성 기록, 네이버 클로바노트 |

한상기   다른 서비스 얘기로 넘어가 보겠습니다. 네이버 인공지능 서비스 중에 유용하게 쓰이고 좋은 평가를 받는 것이 클로바노트라고 생각합니다. 회의나 강의를 녹음하면 녹취록 문서를 만들어주고 요약까지 해주는 서비스인데요, 1년 만에 100만 명의 사용자를 확보했다던데 지금은 얼마나 늘었나요?

하정우   출시 2년 6개월 만인 2023년 4월에 다운로드 400만 건을 돌파했다고 하니까 급성장하고 있다고 볼 수 있습니다. 제가 강의할 때 청중들께 여쭤보면 절반 이상은 클로바노트를 쓰고 있다고 하시더군요. 기자분들은 거의 100퍼센트 사용하고 있고 제게 이런 앱을 만들어줘서 너무 고맙다고 하십니다. 기자들의 업무 생산성을 혁신한 것이라 그런 반응을 보이는 것이겠지요.

한상기   대부분의 온라인 서비스들은 월 사용자MAU나 일 사용자DAU 같은 수치를 발표하는데, 정기적인 발표가 없는 걸 보니 폭발적인 성장은 아닌가 보다 하는 느낌이 듭니다.

하정우   아마도 클로바노트가 아직은 무료이고, 광고 영업을 하는 모델도 아니고 경쟁 서비스도 없다 보니 굳이 발표하지 않는 것이라고 생각합니다. 이 서비스가 재미있는 게, 시즌을 좀 타더군요. 학교

개강 때가 되면 사용자가 확 늘어납니다. 요즘엔 학생들이 수업 때 필기 대신 클로바노트를 많이 쓴다고 하더라고요. 그리고 예상치 않게 뉴스를 탈 때가 있습니다. 2021년에 유명 정치인 사이에서 진실 공방이 있었는데, 그때 클로바노트 녹취록이 화제가 되면서 사용자가 엄청 늘었습니다.

한상기   클로바노트를 사용자들이 유용하게 쓰면서도 신기해하는 것 같습니다. 여기에 도대체 인공지능 기술이 어떻게 사용된 건지 궁금해하는 댓글들을 본 적이 있거든요.

하정우   사람의 음성을 글로 변환하는 speech to text: STT 음성인식 기술이 기본입니다. 그리고 음성인식의 정확도를 높이기 위해 녹음할 때 잡음을 제거하는 기술도 들어가 있습니다. 이 서비스가 원래 회의록 자동 생성 프로젝트로 출발했기 때문에 여러 사람이 얘기하는 시나리오를 가정했어요. 그래서 각각의 화자가 말한 내용을 구분해서 글로 변환해야 하기 때문에 화자 분리 speaker separation 기술도 적용되어 있습니다.

이 세 가지 기술이 핵심이고, 화자 분리뿐만 아니라 그 화자가 누군지를 매핑하는 기술도 보유하고 있지만 개인정보와 연관되기 때문에 현재 서비스에는 적용하지 않고 있습니다. 그래서 지금 앱에서는 참가자 1, 2, 3, 4 이런 식으로 구분해서 대화 내용을 텍스트로 변환하지요. 거기에 더해서 최근에 하이퍼클로바를 활용한 녹취록 요약 기능까지 제공하고 있습니다.

한상기　　언어모델이 들어감으로써 자동 보정 correction 같은 기술이 가능해졌을 것 같습니다.

하정우　　훨씬 성능이 좋아졌습니다.

한상기　　그런데 녹취록을 보면 불필요한 음들, 그러니까 '음', '아', '에'처럼 의미가 없는 말버릇들이 거의 그대로 반영이 되는데, 그걸 자동으로 제거할 수 없을까요? 저도 '어떤', '제가'와 같은 쓸데없는 말을 많이 한다는 걸 몰랐다가, 제가 한 녹음을 들어보고서야 알게 되었거든요.

하정우　　그렇게 아무 느낌이나 생각 없이 단순히 입버릇으로 섞어내거나, 말이 얼른 안 나올 때 더듬는 모양으로 아무 뜻 없이 내는 소리를 간투사 間投詞, interjection라고 하더군요. 이런 간투사나 말버릇 등은 하이퍼클로바만 활용하면 어렵지 않게 제거할 수 있다고 봅니다. 그런데 이 문제는 기술이 아니라 운영 정책의 관점에서 봐야 합니다. 대화 내용을 인공지능 서비스가 임의로 삭제하거나 편집할 수 없기 때문에 명확하게 사용자의 동의를 받는 장치나 옵션이 있어야겠죠. 향후 유료화 계획이 있으니 프리미엄 기능으로 넣을 수도 있겠고요.

260

한상기   클로바노트는 B2B 사업도 하고 있지요? 미래에셋증권 고객 상담과 순천향대병원 음성 전자의무기록 서비스를 제공하고 있는 걸로 알고 있는데요. 확대 전망은 어떻습니까?

하정우   기업들의 수요가 많은 걸로 알고 있고요, 병원이나 건설 업체 등에서 제게 개별적으로 문의하는 경우가 종종 있습니다. 그런데 저희가 서비스를 제공하려면 고객들의 요구사항에 맞춰야 하는데 대응하기가 쉽지 않은 상황이었습니다. 네이버 클라우드로 인공지능 조직들이 통합되어서 앞으로 B2B 시장에 집중할 계획이라 곧 전략과 상품이 공개될 것 같습니다.

한상기   국내에 클로바노트랑 경쟁하는 수준의 다른 서비스는 어떤 것들이 있다고 보세요?

하정우   완전히 경쟁이라고 할 만큼 유사한 서비스는 없는 것 같습니다. 조금 비슷한 것이 전화 통화를 녹음해서 텍스트로 변환하는 아틀라스랩스의 '스위치' 앱이 있고요, SKT에도 유사한 서비스가 있는데 그게 자체적으로 개발한 것인지는 모르겠습니다.

한상기   B2B 시장에서는 마음 에이아이로 회사명을 바꾼 마인즈랩, 솔트룩스 등 여러 기업이 클로바노트와 비슷한 서비스를 제공하고 있어요. 지자체에서 회의록 작성 용도로 많이 사용하죠. 클로바노트도 앞으로 B2B 시장을 개척할 여지가 많다고 생각하는데요?

하정우 그렇습니다. 금융회사 등에서 클라우드 방식이 아닌, 자신들의 서버에 설치해서 운영하는 온프레미스 On-premise 형태로 구현해 회의록 작성 등에 쓰고 있지요. 그런데 이건 시스템 통합 업체 System Integrator: SI 방식이고, 저희는 클라우드 기반의 앱 스타일이다 보니 직접적인 경쟁이라고 하기에 좀 애매한 부분이 있습니다. 저희가 B2B 사업에 주력하게 되면 얘기가 좀 달라지긴 하겠죠.

한상기 KT 관계자 얘기를 들어보면 고객 응대 내용을 요약본으로 남겨야 하는데, 이 업무를 자체 개발한 초거대 인공지능 모델인 믿음을 활용해 처리해서 아주 큰 효과를 보고 있다고 합니다. 고객지원센터에 근무하는 분들이 아주 만족한다고 하는데요, 응대 내용에 대한 요약본 작성을 자동화하는 분야도 기업이나 기관 등에서 수요가 많을 것 같습니다.

하정우 클로바노트의 요약 기능도 만족도가 높습니다. 통화나 미팅, 고객 상담 등 여러 방면에서 요약은 중요한데, 언어모델 인공지능이 가장 잘할 수 있는 업무이기도 합니다.

한상기 사람마다 말버릇과 억양이 다 다르고 사투리가 심한 사람도 있지요. 사람인 저도 못 알아듣는 경우도 있는데요, 이런 문제를 해결하기 위한 클로바노트의 개인화 계획이 있나요?

하정우   현재는 사용자 고유단어 사전 기능을 제공하고 있습니다. 각 사용자가 자주 쓰는 단어들을 사전에 등록하면 인식 확률값을 높일 수 있도록 하는 맞춤형 기능입니다. 음성인식과 관련한 일종의 개인화 버전이라고 할 수 있겠습니다.

한상기   음성 대화를 받아 적는 사람이 옆에 있고, 그 사람이 내 비서라면 내 말투나 스타일에 익숙하니까 기록을 아주 잘하겠지요. 같은 서비스를 쓰더라도 제가 쓰는 클로바노트와 하 센터장님이 쓰는 클로바노트가 각 사용자에 최적화되어 있다면 정확도가 더욱 높아질 것입니다. 이 대담을 글로만 보는 분들은 모르시겠지만, 하 센터장님은 부산 사투리를 쓰셔서 저도 가끔 못 알아듣습니다(웃음). 클로바노트가 더 잘 알아들으려면 사용자에 최적화된 튜닝이 필요할 텐데, 어떤 기술로 가능해질까요?

하정우   기술 관점에서 보면 목소리를 파인튜닝하는 형태로 가능은 할 것 같습니다. 문제는 비즈니스 프로덕트 관점에서 볼 때 그렇게 구현하는 것이 가성비가 나올 것이냐 하는 점입니다. 즉 화자별 인식모델의 추가 학습으로 음성인식 정확도가 얼마만큼 더 향상되는지, 그 차이가 서비스 품질 만족도에 어느 정도 영향을 주는지 평가해봐야 한다는 거죠. 말씀하신 개인별 최적화가 비용이 너무 많이 든다면, 사전학습에 사투리 음성 데이터를 더 많이 추가하고 공통으로 쓸 수 있게 하는 것이 저렴한 대안이 될 수 있을 것입니다.

| 대화형 돌봄 서비스, 네이버 클로바 케어콜 |

한상기   하 센터장님이 강연할 때마다 무척 자랑스러워하며 꼭 소개하는 서비스가 있죠? 클로바 케어콜에 대해 소개해주십시오.

하정우   클로바 케어콜은 하이퍼클로바를 활용한 대화형 돌봄 서비스입니다. 독거 어르신에게 매주 2~3회씩 전화를 걸어 식사, 수면, 건강, 생활 등의 주제로 어르신의 상태를 확인하고, 어르신의 답변에 따라 자연스럽게 대화를 이어가는 서비스입니다. 2021년 11월 베타 서비스를 시작해, 2022년 5월에 정식으로 출시했습니다.
이 서비스에서 가장 중요한 부분은 어르신과 인공지능이 자연스러운 대화를 할 수 있다는 것입니다. 하이퍼클로바를 기반으로 개발했기 때문에, 인공지능이 단순히 어르신의 상태를 확인만 하는 것이 아니라 다양한 주제에 대해 자유롭게 대화할 수 있다는 것이 기존 챗봇들과의 차별성입니다.

한상기   처음 개발해서 베타 서비스를 거쳐, 정식 출시까지 어떤 변화나 개선 사항이 있었나요?

하정우   2021년 초 첫 개발을 했을 때는 기존의 ARS와 비슷한 챗봇 수준의 대화였어요. 질문 문항에 건강이 괜찮으신지 예/아니오로 답해주세요, 그랬더니 "나한테 이런 전화 걸지 마라!"며 어르신들이 화를 내셨어요. 그래서 급반성을 했고요, 하이퍼클로바가 대화를 워낙 잘하니까 적용해봤습니다. 그랬더니 어르신들이 엄청 좋아하시는 거예요. "아이고, 연락도 잘 안 하는 우리 아들딸보다 낫네요" 이런 반응이셨죠.

그래서 2021년 11월에 부산 해운대구부터 베타 서비스를 시작했습니다. 그런데 운영을 하다 보니까 어르신들의 새로운 불만이 생긴 게 뭐냐 하면, 틀림없이 지난번에 통화할 때 내가 이런 얘기를 했는데 그걸 까먹고 처음 듣는 것처럼 반응한다는 것이었습니다. '나를 무시하네', 이런 불만이신 거죠. 그래서 저희가 기존 대화 기억하기 기능을 추가로 구현해 정식으로 서비스를 출시했습니다. 그게 2022년 8월입니다.

한상기   현재 도입한 기관 수와 사용자 수는 얼마나 되나요?

하정우   현재 전국 70여 지자체와 의료, 복지 기관에서 클로바 케어콜을 도입했고 1만 5,000여 명 정도가 이용하고 있습니다. 돌봄 서비스는 사후 관리가 중요한데요, 인공지능과 대화한 내용을 사회복지사분들이 파악해서 후속 조치를 취하는 데 큰 도움이 되고 있다고 합니다. 특히 기억하기가 적용된 이후로 어르신들이 이 케어콜이 본인을 챙겨준다는 느낌을 더 많이 받으셨는지 본인 얘기를 훨씬 많이 하신다네요. 그래서 사회복지사분들도 몰랐던 추가적인 정보를 통해 좀 더 유심히 챙겨야 할 부분도 확인하고 더욱 효과적인 케어가 가능해졌다고 합니다. 현재 지자체 예산으로 진행하고 있는데요, 제가 알기로는 어르신 한 분당 월 3,000~4,000원 정도 드는 걸로 알고 있어요. 예산이 확대되면 전국적으로 더 많은 어르신들이 케어콜 서비스를 통해 외로움을 해소하고, 지자체는 고독사 방지에도 도움을 받을 수 있을 것으로 보입니다.

이 서비스는 인공지능이 사회문제 해결에 도움을 줄 수 있고, 공동체에 기여할 수 있는 도구로 쓰일 수 있다는 걸 보여준 사례라고 생각합니다. 세계 최초의 서비스이기도 하고 기술적으로도 신규성novelty을 인정받아서 세계 최고 학회 중 하나인 인간-컴퓨터상호작용학회ACM Conference on Human Factors in Computing Systems: CHI에서 베스트 페이퍼 상을 받았습니다. 최근 초거대 인공지능의 사회적 가치에 대해 세계가 주목하고 있는데, 이를 실증함과 동시에 학술적 가치까지 달성한 사례입니다. 더구나 오픈AI 등 빅테크에서도 아직 시도하지 않은 의미있는 서비스라고 생각합니다.

| 글로벌 시장에서의 네이버 경쟁력 |

한상기   저도 클로바 케어콜이 매우 훌륭한 서비스라고 생각합니다. 그런데 사람들은 네이버가, 특히 하 센터장님이 무척 자신 있게 말한다고 생각할 것 같아요. 사람들은 '야, 진짜 네이버가 구글이나 마이크로소프트, 메타 같은 회사에 못지않은 수준의 기술력을 갖고 있다고?'라는 의문을 가질 겁니다. 인적자원의 숫자나 투입하는 예산의 규모나 이런 걸 단순히 비교해봤을 때도 그렇게 되기가 쉽지 않잖아요? 더구나 인공지능 전쟁은 이제 본격적으로 돈의 싸움에 돌입했기 때문에 더욱 그렇습니다. 여전히 네이버의 인공지능 기술이 세계적으로 경쟁력이 있다고 보시나요?

하정우　　절대적인 수치로 보면 글로벌 테크 기업이 압도적으로 잘하지요. 인력이나 투자 규모, 긴 호흡의 연구 지원, 최고 수준의 연구자들이 전 세계에서 모여드는 환경 등을 고려하면요. 하지만 앞서 세계적인 연구 사례에서 말씀드렸듯이, 상대적으로 숫자는 적어도 네이버 멤버들 중에 개인적 능력이 뛰어난 분들이 많습니다. 저희 멤버들은 지금도 오픈AI나 구글, 메타 등에서 오퍼를 받고 있어요. 저희 동료들이 네이버에서 함께해주셔서 참으로 다행이고 감사한 일이지요. 규모의 차이 때문에 전체 연구개발 역량은 당연히 차이가 나지만, 연구 성과를 비율로 환산하면 저희도 경쟁력이 있습니다. 글로벌 테크기업의 인공지능 그룹들에서 네이버가 발표하는 연구들을 예의주시하고 참고하고 있다고 합니다. 실제로 얼마 전에 모 글로벌 테크 기업 연구자를 저희 멤버들이 만났는데, 그 회사의 외국인 연구자들이 "너, 네이버에서 나온 이 논문 읽어봤냐?"는 대화를 한다고 합니다.

우리나라에서만 인정을 못 받아요. 아, 국내 인공지능 학계와 업계에서는 그래도 저희 네이버 클라우드 인공지능 그룹을 대한민국 원 톱으로 인정해줍니다. 업계 아닌 분들 중에는 네이버가 인공지능을 하는지 모르는 분도 많고 "너네가 해봐야 얼마나 잘하겠어?" 하시는 분들도 있어서 아쉽긴 합니다. 저희가 좀 더 열심히 홍보해야겠습니다.

한상기   원래 예언자는 자기 고향에서 인정을 못 받아요 (웃음).

하정우   저희 팀에서 주요 연구논문이 발표되면 트위터로 소개하는데, 해외 연구자들이 리트윗(공유)하는 경우가 많습니다. 구글의 초거대언어모델 쪽의 실질적인 리더였던 테이 이나 현재 오픈AI로 옮긴 쉐인 구도 종종 제 트윗을 리트윗하면서 연구자들에게 소개합니다. 그 외에 딥마인드나 구글 다른 연구자들도 저희 연구를 팔로우하고 있습니다.

글로벌 인공지능 연구논문 동향 분석 플랫폼인 제타 알파Zeta Alpha가 매년 인용 수와 인지도 기준으로 영향력 높은 논문 100개를 뽑는데, 한 해에 발표하는 논문 수 대비 리스트에 포함되는 논문 기준으로 보면 네이버가 세계 6위를 할 정도로 학계에 영향력 있는 연구를 많이 하고 있습니다. 저희 앞에 오픈AI, 일루더 AI, 중국의 메그비 Megvii, 딥마인드, 메타가 있습니다. 구글이나 인텔, 세일즈포스, 앨런인공지능연구소 등이 저희 뒤에 있고요.

그리고 양적으로도 1년에 인공지능 최고 권위 학회에 정규 논문으로

만 100편 이상 발표하고 있어서 아시아 최고 수준의 연구 역량을 보유하고 있다고 자부하고 있어요. 투자나 인력 규모 대비 엄청 뛰어난 성과를 내고 있다고 보시면 됩니다.

한상기   그렇다고 해서 한 사람이 열 사람의 능력을 계속 만들어낼 수는 없고, 지속 가능성에 문제가 있지 않을까요?

하정우   물론 그렇지요. 그래서 이런 부분을 회사에서도 더 많이 알아주셔서 지원을 더 해주시길 바라고, 외부에서도 격려와 응원을 많이 해주시면 좋겠습니다.

| 해외 인력 확보의 중요성과 활용 현황 |

한상기   네이버에서 인공지능 연구나 개발을 하는 사람 중에서 다양한 국적이나 계층의 사람들이 얼마나 많이 참여하고 있는지도 궁금합니다. 다양성 부족은 묵시적인 편향을 만드는 데에도 영향을 줄 수 있기 때문인데요, 해외 인력 확보와 활용 현황은 어떤가요?

하정우   네이버의 여러 팀에 외국인 개발자들이 꽤 많고요, 특히 인공지능을 개발하는 하이퍼클로바 팀이나 저희 팀을 합하면 외국인 인력 비율이 꽤 높은 편입니다.

한상기 　 쐐라는 게 얼마 정도 되나요? 20퍼센트 이상?

하정우 　 그 정도까지는 안 되고, 인원수 기준으로 두 자릿수는 됩니다. 인턴의 경우는 코로나 전에는 수십 명 단위였는데 팬데믹을 거치면서 많이 줄었죠. 외국인 인턴들은 해외에서 원격 업무를 하는 경우도 많습니다. 말씀하신 대로 외국인 비율을 늘리는 것이 중요한데, 회사 정책이나 국가의 비자 제도, 외국인 거주 편의성 등이 더 개선되어야 할 것 같아요. 그래도 국내 동종 소프트웨어 업계에서 국적 다양성은 최고 수준입니다. 그리고 성별 다양성은 회사의 자랑거리입니다. 여성 연구자가 30퍼센트를 넘어 40퍼센트 가까이 됩니다. 당장 네이버 CEO가 2회 연속 여성이고 사내이사도 여성이 40퍼센트죠. 남녀 임금 격차도 대한민국 회사들 중에서 가장 적은 편이고요.

한상기 　 제가 국가 정책 자문하러 가서 해외의 고급 인력을 확보하기 위해 영국처럼 텔런트 비자 같은 걸 만들면 좋겠다는 얘기를 많이 했습니다. 해외의 좋은 인력이 들어와서 우리와 함께할 수 있게 혜택을 주고, 영주권까지 제공하면 정말 좋겠다고요.

하정우 　 그렇지 않아도 제가 2년 전부터 과기부에 비자 문제 해결을 요청드렸어요. 아주 재능 있고 논문 실적도 뛰어난 외국 국적의 해외 대학 석사과정 학생이 저희 회사에 인턴으로 지원했는데, 거절당한 사례가 있었어요. 석사과정 학생이니 최종 학위는 학사이고 회사 근무 경력이 없는 데다, 한국어 점수가 없으니 가점을 못 받은 거죠. 국내 청년들의 일자리 보호나 국가 안보 차원에서 비자 허들을 높여 놓은 것은 이해합니다. 그렇지만 적어도 인공지능 연구 분야는 국내 인력 풀이 크지도 않고 한 명 한 명이 소중합니다. 그 친구들이 인턴 기간 동안 진행할 의미 있는 연구는 국내 기업의 자산이 될 것이니 분야 한정, 인턴 한정으로라도 비자 요건을 완화해달라고 말씀드렸어요. 능력 검증은 논문 실적으로 할 수 있다고 말이죠. 다행히 법무부와 함께 협의해서 비자 조건은 완화되었다고 들었습니다.

한상기 　전문가가 인정해주는 탤런트면 되는 건데, 영국도 초기 프로그램을 보수적으로 운영하다가 들어오는 인재 숫자가 너무 적어서 반성하고 적극적으로 늘리겠다고 했거든요. 지금 캐나다도 마찬가지고, 인공지능 경쟁하는 나라들은 전 세계에서 인재들을 끌어들이려고 난리잖아요. 그런데 우리나라는 법무부가 아직까지 긴급성을 인식하지 못하고 있는 것을 보면, 인공지능이 얼마나 중요한 국가 전략인지를 전 부처적으로 인식하는 것이 아직 부족하다는 생각을 해요.

하정우 　얼마 전에 법무부 출입국 담당 과장으로부터 아직 확정되지는 않았지만 계획을 마련하고 있다는 얘기를 들었습니다. 국내 대학에 과학기술 전공으로 유학 와 있는 외국인 학생들에게 영주권을 부여해 국내에 기여할 수 있도록 하는 제도를 준비하고 있다는 내용이었습니다. 그래서 역량 검증을 제대로 한다면 아주 좋은 방향이라고 말씀드렸고 몇 가지 아이디어도 제공했습니다. 그리고 법무부에서 초거대 인공지능에 대해 강연할 때 차관님도 직접 참관하셨으니 나아지길 기대합니다.

| 초거대 AI, 하이퍼클로바X |

한상기　하이퍼클로바X가 2023년 8월에 나온다는 발표를 들은 많은 사람들의 첫 반응이 '왜 이렇게 늦게 나오지? 지금 경쟁 업체들이 쏟아내느라 난리인데?'였어요. 그리고 '하이퍼클로바X는 지금까지 나온 경쟁 모델과 무엇이 다를까?'라는 게 두 번째 반응이었고요.

하정우　첫 번째 질문, 왜 8월이냐? 늦은 게 아니냐? 다른 데는 쏟아내고 있는데? 그 다른 데가 오픈AI/마이크로소프트와 구글 두 군데밖에 없잖아요? 물론 최근에 IBM도 왓슨X, 아마존도 베드록 기반의 오픈 초거대 인공지능 생태계와 자체 챗봇을 공개하긴 했지만요.

한상기　메타도 라마를 내놓았죠.

하정우　라마는 조금 다른 관점에서 봐야죠. 상대적으로 조금 작은 모델로 오픈 생태계를 리딩하겠다는 전략이니까요.
저희가 8월로 잡은 이유는 2023년 2월 구글이 바드를 공개하는 이벤트에서 벌어졌던 일 때문입니다. 바드 데모 때 오류가 노출되면서 구글 주가가 장중 7퍼센트, 장외 시장까지 합하면 8.5퍼센트가 빠질 정도였어요. 어설프게 내놓으면 안 내놓느니만 못하다는 사례였는데요, 물론 이번 구글 I/O 2023에서 많이 보완했습니다. 그래서 저희는 시간을 좀 더 들여서라도 아주 잘 준비해서 내놓는 게 중요하다는 교훈을 얻었어요.

여기서 잘 준비한다는 건 모델 성능을 향상시키는 것보다는 어떤 형상을 보여줄 것인가입니다. 저희 모델의 성능은 아직 완성된 것이 아닌데도 한국어와 관련된 콘텐츠 생성 품질 기준으로 GPT-3.5를 훨씬 넘어 GPT-4와 유사한 수준이에요.

그런데 시장이나 투자자, 사용자 관점에서는 눈에 띄는 데모나 장점, 차별화된 능력 등 가시적인 게 필요하거든요. '세상에, 이런 게 된단 말이야?' 하는 것들 말이죠. 이면에 있는 실제적인 성능과 기능이 뒷받침되어야 하지만, 어떤 것들이 가시적으로 가능한지, 그리고 사용자들의 생활과 업무가 어떻게 바뀔지 보여드리는 것도 무척 중요합니다. 그걸 잘 보여드리기 위해서는 아주 정교한 설계와 데모가 필요한데, 구글 I/O나 마이크로소프트의 빌드Build 행사를 봐도 잘 알 수 있는 대목이지요.

두 번째 질문에 대해서는 이렇게 말씀드리고 싶습니다. 저희 비즈니스가 클라우드 기반이라서 B2B 쪽으로 드라이브를 많이 걸게 될 것이고, 전문 분야에 특화된 한국어와 영어에 둘 다 강력한 초거대 인공지능이 저희가 추구하는 방향입니다. 챗GPT나 바드가 잘한다고는 해도 전문 분야에서 생산성 향상에 직결될 정도의 도구로 쓰기엔 10~20퍼센트 부족하다고 생각합니다.

따라서 저희는 전문 분야의 데이터 학습을 통해서 경쟁 모델과의 차별성을 가지려고 합니다. 그러기 위해서는 시간이 필요하지요. 산업 분야의 전문적인 데이터는 영업 비밀에 가까운 것들이라 공개되어 있지 않기 때문에 파트너십을 통해 풀어야 합니다.

어떤 산업군의 어떤 기업과 파트너십을 이뤄야 가장 임팩트가 있을지 판단해야 하고, 파트너와 문제 해결의 우선순위와 데이터 활용에 대해 논의해야겠지요. 오픈AI도 2022년부터 미리 주요 기업들과 파트너십을 맺고 함께 만들었다고 합니다. 이러한 이유들로 현실적인 출시 시점을 8월로 잡았습니다. 급할수록 돌아가야 하고, 급히 먹으려다 체할 수 있어서 어설프게 내놓는 것보다 완성도를 높이는 것이 중요하다고 보고 있습니다.

한상기 어떤 면에서 네이버가 챗GPT나 바드와 가장 큰 차별성을 보일 수 있을까요? 한국어 처리와 데이터 학습에서 더 효과적이고 효율적이라는 건 당연할 것이라 기대하기 때문에 두드러지진 않을 것 같습니다.

하정우 '이거 그냥 바로 가져다 쓰면 내 비즈니스에 바로 큰 도움되겠는데?' 이런 생각이 들도록 하는 거죠. 여기에서 '나'는 회사나 전문 분야를 의미합니다. 복잡하고 어려운 추가 작업이 거의 없어도 업무에 적용할 수 있을 정도로 만들려고 합니다. 지금 챗GPT나 바드는 일반 지식과 글쓰기에는 뛰어나도 전문 분야에 특화되어 있지는 않아서 업무에 활용하려면 은근히 품이 많이 들거든요. 환각 현상도 많고요.

사용자가 필요로 하는 정보와 콘텐츠를 제공할 수 있는, 어느 정도 범용이면서도 의료나 법률 같은 특정 분야에서 업무 생산성을 확 올려놓을 수 있는 인공지능 서비스인 거죠. 마이크로소프트에서 주력하는 오피스 365 코파일럿은 어떤 문서 작업이든 도와주는 범용의 형태죠. 저희는 그것보다는 특정 산업 분야의 B2B 파트너사 구성원들이 업무에 바로 적용해 도움을 받을 수 있는 방향으로 집중하고 있습니다.

한상기   그렇게 하려면 내부 데이터를 갖고 파인튜닝을 하거나, 아니면 API로 연결해서 파트너사에서 자체적으로 만들거나 하지 않나요? 그러려면 이 모든 것이 클라우드에서 돌아가기 때문에, 기본적인 MLOps˙에 관한 여러 기능들이 클라우드에서 함께 제공되어야 그런 작업들이 원활히 이루어지겠죠.

"API 제공하고 생태계 만들 거예요, 라고 해서 네이버 클라우드에 들어갔더니 할 수 있는 도구도 제한이 있고 제공 기능도 라이브러리 수

˙ MLOps: 머신러닝(Machine Learning)과 운영(Operations)을 합친 용어로, 개발과 운영을 따로 나누지 않고 개발의 생산성과 운영의 안정성을 최적화하기 위한 방법.

준에 머물러 있어요", "네이버 클라우드를 통한 인공지능 개발이 너무 고생스러워요" 같은 얘기가 개발자로부터 나올 수밖에 없을 거라고 봅니다.

AWS의 세이지 메이커나, 구글의 버텍스 AI 같은 수준의 프레임워크가 없으면 이런 문제가 발생할 터인데, 클라우드 부분의 부족한 기술을 어떻게 채우실 생각이세요?

하정우　　그래서 2022년부터 준비해서 2023년 초에 웍스랑 웨일 등 본사의 관련 조직이 모두 네이버 클라우드로 이동한 거죠. 성낙호 님이 리딩하는 하이퍼스케일 인공지능, 제가 리딩하는 인공지능 혁신, 그리고 애플리케이션을 전담하는 조직으로요. 막강한 초거대 인공지능 엔진, 엔진을 만들 수 있는 모델, 기반이 되는 인프라, 그리고 이 기술들을 프로덕트 레벨에서 효과적으로 쓸 수 있도록 하는 SaaS Software as a Service까지 전담하는 조직을 만들어서 열심히 달리고 있습니다.

| 클라우드 비즈니스 본격화와 해외시장 개척 |

한상기　　저는 클라우드 기반에서의 인공지능 개발 프레임워크나 레이어, 이 부분이 제일 궁금해요. 전에 들어가서 봤을 때는 사전학습 모델 몇 개와 지원하는 라이브러리 몇 개밖에는 없었거든요? 그걸로 경쟁이 될까 싶었습니다.

하정우　그래서 네이버 클라우드 CEO를 교체한 거죠. 회사의 방향성과 핵심 자산 구성에 변화를 주겠다는 뜻입니다.

한상기　클라이언트들이 필요로 하는 솔루션을 제공할 수 있는 기술 스택 tech stack 을 제대로 갖출 수 있는지가 제일 궁금해요. 그게 네이버 클라우드가 기업 시장에서 살아남을 수 있느냐 없느냐를 가르는 관건일 것 같아요.

하정우　지금까지는 인프라 중심으로 양적 성장을 해왔고 그 덕분에 기반 인프라는 어느 정도 준비가 되었습니다. 초거대 인공지능 시대에 맞추어 다음 단계로 나가야 한다는 의사결정이 있었기 때문에 진통을 감수하면서 대대적인 조직 개편을 단행했지요. 챗GPT의 등장이 큰 자극이 되기도 했습니다. 완성도 높은 SaaS, PaaS Platform as a Service , LLMOps Large Language Model Operations , 보안 인프라까지 짧은 시간에 뚝딱 나올 수 있는 물건은 아니긴 하지만 명확하게 의지와 방향성을 보여줬고 그걸 실행에 옮기고 있습니다.

한상기　구글도 초기에는 클라우드 비즈니스에서 좋은 성과를 못 냈기 때문에 이 분야에 노하우가 있는 오라클 출신이나 경험이 많은 전문가들을 영입했고, 마이크로소프트도 마찬가지였어요. 그래서

AWS가 선점한 시장에서 헬스케어나 금융 같은 전문 분야를 공략하기 시작했지요. 네이버도 클라우드 비즈니스를 본격화하려면 전문 분야와 산업에 대한 이해도가 높은 인재들을 많이 영입해야 할 텐데, 당연히 그런 계획이 있으시겠죠?

하정우   기존 클라우드 멤버들이 IBM 출신이 많았다고 들었어요. 미래에 대한 준비도 열심히 하는 것으로 알고 있습니다.

한상기   네이버가 해외로 진출하기 위해 노력하겠다고 선언하고 이해진 창업자가 글로벌투자책임자 Global Investment Officer를 맡은 게 2017년입니다. 그 이후에 눈에 띄는 성과가 있었나요?

하정우   2017년에 제록스리서치센터유럽 XRCE을 인수하고 네이버랩스 유럽 연구소로 개편한 이후에 글로벌 인공지능 연구개발 벨트를 만들기 시작했어요. 유럽과, 라인이 있는 일본, 그리고 동남아 쪽에도 인공지능 연구 투자를 했습니다. 베트남에 있는 하노이과학기술대학 HUST, 우정통신대학 PTIT과 함께 인공지능 연구개발 센터를 만들고 홍콩과학기술대학과도 센터를 같이 만들었지요.
2021년으로 넘어오면서 캐나다 토론토에 본사를 두고 있는 세계 최대 웹소설 플랫폼인 왓패드를 인수했죠. 웹툰 서비스와 왓패드를 하나의 법인인 왓패드웹툰스튜디오로 만들고 최대 시장인 미국으로 본사를 옮겼습니다. 향후 디즈니를 뛰어넘는 콘텐츠 기업으로 성장하겠다는 비전도 설정했고요.

작년에는 미국 최대 온라인 중고거래 플랫폼인 포시마크Poshmark를 인수하면서 북미 시장 진출을 본격화했습니다. 미국판 중고나라나 당근마켓이라고 불리기도 하는데요, 커뮤니티라는 네트워크와 콘텐츠가 결합할 때 커다란 시너지와 새로운 사업 기회를 가져올 것으로 기대하고 있습니다.

여기까지는 좋았는데 글로벌 경기 침체와 엔데믹에 따라 경영 환경이 이전보다 훨씬 힘들어졌습니다. 그래서 속도 조절을 할 수밖에 없는 상황이 되었죠. 단기적으로 봤을 때는 비용 관리도 해야 하니까 적극적인 인수합병이나 공격적인 확장을 추진하기 어려워졌습니다. 하지만 이 난국을 잘 돌파하면 큰 기회가 찾아올 것이고, 왓패드나 포시마크를 인수한 것이 지렛대가 되어 북미 시장에서 더 큰 기회로 연결될 수 있을 것이라 생각합니다.

한상기   4장에서 잠깐 해외시장 개척 얘기를 나눴는데요, 네이버에서는 비영어권 지역과 국가로 진출할 때의 우선순위가 있습니까?

하정우   일본이 가장 중요하고 우선시되는 시장입니다. 이미 라인 메신저 서비스를 잘하고 있고, Z홀딩스와 야후재팬을 운영하고 있기도 하고요. 인공지능 기술과 서비스로 일본에서 성공하는 것이 중요합니다. 레퍼런스가 되기도 하고 타국 언어 생태계를 성공적으로 만든 노하우가 생기기도 할 것이기 때문입니다.

그 외에 라인 메신저의 주력 시장인 태국, 인도네시아, 대만 등의 국가들이 있는데 비즈니스 관점에서 판단해야 되겠죠. 잠재력은 크지만 현재 시장의 규모가 낮다면 우선순위를 낮춰야겠고요.

그리고 또 다른 중요한 시장은 중동이 되겠죠. 사우디아라비아가 네옴시티 같은 초대형 프로젝트들을 벌이고 있는데요, 제가 얼마 전 사우디아라비아에 출장 가서 보니 아랍어 중심 LLM에 굉장히 관심이 많았습니다. 하지만 자체적으로는 할 역량이 없고, 그렇다고 미국에 손 벌리기도 탐탁지 않아 하는 상황이었어요.

한상기   사우디아라비아나 중동 쪽 시장에서는 중국이 우리의 최대 경쟁자일 가능성도 있겠네요. 중국의 인공지능 기술 수준에 대해 어떻게 평가하세요?

하정우   그럴 수 있다고 봅니다. 실제 중동 국가들이 아마존, 구글, 마이크로소프트 외에 중국의 알리바바 클라우드를 사용하고 있다고 합니다.

중국의 인공지능 기술 수준은 한마디로 미국과 투 톱이라고 보시면 됩니다. 특히 안면인식, 행동인식, 경량화 기술 등의 컴퓨터 비전 분야는 미국보다 앞서 있다고 알려져 있고, CVPR Computer Vision and Pattern Recognition (컴퓨터 비전 및 패턴 인식 학회)이나 ICCV International Conference on Computer Vision (국제 컴퓨터 비전 학회) 등 세계 최고 권위의 컴퓨터 비전 학회 발표 논문 수도 중국이 미국을 크게 앞선 지 오래입니다.

센스타임이나 아이플라이텍, 메그비, 틱톡으로 유명한 바이트댄스 같은 기업들의 기술은 정말 대단해서 미국에서 이런저런 이유로 견제하고 있는 상황이지요. 스탠퍼드대학교 인공지능 인덱스 보고서에서도 발표하는 논문 건수, 피인용 수에서 미국을 훌쩍 앞서 있는 것으로 평가하고 있습니다. 다만, 논문 발표량은 양적으로는 중국이 많지만, 질적으로는 미국이 아직은 앞서고 있다고 봅니다. 글로벌 인공지능 연구 분석 스타트업인 제타 알파 보고서에 따르면 연구 영향력 기준으로는 여전히 미국과 중국의 격차가 상당히 큽니다.

중국에는 바이두, 텐센트, 알리바바, 화웨이같이 실리콘밸리 글로벌 테크 기업에 준하는 강력한 초거대 인공지능 기술을 보유한 기업들이 많이 있습니다. 글 쓰는 인공지능의 특성상 중국 정부의 체제 유지를 위한 규제가 매우 심하긴 하지만, 그런 가운데도 여러 가지 성과들이 공개되고 있습니다. 멀티모달 초거대 인공지능 분야에서는 Wu Dao 2.0, CogView 등 중국이 미국에 준하는 성과를 보여주고 있습니다.

미국도 실리콘밸리 글로벌 테크 기업들 중심으로 지원하고 있지만, 중국은 정부에서 강력하게 기업들을 지원하고 있습니다. 특히 체제 유지라는 관점에서 규제와 지원 양면책을 사용하고 있는 걸로 보입니다. 최근 미국과 중국의 냉전 분위기에 따라 엔비디아의 최첨단 GPU의 중국 수출이 금지되는 등 갈등이 더 커지고 있는데, 엔비디아는 이에 대한 대응으로 A100보다 성능이 조금 떨어지는 버전의 GPU를 중국에 수출하고 있습니다.

이 정책이 당장은 중국의 인공지능 발전을 저지하려는 목적이지만, 결과적으로는 중국의 인공지능 하드웨어 기술 발전으로 이어질 수 있다는 의견도 있습니다. 또 최근 미중 갈등에 따라 베이징에 있는 마이크로소프트 리서치 아시아MSRA 연구소를 캐나다 밴쿠버로 옮기는 작업을 진행하고 있어서 중국이 반발하고 있다고 합니다. 중국은 미국에 버금가는 인공지능 역량을 보유하고 있고 미국은 중국을 견제하기위해 노력 중이라고 말씀드릴 수 있습니다.

중동은 미국과 애매한 관계이다 보니 기술이 있는 중국 기업들에게 상당히 매력적인 비즈니스 기회가 있는 지역일 것입니다. 실제로 사우디아라비아의 네옴시티 등 대규모 프로젝트에 중국 기업들의 참여의지가 대단한 것으로 알고 있습니다.

그래서 우리가 성공적으로 중동으로 진출하기 위해서는 미국이나 중국이 제공하기 어려운 차별화된 전략을 만드는 것이 필요합니다. 우리 정부가 중국처럼 국가가 주도하는 드라이브를 걸기는 어렵겠지만 글로벌 테크 기업과 경쟁하기 위해서는 국내 인공지능 기업들과 원팀으로서 좀 더 파격적으로 지원하는 것이 필요한 상황입니다.

| 네이버와 삼성전자의 인공지능 반도체 개발 |

한상기 국내 얘기로 돌아와 볼까요? 인공지능, 특히 LLM 같은 거대 모델에서는 반도체가 엄청나게 중요한 요소인데요, 네이버가 삼성전자와 인공지능 반도체를 공동 개발한다는 뉴스에 대한 상세한 얘기를 듣고 싶습니다.

하정우　　대단한 비화 같은 건 아니지만, 지금까지 어디에도 공개하지 않은 이야기를 말씀드리겠습니다 (웃음).

2021년 2월경에 하이퍼클로바가 거의 완성 단계에 이르렀을 때, 이게 다 좋은데 너무 느리고 무거워서 운영 비용이 많이 나오겠다는 생각이 들었습니다. 모델의 경량화나 소프트웨어적인 최적화도 중요하지만 문제를 근본적으로 해결하기 위해서는 초거대 인공지능 서비스 운영을 위한 전용 반도체가 반드시 필요하다는 결론으로 이어졌습니다.

그래서 당시 삼성전자의 선행 연구소인 삼성리서치에 있던 이동수 박사에게 연락해서 만나자고 했습니다. 이 박사는 퀄컴, 인텔, IBM 왓슨연구소 등 글로벌 테크 기업에서 반도체 연구개발을 했고, 인공지능 모델 경량화/최적화 분야에서 국내 최고 수준의 전문가입니다. 학회에서 만나면 인사하고 같이 밥 먹는 사이였는데, 그때는 진지하게 이제 네이버로 넘어오실 때가 된 것 같다고 말씀드렸어요. 당시에는 LLM이 삼성리서치의 주요 기술 주제가 아니었던 것으로 알려져 있어서 제안을 드릴 수 있었던 거죠. 저희가 LLM을 거의 완성하고 있고 곧 서비스를 만들어야 하는데 내부 인력만으로는 도저히 해결할 수 없는 문제를 이 박사가 와서 같이 풀어주면 좋겠다고 솔직하게 말씀드렸지요. 다행히 이 박사가 평소 LLM의 경량화와 서비스화에 관심이 많았던 터라 이야기가 쉽게 풀릴 수 있었습니다.

그렇게 모시고 와서 본격적으로 달리기 시작했고요, 당연히 소프트웨어적으로도 경량화를 시도했지만 아무리 해도 한계가 있었습니다. 국내 팹리스 회사들과 미팅도 많이 했는데 핏이 맞지 않는 문제 등으로 협업까지 연결되지 못했고요. 어떻게 해야 하나 하던 와중에 이동수 박사가 삼성전자 출신이니까 자연스럽게 연결이 되어 인공지능 특화 반도체를 같이 개발하자는 합의에 이르렀습니다. 2022년 12월에 양사가 공식적으로 발표하고 태스크포스를 구성했습니다.

한상기   공동 개발은 잘되고 있나요?

하정우   기대했던 것 이상으로 성과가 아주 잘 나오고 있는 상황입니다. 기존의 GPU는 워낙 비싸고 전력도 많이 먹어서 계속 쓰다간 데이터 센터 설계를 다시 해야 할 정도라는 문제의식을 양사가 공유했습니다. 그리고 네이버가 삼성전자에 이런 반도체를 만들어달라고 위탁하는 방식이 아니고, 양사 실무자들이 서로의 분야를 수험생처럼 공부하면서 만들고 있어요. 명실상부한 공동 개발인 거죠. 개발 중인 반도체는 기존 GPU 대비 10분의 1 크기에 4배 이상의 전력 효율성을 갖추는 것을 목표로 하고 있습니다.

한상기   대단한 목표네요. 칩은 언제쯤 나올 거라고 예상하나요?

하정우　　2023년 하반기에 FPGA Field-Programmable Gate Array 형태로 만드는 것을 목표로 하고 있습니다. FPGA는 실제 칩을 만들기 전에 잘 작동하는지 테스트할 수 있고, 프로그램을 변경할 수 있는 일종의 시제품입니다. 제품 출시까지는 시간이 더 걸리겠지만 시제품으로 퍼포먼스가 얼마나 좋아지는지, 우리가 가야 할 길이 어디인지를 보여드릴 수 있죠.

한상기　　인공지능 반도체는 크게 학습용과 추론용 두 종류로 구분되는데요, 아마존에는 인퍼런시아라는 추론 전용 칩이 있고 구글에는 TPU가 있습니다. 네이버는 학습과 추론 중 어느 쪽에 더 비중을 두고 있나요? 제 생각에는 학습용에서는 엔비디아가 워낙 압도적이라 네이버와 삼성전자는 추론용 반도체에 집중해야 할 것 같은데요?

하정우　　잘 보셨습니다. 인공지능 반도체 분야에서는 엔비디아가 칩 자체의 성능도 워낙 뛰어나지만 소프트웨어 도구나 생태계도 잘 구축해놓고 있기 때문에 당분간 학습용에는 대안이 없을 것 같습니다. 그래서 저희는 추론용에 집중해서 클라우드에 적용하는 패키징까지 고려하고 있습니다. 그리고 추론용에 집중하는 현실적인 이유도 있습니다. 학습용은 인공지능 모델을 개발할 때 많이 사용하지만, 서비스를 시작한 이후에는 사용자가 증가함에 따라 에너지나 운영비 문제가 커지는 것이 추론용 반도체이기 때문입니다.
구글도 그렇고 저희도 LLM 자체를 경량화하려는 노력도 많이 하고 있어요. 오픈AI도 GPT-3를 만들자마자 최적화 팀이 투입되어 꽤 큰 모델링도 상당히 작고 빠르게, 그러면서 에너지를 좀 덜 쓰는 방향으로 가려고 노력하고 있습니다.

LLM의 최적화/경량화 문제를 해결하는 방향은 두 가지입니다. 하나는 소프트웨어적인 것인데요, 이 부분은 현재의 트랜스포머 구조를 획기적으로 개선하는 알고리듬이 나와야겠죠. 또 하나는 하드웨어 개선, 주로 전기를 덜 쓰거나 같은 전기로 더 뛰어난 성능을 발휘하는 반도체를 개발해 운영비를 줄이려는 방향입니다.

여기서 기본적인 전제는 성능이 떨어지지 않아야 한다는 것입니다. LLM의 성능은 똑똑함이라고 할 수 있는데요, 똑똑함이 열화되지 않는 조건하에서 에너지를 적게 쓰고 모델의 크기를 작게 만드는 기술이 필요하다는 뜻입니다. 메타의 라마나 딥마인드의 친칠라가 그런 예인데, 모델 크기를 몇백 억 개의 매개변수로 고정시키는 대신 학습시키는 데이터의 양을 엄청 많이 키워서 좀 더 밀도 있게 만들려는 시도입니다. 작은 모델로도 대처가 가능한 특화된 영역에 대한 서비스에 적용하는 것이죠. 그런데 지금은 구글과 마이크로소프트의 전쟁 상황이라 이런 고려보다는 일단 이겨놓고 보자는 분위기인 것 같습니다.

한상기 딥마인드에서 친칠라를 발표할 때 모델의 크기를 키우는 것 못지않게 데이터 크기를 키우는 것이 중요하다는 방향성을 제시했잖아요? 그 방향에 대해서는 어떻게 생각하세요?

하정우　　실제로 꽤 쓸 만한 것 같아요. 현실적인 운영비 이슈를 봐도 그런 것 같고요. 데이터 규모를 키워서 4분의 1 크기의 모델로 4배 큰 모델과 같은 효과를 낼 수 있다면 남는 장사거든요. 운영비가 굉장히 많이 줄어드니까요. 데이터 양을 4배로 늘리되 모델 크기를 4분의 1로 줄이면 학습 시에는 똑같은 컴퓨팅 파워가 듭니다. 그런데 똑같은 전기를 쓰지만 더 똑똑한 모델이 만들어지고, 실제 서비스에 적용할 때에는 훨씬 더 적은 운영비를 쓴다는 얘기가 되는 거죠.

물론 동일한 데이터를 넣었을 때 모델 크기를 키우면 큰 모델이 더 똑똑하겠죠. 그런데 그 더 똑똑한 정도가 서비스 만족도 관점에서 얼마만큼의 차이가 나는지는 명확하게 검증할 필요가 있습니다. 그래서 사용되는 컴퓨팅 파워가 같다고 가정할 때 학습 데이터의 양과 모델 크기의 적절한 비율을 맞추는 것이 중요합니다. 적정 비율보다 모델이 더 크면 낭비가 발생하는 것이고, 모델이 작으면 처리 능력이 부족해서 데이터의 지식을 충분히 학습하지 못하기 때문에 성능이 감소하는 것이죠. 구글의 PaLM 2에서도 비슷한 실험이 나와 있습니다. PaLM 2의 구체적 모델 크기를 공개하진 않았지만 5,400억 개의 매개변수인 PaLM 1보다 더 작은 크기로, PaLM 1 때 학습한 7,800억 개의 토큰보다 훨씬 더 많은 학습 데이터를 활용한 것으로 보입니다.

한상기　　상세하게 답변해주셔서 고맙습니다.

하정우　　저희는 이 반도체를 오픈AI가 부러워할 정도로 멋지게 만드는 걸 목표로 하고 있습니다.

한상기　그러면 오픈AI나 구글, 메타에서 구매 문의를 해올 수도 있겠네요? 상상만 해도 재미있고 즐겁습니다(웃음).

하정우　판매 계획은 아직 없습니다만 미래는 또 알 수 없지요. 일단은 물건을 잘 만드는 것에 집중하려고 합니다(웃음).

| 에지 컴퓨팅과 보안 이슈에 대한 계획들 |

한상기　앞으로를 생각해보면 클라우드와 함께 에지 컴퓨팅®을 생각 안 할 수가 없습니다. 인공지능을 이용하기 위해 클라우드와 에지형 단말기가 연결될 것이고, 그러려면 에지형 칩과 에지형 인공지능 모델도 필요할 겁니다. 이런 것은 네이버 클라우드에서 만들어야 된다고 생각하는데요?

하정우　하이퍼클로바 쪽은 에지 컴퓨팅에 우선순위를 높이 두고 있지는 않습니다. 왜냐하면 클라우드 기반의 초거대 인공지능에 일단

● 에지 컴퓨팅(edge computing): 사용자의 단말기나 그에 가까운 위치에서 컴퓨팅 작업을 수행하는 것. 사용자는 데이터를 단말기에서 처리함으로써 빠르고 안정적인 서비스를 제공받을 수 있으며, 클라우드는 분산처리를 통해 부담을 줄일 수 있는 장점이 있다.

집중하고, 그러고 나서 컴퓨팅이나 연합학습 federated learning의 기술 수준이 지금보다 개선되는 타이밍에 맞춰서 에지로 자연스럽게 넘어가려고 하기 때문이죠. 지금은 서버 기반의 LLM을 최적화해 비용을 줄이는 것이 훨씬 더 큰 경쟁력이라고 봅니다. 물론 네이버 랩스는 로봇 분야가 주력이기 때문에 에지에 많은 관심을 갖고 있습니다.

한상기   예를 들어 스마트폰이나 자율주행차의 카메라에서 수집한 영상 데이터 전부를 하이퍼클로바로 보내서 처리하지 않고, 보내는 데이터 양은 최소화하면서 상당수는 폰이나 차량의 단말에서 처리하면 훨씬 효율적이고 비용도 절감되겠죠. 반드시 하이퍼클로바를 통해서 처리해야 하는 업무만 필요한 데이터를 보내면 될 것이고요.

하정우   맞습니다. 그런데 모든 것을 네이버 클라우드가 다 할 수는 없다고 생각합니다. 구글 정도 되면 모든 걸 다 할 수 있겠죠. 그런데 저희는 회사의 규모가 그렇게 크지 않으니까요. 그래서 선택과 집중이 필요하고 에지 컴퓨팅을 전담하는 회사와 협업하거나 오픈 소스를 활용해 푸는 것이 효과적이라고 봅니다.

한상기   요즘 보안 이슈로 해외에서 챗GPT를 금지하는 기관이나 기업이 늘어나고 있는데, 네이버는 어떻게 대처하실 생각인가요?

하정우   저희에게는 오히려 좋은 기회입니다. 어떤 조직이나 중요한 정보가 외부로 유출되는 것에 대한 우려가 크지요. 이건 모든 산업 분야와 정부, 지자체, 국회 같은 공공 영역도 마찬가지입니다. 글로벌 클라우드 사업자들이 보안 문제 해결책을 제시한다고 하지만 결국 그들의 클라우드에 API 형태로 이용토록 하는 것에는 변함이 없습니다. 그래서 저희는 이 문제를 해결하기 위해 뉴로클라우드라는 하이브리드 형태의 클라우드에 하이퍼클로바X 모델과 학습 파이프라인, 그리고 GPU 인프라까지 포함한 풀 패키지를 준비하고 있습니다. 뉴로클라우드는 하드웨어 인프라를 랙이나 컨테이너 형태로 만들어 고객사의 데이터 센터와 망 내에 설치하기 때문에 데이터 외부 유출 채널을 차단할 수 있습니다. 뉴로클라우드는 금융권에 적용된 사례들이 있고요.

온프레미스 설치는 전문 기업이 하지만 운영은 개별 기업이 담당해야 합니다. 그런데 초거대 언어 인공지능 활용 서비스는 LLMOps가 매우 중요한데 이 부분의 전문성이나 경험을 가진 인재들을 확보하기가 매우 어렵습니다. 온프레미스와 달리 뉴로클라우드는 네이버 클라우드의 LLMOps 전문가들이 전용망을 통해 직접 시스템 정상 동작 여부를 확인하고 대응할 수 있습니다. 또한 네이버에서 새로운 방법으로 학습시킨 개선된 모델이 나왔을 때 전용망을 통해 업그레이드함으로써 연속적인 최신성을 보장할 수 있습니다. 이를 통해 한국어 세계 최강, 영어도 글로벌 테크 기업에 준하는 LLM을 데이터 유출 걱정 없이 네이버 클라우드 전문가들의 기술 지원을 받으면서 착한 가격에 활용하실 수 있습니다. 많이 애용해주십시오(웃음).

한상기　　역시 비즈니스의 세계는 냉혹하네요. 남의 불행이 나의 행복이군요 (웃음). 인공지능 기술이 네이버를 한 단계 업그레이드 시킬 걸로 기대하시나요?

하정우　　그럴 수 있다고 봅니다. 챗GPT 플러그인 생태계가 그걸 잘 보여준 것 같아요. 저희도 그러한 생태계에 대한 그림을 그리고 있었는데, 저희가 얘기하면 잘 믿지 않는 분들이 많습니다. 그런데 오픈AI가 레퍼런스를 명확하게 제시한 것 같습니다.

그리고 구글은 검색과 유튜브를 제외하면 기술 기업에 가깝지만 저희는 엔드 유저 서비스가 굉장히 많습니다. 네이버가 그동안 구글과 비교되면서 가두리 양식장이라는 비판도 많이 받았지만, 이제는 다양한 서비스와 그로부터 축적된 자체 콘텐츠와 데이터가 인공지능 시대 생태계의 경쟁력 요소가 되었습니다.

이미 플러그인 체계가 상당히 갖춰져 있고, 나머지 영역에서의 생태계는 저희가 역량을 집중해서 구축해가야 합니다. 사용자와의 접점은 강력한 초거대 생성형 인공지능을 대화 인터페이스 형태로 구현하고, 이 사용자의 대화를 통해 저희가 운영하는 엔드 유저 서비스들을 포함한 생태계와 초연결하는 거죠. 한마디로 자비스 같은 것이 만들어지는 겁니다.

한상기　　네이버가 과거의 굴레를 벗어나 그렇게 거듭날 수 있다면 사용자와 주주, 고객들에게는 아주 반가운 일이겠지요.

6장

인공지능과 함께하는 미래

| 인공지능의 위험성 이슈 |

한상기 　이제 마지막 주제인 인공지능의 미래에 대해 다양한 상상과 식견을 듣고 싶습니다.

하정우 　제 내공이 부족해서 걱정이네요(웃음).

한상기 　재미있잖아요, 이런 이야기들이…….
우선 인공지능의 위험성에 대한 의견을 나누고 싶습니다. 얼마 전에 인공지능 개발을 6개월 멈추자는 공개서한을 비롯해서 인공지능 위험성에 대해 많은 사람들이 목소리를 내고 있어요. 제프리 힌턴 교수도 인공지능을 개발하는 회사 안에 있으면서 위험성 얘기를 할 수 없다며 구글을 떠났습니다.

인공지능의 위험이라는 게 무슨 스카이넷®도 아닌데 이렇게 호들갑이냐고 생각할 수도 있지요. SF에서 볼 수 있는 미래 말고 전문가들이 우려하는 현재 인공지능의 위험성은 무엇이라고 생각하세요?

하정우 　LLM이 글쓰기와 그림 그리기를 엄청 잘합니다. 어지간한 사람 이상으로 훨씬 잘하죠. 지구상에는 인터넷과 소셜 미디어라는 강력한 채널을 통해서 검증되지 않은 정보들이 돌아다니고 확산되고 있습니다. 의도적이거나 악의적인 가짜 뉴스도 있고, 의도한 것은 아니더라도 왜곡된 정보가 끼치는 악영향이 큽니다. 정보 전파 속도가 워낙 빠르고 광범위해서 잘못된 정보가 퍼지는 건 쉬워도 그걸 바로잡는 데는 엄청난 노력이 필요합니다.

LLM이 보급되면서 이제는 누구나 빠른 시간 내에 손쉽게 전문가 수준의 콘텐츠를 생산할 수 있게 되었어요. 그런데 LLM이 생성한 콘텐츠라는 게 왜곡된 정보가 포함될 가능성이 굉장히 높아요. 악의적인 활용이 아니어도 환각 현상이나 편향된 콘텐츠 생성 문제가 여전히 남아 있으니까요. 콘텐츠 생산이 확 늘어나게 되면서 사실과 사실이 아닌 것이 뒤엉키게 되었을 때, 이것이 초래할 수 있는 사회적 영향이 예측 안 되는 거죠. 예측이 가능해야 대응책을 만들 수 있을 텐데 예측이 불가능할 정도가 되지 않을까 하는 우려가 큽니다.

그리고 이렇게 만들어진 콘텐츠들이 인공지능의 학습용 데이터로 활

● 스카이넷(Skynet): 영화 〈터미네이터〉 시리즈에서 인류를 멸망시키려는 AGI 시스템.

용이 될 텐데, 그랬을 때 또 어떤 역효과나 악영향이 있을지에 대해 서도 예측이 어려워요. 심각한 문제가 발생하기 전에 "우리가 이렇 게 씁시다, 혹은 이런 식으로 활용해야 합니다"라는 논의가 있어야 합니다.

특히 2024년에 미국은 대통령 선거가, 우리나라는 국회의원 선거가 있습니다. 이미 지난 대선에서 소셜 미디어의 악영향을 겪어본 미국 입장에서는 더욱 예의 주시할 수밖에 없겠지요. 최근 미국 부통령이 오픈AI, 구글, 마이크로소프트, 앤스로픽의 CEO들과 인공지능의 안 전에 관해 회의했고, 오픈AI의 샘 알트먼이 미국 상원 청문회에 출석 해 인공지능이 선거에 악용될 우려 등에 대해 얘기하며 규제의 필요 성을 역설하기도 했습니다. 샘 알트먼이 규제가 필요하다고 선제적으 로 발언한 것은 1등 사업자가 진입장벽을 높이기 위한 것이라는 해석 도 있긴 합니다.

한상기   그런데 그 정도의 허위 정보는 이미 소셜 미디어와 유튜브 에 넘쳐난 지 오래되었고, 누구나 콘텐츠를 생산하는 시대가 된 지 10 년도 넘었기 때문에 그러한 것에서 위험성을 느낀다고 생각하지는 않 아요.

제가 걱정하는 것은 초거대 인공지능이 각종 소프트웨어나 시스템과 연동되면서 실제 제어권을 갖게 되고, 자동으로 뭔가를 만들어내기도 하고 스스로 코딩을 하면서 사회 전체 인프라의 파국을 가져올 수 있 다는 우려입니다. 인공지능은 그런 짓을 저지르면서도 자기가 잘못하고 있다는 것을 전혀 모를 것이고요. SF 영화에서 가끔 나오는 목적함수 $^{\bullet}$ 구현 방식에서 충돌이 일어나거나 상호 모순되는 하위 목적이 생성되었을 때 예측하지 못하는 일이 발생하고, 실세계 시스템과 연동에서의 위험이 더 커질 거라고 생각합니다.

하정우　네, 말씀하신 부분도 맞습니다. 제프리 힌턴 교수나 에릭 슈미트 전 구글 CEO가 주장하는, 정렬 $^{\bullet\bullet}$ 이 틀어지면서 발생할 수 있는 위험성에 대한 우려죠. 큰 문제 정의에서는 인공지능이 인간에 이롭도록 정렬해놓더라도 부분 문제로 분할해가는 과정에서 목적 일치가 끊어질 수도 있어요.

사용자가 자연어로 대화한 내용이 그에 해당하는 실제 행동으로 이어지면서 현실의 물리 세계에 직접적으로 영향을 주게 됩니다. 그런데 사람이 직접 하는 것이 아니라 중간에 인공지능을 통해 행동이 이루어지면서 사용자의 의도와 상관없이 인공지능의 능력의 한계나 오류로 인해 오작동malfunction이 일어날 수 있습니다. 이럴 때 발생할 악영향에 대한 예측이 어려울 수 있지요.

그런데 6개월간 실험을 중단하는 것으로 문제가 해결될 수 있느냐는

- ● 목적함수(object function): 어떠한 목적을 가지고 모델을 학습해 최적화하고자 하는 함수. 보통 데이터가 주어질 때 예측한 값과 실제 정답값의 오차로 정의되며 이 함수값을 최소화하는 방향으로 학습이 진행된다.
- ●● 정렬(alignment): 인간이 의도한 목표, 선호도 또는 윤리적 원칙에 맞게 인공지능 시스템을 조정하는 것.

겁니다. 실험을 중단하는 동안 에너지를 덜 쓸 수는 있겠지만요. 어차피 실험은 GPU나 컴퓨터가 하는 것이고 논의 자체는 독립적으로 할수 있거든요. 윤리나 영향력 문제에 대해 논의하면서 병행 가능한데 군이 실험을 멈출 필요가 없다고 생각합니다. 그리고 존재하지도 않는 기술에 대해 이러면 어떡하느냐, 저러지 않을까 상상한다고 풀릴수 있는 문제가 아니라고 봅니다. 특히 인공지능의 기여도에 대해 고려하기보다는 가장 나쁜 시나리오만 기정사실화해서 가정하니 한계가 있다고 보는 거죠. 실제로 활용하면서 문제점이 예상되거나 도출될 때 개선해가면 될 것을 탁상공론만 하는 것은 의미가 없다고 봅니다.

한상기 얼마 전에 영국의 창업가이자 투자자인 이언 호가스가 〈파이낸셜 타임스〉에 기고한 글에서 섬 개념 The 'Island' Idea이라는 걸 내놨어요. 초거대 성능의 인공지능을 연구하는 사람들을 새로운 조직 형태로 모아놓자고 제안하고, 거기서 안전성이 검증된 것만 상용화하도록 하자는 주장이었죠. 물리학 분야에서 유럽입자물리연구소 Conseil Européen pour la Recherche Nucléaire (이하 CERN)의 사례처럼 그런 주제를 공동 연구하자는 제안도 있습니다.
그렇게 될 가능성이 높지는 않지만 흥미로운 생각 중에 하나라고 봅니다. 아주 민감하고 실수나 오류가 결코 용납되어서는 안 되는 분야에 인공지능을 도입하는 것에는 일종의 담장을 치자는 방안까지 나오고 있고요.

하정우 　언뜻 이해가 되는 바도 있지만 딥러닝 중심의 인공지능 기술과 커뮤니티가 어떻게 성장해왔는지를 돌이켜보면 받아들여지 않을 가능성이 높다고 봅니다. 소수의 엘리트가 혁신을 가져온 대부분의 다른 과학 분야와 달리, 인공지능 분야는 자신의 지식과 정보를 최대한 많이 공개, 공유하고 더 많은 사람들이 동참하는 방식으로 굉장히 빠르게 성장해왔어요. GPT 같은 경우도 규모가 만든 혁신이고 집단지성의 힘으로 만들어낸 기술이라고 할 수 있어요. 아주 중요한 애플리케이션은 CERN 같은 데 모여서 소수가 개발하는 접근법이 통할 수도 있겠지요. 하지만 인공기술 전반에 대해 그렇게 운영하겠다는 구상은 이 분야가 성장해온 철학과 완전히 배치되기 때문에 실현 가능성에 대해 회의적입니다.

한상기 　CERN에서 연구하는 사람이 결코 소수가 아니에요. 상시 근무자 2,500명이 있고, 전 세계에서 8,000명의 과학자들이 방문해 연구하는 곳이지요. 그리고 과학도 저널이나 학회 등을 통해 논문을 다 공개하고 실험을 재현하면서 발전해왔어요. 공개와 공유는 다른 과학에서도 다 해왔던 일입니다. 지금까지는 순수하게 인류의 지식을 발전시키기 위해 공동으로 노력했는데, 이제는 인공지능이 돈이 되기 시작하니까 문제가 생기는 것이죠. 게다가 오픈AI부터 시작해서 이제는 기술을 공개하지 않겠다고 하잖아요? '우리가 너희한테 인류에게 중요한 의제를 결정할 수 있는 권리를 언제 줬냐? 인류를 대표하도록 선출된 사람들이 의사결정을 하는 거라면 몰라도 이익집단인 기업들이 그런 중요한 결정을 하려는 것을 동의할 수 없다'고 주장하는 사람들이 많아요. 그러니까 지금까지는 하 센터장님이 말한 대로 발전의 원동력이었으나 앞으로는 그렇게 안 될 거라고 보는 거죠.

하정우　인공지능이 돈과 직접 엮이기 시작하면서 문제가 복잡해지고 있는 것은 사실입니다. 다른 분야에서는 찾아보기 힘든 인공지능 분야만의 독특한 사례를 들어보겠습니다. 최근에 스테이블 디퓨전 등 이미지 생성 인공지능이 대중화되고 있는데요, 특히 인간을 모델로 한 사진 기술이 불과 몇 달 만에 엄청나게 발전했습니다. 그 배경에는 선정적인 콘텐츠를 만들어내는, 흔히 덕후라고 불리는 마니아들이 기술 개발을 가속화하는 데 큰 기여를 했다고 합니다. 컨트롤넷이랑 LoRA를 스테이블 디퓨전에 잘 녹여 넣으면서 사람의 눈으로는 실제 인물과 구분하기 어려울 정도로 고화질의 이미지가 생성됩니다. 성인 잡지의 모델 사진 같은 콘텐츠들이 쏟아져 나오면서, 이제 인스타그램의 연예인 사진은 다 망했다고 할 정도예요.

여기서 눈여겨볼 부분은 이걸 연구자들이 한 게 아니라는 점입니다. 원래 인공지능에 관심도 없고 지식도 없던 사람들, 전 세계의 덕후들이 붙어서 만들어냈거든요. CERN의 대규모 공동 연구와는 전혀 다른 형태로, 아주 다양한 사람들이 엉뚱한 데서 만들어내고 있을 정도로 인공지능은 이미 특정 기술이 아니라 그냥 인터넷이나 PC처럼 일반 기술이 되어버린 거죠. 그렇기 때문에 말씀하신 방안이 실현되기가 더 어렵지 않을까 생각합니다.

물론 이 사례는 인공지능을 안전하게 활용하는 문제와도 연결됩니다. 지금은 사용자들의 선호에 따라 가공의 인간 이미지를 만들어내는 수준이지만, 여기서 한 걸음만 더 나쁜 방향으로 가면 딥페이크®로 악용될 수도 있기 때문이지요.

한상기   인공지능의 안전성에 대한 우려와 관련해 또 하나의 이슈가 있어요. 최근 공개된 LLM들이 뛰어난 성능을 자랑하고 있는데, 정작 개발자들도 왜 그렇게 갑자기 엄청난 능력을 발휘하게 되었는지 그 이유를 모른다는 거죠. 그래서 블랙박스라는 표현도 쓰고 있고요. 인공지능에 대해 잘 모르는 사람들한테 이 얘기를 하면 다들 깜짝 놀라더라고요. "우리가 만든 건데 우리가 이해를 못해요?"라는 반응입니다. 인간이 만든 기계인데 인간이 그 메커니즘을 이해 못한다는 것에 대한 두려움이 있습니다.

하정우   사실 사람이 제일 두려워하고 싫어하는 게 불확실성이잖아요. 차라리 나쁘다, 좋다면 괜찮아요. 나쁘면 나쁜 대로 알게 됐으니 대비를 하면 되고, 좋으면 그냥 좋은 것이니까요. 그런데 현재의 인공지능은 사람만큼 잘하지만 사람이 만들어놓고도 그 내부의 동작 원리를 자세히 이해하지 못하는 상황이라서 두려움이 생기는 건 어찌 보

● 딥페이크(deepfake): 인공지능 기술을 활용한 인간 이미지 합성 기술. 유명인의 가짜 동영상이나 가짜 뉴스, 악의적 사기에 사용되어 논란이 되기도 한다.

면 당연합니다. 어떻게 이런 결과가 나오는지 알 수 없으니, 앞으로 인공지능이 무슨 짓을 할지도 예측할 수 없을 것 아니냐는 의구심이 들고요.

SF 영화들을 봐도 사람들이 친숙하지 않은 강력한 능력을 가진 존재에 대해 거부감을 갖는 경우가 많은데 이런 것과도 관계가 있는 것 같습니다. 특히 인공신경망이 사람이 쉽게 해석할 수 있는 규칙 기반으로 만들어진 것이 아니라 주어진 데이터로부터 만들어진 것이고, 사람들이 정의한 거라곤 목적함수와 목적함수를 최적화하는 방법으로서 경사하강[●] 알고리듬을 사용하도록 한 것밖에 없기 때문이죠. 이런 과정을 통해 인공신경망은 사람들이 이해하지 못하는 형태로 데이터를 추상화시키고, 다시 사람들의 언어나 데이터로 표현하도록 했는데 이게 아주 잘되더라는 거죠. 어쩌면 사람들이 하는 형태가 아니라서 더 잘되는 것일 수도 있어요. 심지어 이런 모델의 크기가 과거보다 수천 배 이상 커졌으니 분석하기 더욱 어려워진 거죠.

그래서 지금까지도 그랬지만 앞으로 더 중요해진 연구 주제가 바로 이 크고 복잡한 모델이 어떻게 학습하고 추론하는지를 해석할 수 있는 방법을 찾아내는 것입니다. 해석 방법은 전 세계적으로 활발하게 연구되고 있는데 그중 하나가 신경기호 Neuro-Symbolic 같은 연구입니다. 국내에서는 카이스트 인공지능대학원의 최재식 교수님이 대표적

● 경사하강(gradient descent): 딥러닝 알고리듬 학습에 사용되는 최적화 방법 중 하나로 함수의 기울기(경사도)를 이용해 함수의 최소값을 찾는다. 기계학습에서는 목적함수에 대해 적용함으로써 모델을 학습하는 데 사용된다.

인 연구자인데 반드시 풀어야 할 중요한 연구 주제라고 생각합니다.

| 투명하지 않은 인공지능을 어디까지 수용할 것인가 |

한상기 대부분의 인공지능 원칙이나 가이드라인에는 반드시 투명성이나 설명 가능성을 요구해요. 하지만 투명하거나 설명 가능하지 않은 소프트웨어 시스템이라고 해도 쓰지 말라는 법이나 규제는 현재 없습니다. 최근 이탈리아가 자국 내에서의 챗GPT 사용을 금지했다가 다시 풀었고, 프랑스, 영국, 캐나다 등 각 나라에서 조사에 착수했습니다. 유럽연합에서 우려의 목소리가 나오는 이유 중에는 투명성 문제도 크다고 생각합니다.

지금은 개인정보에 대한 불투명한 사용이나 오용 문제를 겉으로 내세우고 있지만 향후에는 투명하지 않은 인공지능을 어디까지 수용할 것인가, 어느 애플리케이션까지 허용할 것인가 하는 이슈들이 제기될 것입니다.

하정우 그럴 것 같습니다. 어떤 기술이든 마찬가지겠지만 특정 기술의 허용 범위는 각 집단의 사회적 합의를 통해 결정할 문제이지요. 유럽은 자신들의 철학과 전통이 있으니까 거기에 맞게 운영할 것이고, 중국은 자국의 이익에 맞게 판단하겠죠. 중국은 국가 차원에서 미국과의 패권 경쟁을 하고 있으니 대외적으로는 공개를 최소화하면서도 정부에게는 반드시 투명하고 설명 가능하도록 강력히 규제하겠지요. 미국은 세계 1위 국가이니 주도권을 절대 놓치지 않으려고 할 거고요. 2021년 NSCAI 보고서에도 그렇게 천명했고, 최근 정치권에서 규제 얘기가 나오기 시작했지만, 그 규제의 기본 전제는 미국의 경쟁력 강화에 도움이 되는 방향일 것으로 예상합니다.

한상기　쓰면서 문제를 해결해나가자라는 게 미국식이라면, 유럽은 거꾸로 이게 뭔지 알고 우리가 써야 돼, 체크를 해보고 쓰자는 방식인 것 같습니다.

하정우　미국과 유럽은 입장이 서로 다르죠. 유럽은 자체 LLM을 보유한 나라가 없습니다. 그런데 이런 상황이 지속되면 앞으로 50년 뒤에는, 아니 10년 정도만 지나도 유럽의 경쟁력이 얼마나 떨어지게 될까요?

그런데 영국은 좀 다른 것 같아요. 앞에서도 말씀드렸지만, 2023년 초 영국 정부가 공공 영역의 초거대 인공지능을 위해 10억 파운드 규모로 인프라 투자를 하겠다고 했는데 노동당 싱크탱크에서 그 정도로는 미국에의 기술 종속을 피하기 어려우니 110억 파운드는 써야 한다고 주장했죠. 영국이 유럽연합에서 탈퇴했는데 인공지능 분야에서도 여타 유럽 국가들과는 다른 행보를 보이고 있어 흥미롭습니다.

한상기　유럽은 자국의 시민들이 입력한 프롬프트나 인공지능이 출력한 결과도 유럽 시민과 연관된 데이터라고 간주합니다. 이 데이터가 특정 기업에 의해 활용될 가능성에 대해 심각한 문제로 여기고 있고요. 이에 대해 오픈AI는 데이터를 저장하지 못하게 하는 옵션을 추가해 대응하고 있습니다.

하정우 오픈AI가 유럽연합과 각국에서 제기될 강력한 규제 움직임에 대해 잘 알고 있기 때문에 재빠르게 대응했다고 봅니다. 지금은 최대한 자세를 낮추고 협조적인 모습을 보여야 할 테니까요. 한편으로는 그 데이터들을 당장 활용하지 않고 피드백만 확인하는 것으로도 충분했기 때문일 수도 있습니다.

| 인간에게 이롭게 쓰기 위한 고민과 딜레마 |

한상기 인공지능이 인간에게 유익한 판단을 하도록 하려면 어떻게 해야 하느냐에 대한 질문입니다. 인간들끼리는 대체로 서로가 선을 추구한다는 것에 대한 기초적인 공감이 있다고 생각합니다. 악인도 있고, 성악설이라는 주장도 있지만, 우리가 사회를 이루고 살 수 있는 것은 바로 서로를 해치지 않을 거라는 기본적인 가정이 있기 때문이라고 생각합니다.

그런데 인공지능 시스템이 우리와 같이 선을 추구하는 시스템이 될 수 있을 것인가에 대해서는 아직 확신이 없습니다. 유익한 인공지능Beneficial AI 원칙을 주장하는 사람들이 말하듯이, 인류한테 결코 해가 되는 일을 하지 않게 하겠다는 것에 대한 신뢰를 좀 더 쌓아야 하는 것이 아닌가 합니다.

하정우 늘 말씀드리지만 근본적으로는 기술이 아니라 결국 사람의 문제인 것 같습니다. UC버클리의 스튜어트 러셀 교수는 사람이 문제이기 때문에 목적함수에 '사람을 해치면 안 된다'라는 걸 어떻게든 반영해야 된다, 그래서 악용하려고 해도 안 되게끔 근본적으로 녹여 넣어야 한다고 주장합니다. 인공신경망 학습에서 가장 근본적이고 강력한 방법이 목적함수를 정의하는 것이니 한편으로 옳은 말씀입니다. 그런데 문제는 인류를 위해야 하고 도움이 되어야 한다는 것이 정성적이고 폭넓은 개념인데 이걸 어떻게 함수로 정의할 것이냐입니다. 쉽지 않을 것 같다는 거지요. 특히 특정 문제를 위한 전용 인공지능이면 그나마 괜찮지만 범용 인공지능일수록 구현하기가 더욱 어렵죠. 앞서 소개한 최예진 교수는 LLM이 지식은 많지만 기본적인 상식이 부족한 것이 큰 문제이므로 상식을 목적함수에 넣어야 한다는 주장도 합니다.

한상기 목적함수를 아무리 잘 짜도 문제를 일으킬 수 있다는 걸 영화 〈2001: 스페이스 오디세이〉가 잘 보여주고 있죠. 인공지능이 인간의 가치와 일치하거나 정합하는 판단을 하도록 하려면 어떻게 할 것인가? 이게 무척 어려운 문제이지만 반드시 해결해야 할 문제이기도 합니다.

하정우　　사람들이 생각하는 공통 가치라는 게 있잖아요. 개인마다 가치관은 다르긴 하지만 그래도 최소한의 같이 지켜야 하는 가치는 어떤 형태로든 목적함수 형태나 가이드라인으로 만들어야 한다고 생각합니다.

그렇게 한다고 하더라도 풀기 어려운 게 트롤리 딜레마●와 같은 것들이 있죠. 다섯 명을 죽일 것인가, 한 명을 죽일 것인가? 그래도 다수보다는 소수다, 다섯 명의 목숨이 한 명보다 더 가치 있다는 것을 어떻게 증명할 것이냐? 사람 목숨은 한 명 한 명이 소중하다, 이런 복잡하고 끝없는 문제가 이어집니다. 철학적인 가치관 문제인데, 이를 어떻게 목적함수로 정의할 것인가는 무척 어려운 문제죠.

한상기　　저는 지금 하 센터장님 말씀이 굉장히 위험하다고 생각해요. 인공지능은 그런 상황에서 판단을 하면 안 돼요. 다섯 명을 살릴 거냐, 한 명을 살릴 거냐는 사람만이 내릴 수 있는 결정이고 그 결정은 사람마다, 상황마다 다 다를 거예요.

그래서 독일에서는 자율주행차와 관련한 논쟁이 있을 때 소프트웨어

● 트롤리 딜레마(trolley dilemma): 브레이크가 고장 난 차가 다섯 명이 누워 있는 선로와 한 명이 누워 있는 선로 중 어디로 달려야 하는지, 가상의 상황에서 다수를 위해 소수를 희생하는 것이 윤리적인지를 묻는 실험. 자율주행차가 탑승자와 보행자의 안전 중 어느 것을 선택할지를 결정하는 문제와도 연관된다.

가 '어떤 사람을 살리고 어떤 사람을 희생시키는 선택이라는 것' 자체를 해서는 안 된다고 결론 내렸습니다. 옳다는 것을 인공지능이 판단하도록 구현하는 게 위험하기 때문에 그런 기능은 아예 구현하지 않아야 한다고 저는 생각해요.

하정우   그러면 정렬을 어떻게 시키냐고 제게 물어보시면 안 되죠.

한상기   제 질문은 정렬 문제를 어떻게 유연하게 풀 것인가였고요, 사람의 목숨을 판정하는 것은 정렬 문제에 포함해서는 안 된다는 게 제 입장이에요.

하정우   우리가 자율주행차를 타고 있다고 가정해보죠. 주행 중인데 어떤 상황이 닥쳤어요. 그런데 마침 차에 타고 있는 사람이 잠들어 있다면 그럴 때는 어떻게 해야 할까요?

한상기   타고 있는 사람이 위험해질 것이기 때문에 잠을 깨워서 구해야 하는 상황이면 뭔가 작동해야겠지만, 선택을 해야 할 때는 놔둬야 하죠. 길을 건너는 사람과 타고 있는 사람 중 누구를 살릴지 선택해야 하는데 차에 탄 사람이 잠들어 있다면 기계가 선택해서는 안 되고, 그냥 오작동된 상태, 오류인 상태로 놔둘 수밖에 없다고 봐요.

하정우   그래야 할 것 같아요. 이게 개별 인공지능 시스템만의 문제는 아니라고 봅니다. 인공지능도 사람과 사회 속에서 작동하는 것이므로 가이드라인이 있다면 거기에 따라야겠지요. 인공지능은 사람의 목숨과 관련해서는 가치판단을 하지 말라는 분명한 가이드라인이 있고 그에 맞춰 개발되었다면, 책임은 차 안에서 졸고 있던 사람이 지겠지요.

한상기 　맞아요. 이 정렬 문제를 사람의 가치판단에 맞추려고 하다 보면, 그럼 사람은 어떻게 판단하는 거냐는 끝없는 질문과 논쟁에서 헤어 나올 수 없게 됩니다. 오히려 문제를 더 복잡하고 어렵게만 만든다는 거죠.

하정우 　전체 문제에서 정렬을 맞춰도 그 문제를 풀기 위해 인공지능이 스스로 부분 문제로 분할하고 각각의 솔루션을 만들 때 정렬이 틀어질 수도 있어요. 제프리 힌턴 교수가 지적한 우려 사항이 바로 이 문제인데, 해결책을 어떻게든 찾아야겠죠. 나쁜 사람들이 인공지능을 악용하는 것을 방지하기 위한 대책을 마련하는 것도 중요한데요, 보안 문제이기도 하고 일벌백계가 필요할 수도 있겠습니다.

| 로봇과 인공지능의 접점은 언제쯤 가능할까 |

한상기 　좀 재미난 얘기로 화제를 바꿔보겠습니다. 인공지능의 미래를 얘기하면 사람들이 보통 휴머노이드⁎나 로봇 같은 것들을 떠올립니다. 제가 참여했던 정부 과제 기획 중에서 산자부와 과기부가 공동으로 로봇과 인공지능의 결합을 모색하자는 게 있었어요. 그때 로봇 공학자들과 함께 논의했을 때 로봇과 인공지능 기술의 접점은 단기간에 가능하지 않겠다는 것을 확인했습니다. 로봇 공학자들이 고민하는 로봇의 수준과 지금 우리가 얘기하는 인공지능 수준의 차이가 컸어요.

그런데 얼마 전 영국에서 만든 로봇의 데모 영상을 보니 생각보다 빨리 발전하고 있다는 생각이 들었습니다. 표정으로 어느 정도 감정을 표현하는 로봇에다가 챗GPT를 연결해서 사람과 대화하는데, 문장에 따라 연관된 표정도 짓고, 역시나 챗GPT의 특징처럼 말을 많이 하더군요. 그런데 이걸 보는 순간 '이거 생각보다 굉장히 섬뜩한데?' 하는 생각이 들었어요.

현재 우리가 갖고 있는 인공지능 기술과 로봇의 만남을 어느 정도로 평가하고 계신지, 앞으로 2~3년 내에 어느 수준까지 갈 수 있다고 생각하시는지 묻고 싶어요. 네이버가 로봇도 연구하고 있기 때문에 더 궁금합니다.

하정우　　제가 로보틱스 전문가가 아니어서 잘은 모릅니다. 이번에

● 휴머노이드(humanoid): 인간의 외양과 비슷할 뿐만 아니라 인식과 운동 기능까지 갖춘 지능형 로봇.

구글에서 PaLM-E가 나왔는데요. LLM에 시각입력 모듈을 붙이고, 언어 형태로 로봇의 액션을 생성하도록 자연스럽게 결합시킨 거예요. 사람의 행동을 대체하는 것이 로봇의 목적이다 보니 언어로 표현하거나 매핑할 수 있어요. 데모에서는 가사나 주방 일을 하는 로봇의 여러 행동을 보여주는데 잘 수행하더군요. 사람처럼 적당한 힘을 주고 섬세하게 물건을 손에 쥐는 등 실제 물리적인 움직임에서 정교하게 만드는 기술들이 고도화되어야겠죠. 표정 변화를 얼마나 자연스럽게 구현하도록 매핑할 것이냐 하는 것도 과제죠. 아무튼 물리적 구현만 숙제로 남은 상황이라 로보틱스 관점에서 보면 굉장히 가능성이 높다고 봅니다. 구글뿐 아니라 오픈AI도 로보틱스 회사에 투자했어요.

한상기   오픈AI는 로보틱스를 포트폴리오에서 뺐죠.

하정우   네, 그런데 투자를 했지요. 1X 테크놀로지스라는 노르웨이의 휴머노이드 스타트업이에요. 기술의 발전 속도는 항상 제 생각보다 빠르더라고요. 로봇 기술도 그럴 것 같습니다. 그런데 기술이 현실화되려면 고려해야 할 사항이 두 가지 있다고 생각합니다.
첫 번째로, 투자 대비 효용가치가 나올 것인지입니다. 비즈니스 관점에서는 로봇이 비싸잖아요. 이 가격을 어떻게 현실화할 것인가가 과제죠. 그래야 소비자들이 활용하고 시장이 만들어지니까요. 지난 수십 년간 인공지능이 겨울을 보내야 했던 주요한 이유는 결국 비즈니스로 연결되지 못한 부분이 크니까요. 두 번째는 사회에서의 수용성이겠지요. 로봇이 사람의 일을 물리적으로 대체하게 될 텐데, 이걸 얼마만큼 수용할 것이냐 하는 복잡한 문제죠.

한상기   인간을 닮은, 인간의 모양을 한 휴머노이드를 만드는 것에 관심이 많으십니까?

하정우   아뇨. 저는 휴머노이드에는 딱히 관심이 없어요. 방향이 맞다, 틀리다가 아니라 저는 꼭 휴머노이드 형태로 만들어야 할 필요가 있느냐는 입장이에요.

한상기   제 지인이 영화 〈스타워즈〉에 나오는 R2D2나 쓰리피오C-3PO 정도로 만들지 왜 꼭 사람 모양으로 만들려고 하느냐? 인간 모양을 흉내 안 내도 우리는 걔네들하고 충분히 재밌게 잘 지낼 수 있다는 의견인데, 그런 입장이세요?

하정우   휴머노이드 형태로 하려다 보니까 가격이 비싸지고 사회적 문제가 생길 수도 있으므로, 그냥 기능만 충실하게 만들자는 실용적 관점입니다.

| 인공지능이 인간의 감정까지 공유할 수 있을까 |

한상기   휴머노이드는 아니더라도 영화 〈그녀〉에서 음성만으로도 인간과 감정까지 교류하는 사만다를 보고 사람들이 많이 놀랐어요. 그런데 이제 사만다가 현실에 등장하는 게 멀지 않은 것 같다는 생각이 듭니다. 우리가 일상에서 친구나 가족, 비서처럼 자연스럽게 함께할 수 있는 컴패니언 챗봇은 언제쯤 등장할까요?

하정우   텍스트 데이터를 쓰지 않는 자연어 처리Textless-NLP 연구를 메타에서 2021년에 공개했습니다. 음성 데이터만으로 언어모델을 만들 수 있는 기술인데, 제가 볼 때 오픈AI가 마음만 먹으면 바로 만들 수 있을 것 같습니다.

다음 수순은 음성과 텍스트를 같이 학습하는 멀티모달 형태일 테고요. 지금 가장 문제가 되는 부분은 감정을 연속된 형태로 정의하는 게 아니라 인위적으로 단계별 레벨로 나누고, 그 레벨에 따라 텍스트 정보로부터 감성을 분류한 결과를 매핑해서 처리하는 것입니다.

LLM으로 몇 가지 실험을 해보니 내부적으로 감정을 연속적으로 표현할 수 있는 것처럼 보입니다. 그런데 음성 인터페이스 관점에서 보면, 엔드 투 엔드로 연결하는 것이 아니고 결과값들을 별도 입력으로 제공하다 보니 음성을 합성할 때 자연스럽게 연결되지 않는 것이 문제입니다. 그래서 음성과 텍스트 멀티모달 학습으로 이 부분을 해결할 것으로 예상합니다. 현재 공개된 챗GPT 앱이 위스퍼라는 다국어 음성인식기가 결합된 형태인데 머지않아 더 발전된 형태를 볼 수 있겠지요.

한상기 　인공지능이 인간의 감정을 해석할 수 있거나, 더 나아가 인간처럼 감정을 표현할 수 있다고 생각하세요? 남자 주인공이 사만다에 흠뻑 빠진 이유가 바로 인공지능이 사람과 감정을 교류하고 공감해주었기 때문인데요, 이게 짧은 시간 내에 가능할 거라고 보시나요?

하정우 　인공지능이 감정을 가질 것이라는 데 대해서는 저는 부정적이에요. 그 대신 사용자의 감정을 분류하고 거기에 대응해 감정이 반영된 자연스러운 콘텐츠를 만드는 것은 충분히 가능할 거라고 생각합니다.

한상기 　그 얘기는 언어나 음성으로도 감정을 표현할 수 있다는 생각이신데, 감정을 연구하는 전문가들은 그건 절대로 불가능하다고 얘기하거든요.

하정우 　저는 된다고 봐요. 될 것 같아요.

한상기 　진화심리학자나 감정 연구자들은 그건 턱도 없다, 감정은 그렇게 간단한 게 아니라고 합니다. 인간의 감정은 사람마다 마치 지문처럼 다르고 온몸의 다양한 요소와 특징으로 표현하는 것이라는 겁니다. 과거에 인간의 표정을 담은 사진으로 감정을 인식하고 분류할 수 있다는 주장이 있었는데, 전반적으로 인위적이고 잘못된 연구라고 비판받았죠. 제가 옳다는 주장을 하고 싶은 게 아니라, 하 센터장님이 어떻게 보고 있는지 알고 싶어서 드리는 질문입니다.

하정우　제가 가능성이 있다고 보는 것은, LLM이 입력된 정보들에 대한 맥락을 엄청 잘 이해한다고 보기 때문입니다. 이 능력은 사람과의 대화에 적용해도 마찬가지여서 주고받은 대화 전체의 맥락을 이해하는 능력도 대단합니다.

텍스트뿐만 아니라 음성 입력에서도 역시나 이 능력은 잘 발휘될 것이고, 카메라를 통해 비전 정보도 더해지겠죠. 이 정도로 많은 정보를 입력받으면 사용자의 콘텍스트에 부합하는 결과물을 생성해낼 수 있다고 봅니다. 충분히 흉내 낼 수는 있다고 보는 거죠. 물론 사람처럼 감정을 갖거나 이해한다는 뜻이 아니라 흉내를 상당히 잘 내서 그럴듯한 반응을 만들어낼 수 있다는 거죠. 사람도 영혼 없이 그럴듯하게 대응하는 경우가 많은 것처럼요.

남은 과제는 이것을 어떻게 정확하게 평가할 것이냐입니다. 정량 평가를 해야 될 텐데 누구나 인정할 수 있는 검증된 평가 기준이나 평가 방법이 없어서 달성 여부를 판단할 수 없는 게 현재의 상황입니다.

한상기　과거 연구를 보면 뇌과학자나 감정 연구자들이 배우들에게 감정을 표현하는 표정을 연기하게 하고, 이걸 촬영한 영상이나 이미지를 사람들에게 보여주면서 어떤 감정인 것 같냐고 판단하게 했어요. 배우들의 뇌를 fMRI●로 찍기도 했고요. 그런데 배우들의 표정이 자연스러운 것이 아니라, 지시한 대로 연기를 하거나 인위적으로 만들어낸 표현이었다는 것을 사람들이 알더라는 게 실험의 결론이었어요. 일상에서 보여주는 표정이 아니었다는 거죠. 그리고 감정을 라벨링하는 사람들에게 그 영상이나 이미지를 보고 평가하도록 했는데, 그것도 같은 결론이었고요.

그런가 하면 〈스타트렉〉이라는 드라마 등장인물 중에 데이터 Data 소령이라는 휴머노이드가 있는데, 이 친구는 인간의 감정을 잘 이해하지 못해요. 그래서 맨날 "왜 인간은 저럴까요, 이해할 수 없어요"라는 말을 하는 장면이 나와요. 그런데 데이터 소령이 업무를 수행하는 데는 아무런 문제가 없었어요. 우리가 인공지능에게 시키는 과업의 상당수는 감정을 이해하거나 교류해야 할 필요가 없지 않나 하는 생각에 드리는 말씀입니다.

하정우　　저도 동의합니다. 다만 인간의 지적 능력과 비슷한 수준으로 실현해오다 보니까 인공지능 기술이 얼마만큼 사람의 지능 현상과 비슷한가, 감정이라는 것을 인공으로 만들어낼 수 있는가, 인공으로 만들어낸다면 그것이 유효한가와 같은 중요한 주제가 남은 거지요.

● fMRI(functional Magnetic Resonance Imaging, 기능성/기능적 자기공명영상): 혈류와 관련된 변화를 감지해 뇌 활동을 측정하는 기술. 뇌의 어떤 부위가 사용될 때 그 영역으로 가는 혈류의 양도 따라서 증가한다는 사실을 이용해 어떤 부위의 신경이 활성화되었는지를 측정하는 기술이다.

인공지능이 실제 문제를 해결하는 데 얼마만큼 기여하느냐 하는 기능적 관점과는 전혀 다른 질문입니다. 인간 그 자체에 최대한 가깝게 만들고 싶어 하는 열망인 것 같습니다.

물론 감정을 통해서만 풀 수 있는 문제나 과업도 있죠. 공감을 통해 사람에게 위안을 주거나 외로움을 덜어주는 것들이요. 이런 일들은 인공지능이 수행하기는 어려울 수 있겠지요. 그런데 최근에 재미있는 연구가 보고되었습니다. 인공지능의 영혼 없는 응대나 흉내 내기도 사람에게 도움과 위안을 줄 수 있다는 걸 밝혀낸 연구인데요, UC샌디에이고 연구진이 JAMA에 발표한 〈공개 소셜 미디어 포럼에 게시된 환자의 질문에 대한 의사와 인공지능 챗봇의 응답 비교〉라는 논문입니다.

3장에서 말씀드린 것처럼 전문가의 80퍼센트가 의사들보다 챗GPT의 설명이 더 낫다고 평가했는데, 그 이유가 인공지능이 더 정확한 정보를 제공할 뿐만 아니라 훨씬 더 공감하는 응답을 했기 때문이라는 분석입니다. 챗GPT가 감정이 있어서가 아니라 환자에게 의사보다 더 친절하고 과도할 정도로 상세하게 설명을 하는데, 그 부분에 대해 환자들은 인공지능이 자신에게 공감한다고 느꼈다는 거죠. 저희 클로바 케어콜로부터 많은 어르신들이 위로를 받는다는 반응이 이와 유사한 사례인 것 같습니다.

한상기 영화 〈인터스텔라〉에 등장하는 로봇들이 정말 재미있었어요. 타스TARS라는 로봇이 유머 레벨을 조정해요. 애가 거짓말도 하고 장난도 치다가 유머 레벨을 낮추라고 지시하면 정상적인 척하는 장면이 나옵니다. GPT-4가 초보적인 유머를 이해한다고 말하기는 그렇고, 모사하는 거를 보여주기는 하는데, 타스 수준으로 유머를 이해하거나 얘기할 수 있는 인공지능은 언제쯤 기대할 수 있을까요?

하정우　　　농담과 유머 코드를 얘기하는 것은 2020년 초에 구글에서 연구한 미나Meena라는 모델 때부터 가능했어요. 논문에도 미나가 구사하는 유머 몇 가지가 예시로 등장하는데, 드디어 유머 코드를 이해하고 얘기할 수 있는 인공지능이 나왔다고 구글이 자랑했었죠. GPT-3가 나오기 훨씬 이전부터 어느 정도 가능했던 것이고, 이제는 데이터를 준비해서 지시학습을 시키면 충분히 가능하게 되었습니다. 유머에 대한 이해가 없어도 모사는 가능합니다. 문제는 얼마만큼 창의적으로 유머를 구사할 수 있느냐 하는 거죠.

한상기　　　인공지능이 사람보다 창의적일 수 있을지는 의문이지만, 사람보다 훨씬 많은 유머를 구사할 수는 있겠네요. 사람들이 아는 유머라는 게 어차피 제한된 것이기 때문에, 엄청난 데이터와 소재를 기반으로 유머를 구사하면 사람이 미처 생각 못 한 유머를 만들어낼 수도 있을 것 같습니다. 실제로 인공지능 스피커에게 '재밌는 얘기 해 줘'라든가 '유머 알려줘' 하는 사람들이 생각보다 많아요.

하정우　　　심심하니까요. 다만 인공지능 스피커는 이미 알려져 있는 걸 읽어줄 뿐이죠.

한상기 물론 그렇죠, 굉장히 썰렁한 아재 개그의 수준으로요. 그런데 그것만 들려줘도 사람들이 깜짝깜짝 놀라기도 하고 재미있어합니다. 로봇이 사람 형상의 휴머노이드일 수도 있고 R2D2처럼 장난감 같은 모습일 수도 있는데, 같이 생활하다 보면 사람들이 반려동물에게 그렇듯이 로봇에 대해서도 엄청난 애정과 애착을 느낄 수 있다고 봅니다.

그러다 보면 로봇의 가치와 권리에 대해서 얘기할 시대가 올 거라는 생각이 들어요. 아이보˙ 같은 장난감 수준의 로봇에게도 사람들이 애착을 느꼈는데, 대화를 나누고 감정까지 공유했다고 생각하는 인공지능 로봇을 누가 망가뜨리거나 부숴버리면 이게 그냥 재물손괴죄 정도가 아닐 수 있거든요. 주인에게는 살인과 다름없을 만큼 충격적인 일일 수 있는 거죠.

하정우 그럴 수 있죠. 많은 사람이 미래를 전망할 때 그럴 가능성에 대해 얘기하고, 저도 그럴 수 있다고 봅니다. 사람은 사물에 의인화나 인격을 부여하는 것을 좋아하니까요. 많은 남성들이 자동차에 엄청 애정을 쏟다가 폐차할 때 만감이 교차하는 걸 느끼는 것이 그런 예겠

● 아이보(AIBO): 소니에서 1999년에 시판한 세계 최초의 애완용 로봇. 이름의 어원은 'AI를 가진 로봇, eye(눈)를 가진 로봇'이라는 의미의 합성어이며, 일본어로 동료, 친구, 단짝, 짝꿍이라는 뜻으로 쓰는 단어 아이보우(あいぼう, 相棒)이기도 하다.

죠. 차에 대해서도 그럴 정도인데 대화를 나누고 경험도 공유하고 상호작용하는, 나의 데이터로 개인화된 로봇이 나온다면 그럴 가능성이 훨씬 높을 겁니다. 일반 물건과는 상실감의 차원이 다를 것은 분명한데, 이 상실감을 정량화하기 위해 가치를 어떻게 산정할지, 기존의 재물손괴죄와는 다른 형태의 처리 방식과 보상안을 어떻게 마련할지가 논의되어야겠지요.

| 로봇과 관련된 민감한 이슈들 |

한상기　2017년 유럽연합에서 지능형 로봇에게 일정한 법적 지위를 인정하는 결의안을 채택했습니다. 전자인간electronic person이라는 표현을 썼는데요, 법 제정으로 진전되지는 않고 중단된 상태이긴 합니다. 그런데 비단 로봇의 사례가 아니더라도 법률적으로는 인간이 아닌데 권리와 의무를 부여한 법인이라는 개념이 존재합니다.

하정우　전자인간에게 법적 인격을 부여하는 문제는 다양한 측면에서 논의가 있어야 할 것 같습니다. 언뜻 떠오른 것만 해도 소유권과 재산권에다 로봇이 만들어낸 산출물에 대한 저작권, 로봇 제조회사의 책임과 로봇 소유자의 책임 문제 등등 아주 많네요.

한상기　로봇에게 자기 유산을 상속하겠다는 어르신도 나올 거고요. 이미 반려동물에게 유산을 상속하는 사람들이 있거든요, 물론 신탁을 통해 관리자를 따로 두지만요. 그런데 인공지능 로봇은 스스로 자산관리를 할 수도 있을 테니, 세상이 많이 달라질 거라는 생각이 듭니다.

하정우 　맞아요. 이런 것들을 다 사회적 담론으로 풀어야 합니다. 수용성도 중요할 테고요. 사회의 근간이 바뀌게 되는 거니까요.

한상기 　좀 예민한 주제인데 로봇과의 섹스 이슈도 있습니다. 소프트뱅크가 2014년에 휴머노이드 로봇 페퍼Pepper를 판매할 때, 사용설명서에 이 로봇과 섹스하면 안 된다고 적어놓기도 했어요. 이미 인공지능 기술이 약간 들어간 러브 돌 같은 것도 판매되고 있는데요, 인터넷이 대중화되는 데 포르노 사이트가 큰 역할을 했다는 얘기가 있듯이 성애용 로봇도 많이 나올 것 같습니다.

하정우 　그러겠지요. 세상에는 다양한 사람들이 워낙 많으니까요. 형상이 사람과 비슷할수록 그럴 가능성이 더 높고요. 로봇은 심지어 화도 안 내고 인내심도 무한대니까요.

한상기 　위법화하거나 규제해야 한다고는 생각하지 않으십니까?

하정우 　고민이 좀 됩니다. 법으로 하지 말라고 해도 할 것 같고, 사

람들에게 위안을 주거나 성범죄를 줄일 수 있다는 순기능도 있을 것
인데…… 그렇다고 이걸 장려할 거냐고 물으면 인류의 지속 가능성
에는 악영향을 줄 수도 있을 것 같고요. 우리가 사람과 연애를 하고
같이 살면 좋은 일도 있고 슬픈 일도 있고 잔소리도 하고 스트레스를
받기도 하는데, 인공지능 같은 경우는 잔소리를 안 하잖아요. 자기 얘
기하는 거 다 받아주고 필요하면 조언도 해주는 인공지능 로봇에 사
람이 너무 친숙해지거나 과몰입하게 되면 정작 사람 간의 관계는 어
떻게 될까요? 후손을 통한 DNA의 존속이라는 종의 생존에 위기가
발생할 가능성도 배제할 수 없겠죠.

| 로봇은 인간의 노예가 될까, 동료가 될까 |

한상기　　　섹스 로봇은 아니더라도, 앞서 네이버의 클로바 케어콜처
럼 사람들에게 위안을 주고 돌봄 서비스를 제공하기 위한 수요는 클
것이라고 봅니다. 특히 일본이나 한국처럼 급속히 초고령화 사회로
가는데 정작 돌봄 서비스를 제공할 인력은 부족한 나라들에서는요.
로봇의 형태이든 챗봇이든 이런 인공지능 에이전트와 인간이 공존하
게 되면 애네가 우리의 노예가 되는 걸까요, 우리의 동료가 되는 걸까
요?

하정우　　　저는 노예라는 표현을 쓰고 싶지는 않지만, 어쨌든 도움을

주는 도구, 도우미, 도움을 주는 개체 정도로 보고 있어요. 사람은 의인화하는 걸 되게 좋아하지요. 어떤 물체든 다 의인화해서 자기 감정을 표현하면서 위안을 얻거나 행복감을 느끼기도 합니다. 화분에 심은 식물이나 애완동물은 생명체니까 그렇다 쳐도, 자동차에도 이름을 붙여서 부르는 사람도 많습니다. 그러니 사람과 비슷하게 상호작용하는 인공지능이라면 당연히 그러지 않을까요?

근본적인 해결책은 아니겠지만 그래도 인공지능 리터러시를 교육하고 강조하는 것이 중요합니다. "여러분이 마주하고 있는 이것은 인공지능입니다. 여러분의 감정을 투영할 수도 있지만 한계를 명확히 알고 하세요" 이런 거죠. 말릴 수는 없지만 방치할 수도 없으니까요.

한상기   그래서 유럽에서는 법률로 정하자고 합니다. 서비스할 때, 처음과 중간중간에 사용자에게 인공지능이라는 걸 계속 고지하도록 의무화하겠다는 거죠.

제가 통신사 인공지능 챗봇과 대화했던 경험을 말씀드렸었는데, 그때 제가 중요하지 않은 고객으로 취급되는 것 같다는 생각이 들어서 씁쓸했어요. 그런데 이게 제 나이 때문일 수도 있겠구나 하는 생각도 들더라고요. 저는 사람과 대화하는 게 익숙한 세대에 속하니까요.

하정우   요즘 젊은 사람들은 모르는 사람과 통화하거나 대화하는 것을 무척 부담스러워하거나 심지어 두려워하기도 한다고 합니다. 그러니 오히려 기계와 소통하는 게 낫다고 생각할 수 있겠죠.

한상기　더군다나 젊은 세대가 얘기하는 공정이라는 기준에서 보면, 누구를 상대하느냐에 따라 내가 기분이 좋을 수도 있고 나쁠 수도 있다는 예측 불가능성을 두려워하더라고요. 상대에 따라 내가 불이익을 받을 수 있다는 불안감도 있고요. 그런데 인공지능은 누구에게나 똑같이 응대하니까 안심이 되는 거죠.

하정우　네, 맞아요. 더구나 팬데믹도 거치면서 점점 더 비대면과 개인화 경향이 가속화하고 있어서, 젊은이들뿐 아니라 더 많은 사람들이 기계와 상대하는 걸 더 편안해하는 추세로 갈 것 같습니다.

한상기　인공지능 기기 얘기도 해볼까요? 당분간은 일상적으로 인공지능을 사용하기에는 스마트폰이 가장 대중적이겠지만, 향후에는 스마트폰이 인공지능 기기로 진화할 가능성도 있다고 봅니다. 그리고 그 후에는 스마트폰 자체가 사라질 수 있고요. SF 영화를 보면 줄였다 늘렸다 하는 디스플레이를 갖고 다니죠. 귀에 꽂는 기기, 안경에 부착하는 기기, 콘택트렌즈 형식 등 다양한 유형으로 나타날 수 있다고 생각합니다.

하정우　구부리거나 둘둘 말 수 있는 플렉서블 디스플레이와 디바이스 기술의 발전을 생각하면 안경이나 귀걸이 같은 장신구류나 심지어 옷같이 항상 착용하는 방식으로 진화할 수도 있겠지요. 기술의 발전은 항상 새로운 디바이스를 출현시키고, 디바이스는 또 새로운 기술을 확산시키죠.

한상기   지금까지 스마트폰은 대화면, 카메라 성능 등으로 경쟁했는데, 향후에는 인공지능에 얼마나 최적화되었나로 경쟁하지 않을까요? 그런 점에서 하이퍼클로바 기술과 기능이 스마트폰에 기본 탑재되어 나올까요? 혹시 네이버가 삼성전자와 협의하고 있나요?

하정우   현재는 없습니다. 하지만 좋은 아이디어 같습니다. 미래는 아무도 모르기도 하고요 (웃음).

| 시대에 발맞춰 기업과 개인이 준비할 것 |

한상기   이제 기업과 개인이 시대에 발맞춰 무엇을 어떻게 준비하면 좋을지 이야기해보겠습니다.

하정우   먼저 기업이 가장 먼저 할 일은 기업 내에서 초거대 인공지능을 적용하는 것이 필요하거나 가능한 분야의 후보군 리스트를 만드는 것입니다. 직원들의 생산성 향상과 업무 프로세스 개선, 공정 합리화와 비용 절감 요소 도출, 고객과 파트너에게 새로운 가치 제공, 경쟁사와의 차별화 요소 등 다양합니다.
이런 리스트 작업은 해당 사업에 대한 전문성을 갖추고 있으며 그 기업의 사정에 정통하고 업무 경험이 많은 직원들이 할 수 있는 일입니다. '알아서 해주겠지'라는 기대로 인공지능 전문 기업과 무작정 미팅을 해봐야 효과적인 논의가 진행되기 어렵습니다.

이 리스트가 만들어지면 우선순위를 정해야 하는데, 이때부터는 초거대 인공지능 전문 기업의 전문가들로부터 도움을 받을 수 있습니다. 우선순위를 정하는 기준에는 효과의 임팩트, 데이터 준비 혹은 가용 정도, 현존 기술 기준으로 구현할 때의 난이도와 프로젝트 소요 기간, 비용이나 투자 규모 등이 포함됩니다.

그리고 나서는 우선순위가 높은 과제들을 진행하는 데 필요한 데이터들로부터 학습 데이터를 만들기 위한 준비와 가공 작업을 진행해야 합니다. 적용 과제의 내용과 기능에 따라 필요한 데이터의 양과 범위, 가공 방법이 상당히 많이 다르고 필요한 인프라와 투자 비용 또한 달라지기 때문입니다. 그리고 산정된 투자 비용 대비 효용성과 필요성을 기준으로 의사 결정 및 실제 프로젝트를 진행하면 됩니다.

이때 처음부터 거창한 프로젝트로 시작하기보다는 작더라도 빠른 성공을 이루어내는 것이 중요합니다. 성공적인 프로젝트를 통해 인공지능 적용과 데이터 구축 경험을 쌓고, 이를 동력으로 더 규모 있는 투자의 근거로 삼아서 크고 임팩트 있는 적용 분야로 넓혀가는 것이 좋은 방법입니다.

그런데 이 과정의 원활한 진행과 성공적인 인공지능 적용을 위해서는 최고의사결정자들의 의지도 중요하지만 직원들의 인공지능 리터러시를 강화하는 것도 아주 중요합니다. 인공지능 전문 기업의 도움을 받는다 해도 문제 정의, 우선순위 결정, 데이터 준비 및 가공, 그리고 활용은 각 기업 실무자들의 역할입니다.

해당 분야의 전문가들인 실무자들의 인공지능 이해도가 높고 활용에 대한 의지와 수용성이 높아야 성공적으로 프로젝트가 진행되고 실제 적용 후에도 의미 있는 성과가 나올 가능성이 높습니다. 그래서 직원들로 하여금 인공지능 활용 능력이 본인의 경쟁력으로 직결된다는 것을 깨닫게 하는 것이 중요하고, 또 장점과 한계점을 제대로 알고 쓰도록 하는 것이 중요합니다.

초거대 인공지능 기술이 놀라운 성능을 보여주면서 사용자들의 부족한 리터러시로 인해 잘못 활용되는 사례들도 보고되고 있습니다. 얼마 전 미국의 30년 차 변호사가 챗GPT에게 질문해서 몇 가지 판례를 얻어 재판에 활용한 사례가 대표적입니다. 이 판례가 모두 챗GPT의 환각 현상으로 만들어진 가공의 판례였음에도 이 변호사는 이를 확인하지 않고 재판에 활용해 결국 변호사 자격 취소라는 위기에 처하게 되었습니다. 이런 일들을 방지하기 위해서 기업 차원에서 직원들의 인공지능 리터러시를 강화할 필요가 있습니다.

한상기　　이 책을 읽는 독자들은 어떤 준비가 필요할까요?

하정우　　지난 2~3년간 메타버스, 블록체인, NFT 등 새로운 기술들이 등장했습니다. 사람들은 열광했고, 투자를 넘어 투기 광풍이 벌어지기도 했죠. 그러다 최근에는 그 열기가 식은 것처럼 보입니다. 인공지능 기술 역시 그럴 것이다, 일시적 거품에 불과하다고 생각하는 사람들이 있을 수 있습니다. 살아오면서 신기술이 잠깐 반짝하다가 사라지는 것을 많이 보아왔기 때문이겠죠. 그런데 계속 말씀드렸지만 챗GPT가 촉발한 인공지능, 특히 초거대 생성형 인공지능은 거스를 수 없는 시대의 흐름이라고 저는 확신합니다.

이런 기술 격변기 상황에서는 먼저 적극적으로 수용하고 활용해서 자신의 능력으로 만드는 사람들에게 더 많은 기회가 찾아옵니다. 그래서 최대한 많은 자료를 접하시되 자료를 보는 것으로 그치지 말고 자신의 모든 생활에서 사용해보실 것을 권합니다. 일상생활에서도 사용하시고, 업무를 할 때도 속한 조직의 정책이 허용하는 범위 내에서 최대한 많이 활용해보실 것을 권장드립니다. 제가 강연할 때마다 연애를 글로 배우면 안 되는 것과 같은 이치라고 말씀드리고 있어요 (웃음). 초거대 인공지능에게 질문하거나 명령하는 것도 하면 할수록 실력이 향상됩니다.

그런데 여기서 명심할 게 있는데요, 이 능력만 갖고는 차별화되기 어렵습니다. 요새 웬만한 영어 실력, 운전하는 능력, 인터넷 활용하는 능력 정도로는 경쟁력이 있다는 얘기를 하기 어렵죠. 마찬가지로 인공지능을 활용하는 능력은 기본이고, 여기에 더해 본인의 전문 분야에서의 역량과 지식 경쟁력이 매우 중요합니다. 인공지능을 활용하는 능력은 촉매 역할을 하게 될 것이라 생각합니다. 즉 촉매 그 자체로는 한계가 있지만 각 분야에서의 차별화된 경쟁력을 만들어주는 데는 아주 큰 역할을 할 수 있는 것이 인공지능을 활용하는 능력이라고 생각합니다.

또한 인공지능 기술의 발전 속도는 시간이 갈수록 더욱 빨라질 것이고 이로 인해 인공지능 도구는 더욱 강력해지고 사용하기 쉬워질 것으로 예상됩니다. 사실 이것은 인공지능뿐 아니라 다른 기술도 마찬가지입니다. 이럴 때는 개별적이고 단편적인 지식을 알고 있는 것보다는 새로운 기술을 빠르게 흡수하고 배울 수 있는 능력이 더 중요한데, 이를 위해서는 기본기를 갖춰야 합니다.

기본기는 문제를 도출하고 가설을 세우고 검증하고 데이터를 해석하는 능력 등을 말합니다. 인공지능 분야의 기본기라면 기초적인 수학과 자료 구조에 대한 이해, 절차적인 사고력 같은 것들이죠. 여기에 적극적으로 기술을 수용하고 내 것으로 만들려고 하는 노력이 아주 중요합니다. 그리고 인공지능 기술의 한계를 정확하게 알고 쓰려는 자세와 안전하게 사용하기 위한 기술 윤리를 갖추는 것도 중요합니다.

한상기　자녀를 가진 독자분들께 아이들 교육과 인공지능을 관련지어 말씀해주신다면요?

하정우　자녀를 둔 부모님들은 아이들에게 인공지능 활용에 대해 어떻게 가르쳐야 할지 걱정이 많으시고 실제로 그런 질문들을 제게 많이 주십니다. 저 또한 여덟 살짜리 아이를 가진 부모 입장이지요. 챗GPT는 13세 이상 18세 미만은 부모 동의가 필요하고, 구글 바드는 18세 미만 사용 불가 정책을 취하는 것으로 알고 있습니다. 청소년들에게 해를 끼치는 것이 검증되었기 때문이라기보다는, 이런 도구에 대한 충분한 이해와 활용법을 익히기 전에 무분별하게 사용함으로써 능력 개발에 악영향을 줄 수도 있다는 우려에서 나온 정책이리라 추측합니다.

그런데 최근 미국 뉴욕시가 공립학교에서의 챗GPT 사용 금지 방침을 4개월 만에 철회했습니다. 일괄적으로 금지하기보다는 인공지능 도구를 적재적소에 잘 활용하는 것을 가르치는 것이 더 중요하다고 판단한 것이죠. 어렸을 때부터 길러진 리터러시는 완전히 체화되어 평생의 강력한 경쟁력으로 작용할 수 있습니다. 도구로서, 인간의 도우미로서 인공지능과 함께 살아가는 것이 무엇을 의미하는지, 어떻게 활용하고 도움을 받는 것이 가장 바람직하고 지속 가능한지를 꾸준히 가르치는 것이 중요합니다. 그러려면 부모님이, 어른이 먼저 정확하게 알고 사용해야겠지요.

| 인공지능을 다룬 책과 영화 |

한상기　　가벼운 질문을 드리려 합니다. 가장 좋아했거나 인상 깊었던 SF 영화나 소설이 있다면요?

하정우　　이제는 고전이 된 〈E.T.〉나 〈스타트렉〉 등은 논외로 하고요. 조니 뎁과 모건 프리먼이 출연했던 2014년 영화 〈트랜센던스Transcendence〉를 재밌게 봤습니다. 우리말로는 '초월, 탁월함'으로 번역할 수 있는데요, 흥행이 잘 안 돼서 기억하시는 분들이 많지는 않을 겁니다.

이 영화에서 여러 가지를 느끼고 배웠습니다. 첫째로, 그 존재가 아무리 선하더라도 사람들은 불확실한 것과 인간보다 우월한 존재를 정말 싫어하는구나 하는 것이었어요. 역사 속의 선지자나 예언자들이 그렇게 박해를 받은 것도 그런 이유인 것 같고요.

두 번째로, 영화 속에서 천재 연구자로 나오는 조니 뎁은 인류를 위하려는 목적으로 인공지능을 만들었는데, 이야기가 전개되면서 인류와 전쟁을 벌이게 됩니다. 마지막 장면에는 결국 인류를 위해 인공지능 시스템이 폭파되는데요, 앞서 정렬 문제를 얘기했었는데 인공지능을 만들 때의 고민거리들에 대해 느낀 게 많았던 영화였습니다.

한상기　　그 영화에는 인간의 의식과 지식을 인공지능 시스템에 직접 연결한다는 개념의 마인드 업로딩 기술이 등장하는데, 그건 먼 미래의 일이긴 합니다. 전문서적이 아니라 교양서로 읽을 수 있는 인공지능 관련 책을 추천해주신다면요?

하정우　　제 앞에 계신 한상기 박사님의 《신뢰할 수 있는 인공지능》을 추천합니다. 우리가 이 대담에서 다뤘던 인공지능의 사회적·윤리적 이슈에 대해 잘 정리한 저작이라 생각합니다.

한상기   고맙습니다 (웃음). 추천사도 써주셔서 감사하고 있습니다.

하정우   또 한 권을 꼽으라면 《가장 인간적인 미래》입니다. 윤송이 NC소프트 최고전략책임자가 스탠퍼드대학교에 있는 석학 여러분과 인공지능의 여러 주제에 대해 대화를 나누고 책으로 펴냈어요. 어려운 용어나 기술적인 내용이 거의 없어 읽기에도 편하실 겁니다. 한 박사님은 다양한 분야의 책을 읽고 문화생활도 많이 하시고, 과학기술 전문 독립서점도 운영하고 계시니까 추천해주실 게 많으시겠죠?

한상기   저는 좀 많지요. 하지만 다 소개할 수는 없으니 한두 개만 꼽자면, SF 영화로는 2015년 개봉한 영화 〈엑스 마키나 Ex Machina〉를 권합니다. 이 영화에는 우리가 인공지능과 로봇에 대해 고민할 거리를 많이 보여주고 있어요. 저는 이 영화를 컴퓨터 과학 공부하는 후배들 교재로 써도 된다고 생각합니다. 물론 그 이전에 나온 스탠리 큐브릭 감독의 명작 〈2001: 스페이스 오디세이〉를 빼놓을 수 없죠. 여기에 등장하는 '할 HAL 9000'이라는 컴퓨터는 인공지능 연구자들에게 구현할 목표가 되기도 했습니다.

하정우   책도 추천해주십시오.

한상기   SF 책이 워낙 많지만 아이작 아시모프의 《아이, 로봇》이라는 단편 모음집을 추천합니다. 1940년에서 1950년 사이에 썼던 단편을 모은 고전이에요. 그런데 지금 다시 봐도 매우 흥미로운 에피소드를 얘기하는 책이라고 생각합니다. 이 책에는 아시모프의 유명한 로봇 3원칙°도 나오는데, 그 3원칙이 다 옳다고 하는 게 아니라 그걸 운영하는 데 얼마나 미흡할 수 있는가도 얘기하고 있기 때문에 추천합니다.

| 결국, 사람을 위한 장치가 필요하다 |

한상기   마지막 질문입니다. 우리는 정말 인공지능 연구자들을 믿을 수 있는 건가요?

하정우   인공지능 연구자들도 사람이고, 그 안에는 다양한 사람이 있잖아요. 그중에는 좋은 사람도 있고 나쁜 사람도 있을 테고요. 그러니까 그 질문은 결국 '사람을 믿을 수 있느냐'인 것 같습니다.
안전장치를 만들자, 그러니까 인공지능을 연구하거나 개발하는 사람들에게 당신들이 하고 있는 일이 얼마만큼 중요한지, 따라서 사명감을 가져야 한다는 것을 계속 상기시킬 수 있는 장치를 마련해야 한다

● 아시모프의 로봇 공학 3원칙
　　제1 원칙: 로봇은 인간에게 해를 입혀서는 안 된다. 그리고 위험에 처한 인간을 모른 척해서도 안 된다.
　　제2 원칙: 제1 원칙에 위배되지 않는 한, 로봇은 인간의 명령에 복종해야 한다.
　　제3 원칙: 제1 원칙과 제2 원칙에 위배되지 않는 한, 로봇은 로봇 자신을 지켜야 한다.

고 봅니다. 그에 걸맞은 준칙과 세부적인 가이드라인도 마련해 지키도록 요구해야 하고, 이를 어겼을 때 처벌 기준도 만들어야겠지요. 세상에 사람을 어떻게 다 믿어요? 너무 나쁜 사람들도 많고 좋은 사람들도 많고 그런 상황인데요. 그렇다고 '아예 다 믿으세요'도 아니고, '아예 믿지 마세요'도 아닌 것 같습니다. "우리는 정말 중요한 일을 하고 있고, 인류 가치에 기여하는 일을 하고 있다. 힘든 일도 많지만 유익한 방향으로 갑시다"라고 계속 얘기해줘야 합니다. 답이 좀 추상적인 방향으로 흐르는 느낌이지만, 이런 꾸준한 노력이 필요한 것 같습니다.

한상기　우문을 드렸는데 좋은 대답을 해주셔서 감사드립니다. 모든 질문에 마치 인공지능처럼 막힘없이 답변해주셔서 고맙습니다(웃음).

하정우　한 박사님도 프롬프트 엔지니어처럼 훌륭한 질문들을 던져주시느라 수고 많으셨습니다. 독자분들도 여기까지 읽으시느라 고생 많으셨고요(웃음). 고맙습니다.

한상기 박사님이 함께 책을 내면 어떻겠느냐고 제게 제안을 주신 때가 2023년 3월 10일이었습니다. 전 세계 인공지능 학계와 업계가 가장 바쁠 때였고, 저도 정신을 못 차릴 정도로 놀라웠던 시기였습니다. 몇 차례 대담 시간을 만들기도 빠듯할 정도로 바빴지만, 지금 아니면 책을 쓸 기회가 없겠다 싶어 같이 진행하기로 했습니다. 그 후 온라인 화상 미팅을 포함해 여러 차례 대담을 진행하고, 녹취한 글을 다듬는 과정은 제 자신을 돌아보는 소중한 시간이었습니다. 머릿속에 파편화된 채로 있던 인공지능에 대한 지식과 다양한 사안에 대한 제 개인적인 견해, 그리고 내가 왜 이렇게 개인 연구를 거의 내려놓으면서도 열심히 외부 강연을 하는지에 대해 다시 한번 정리하는 기회가 되었습니다. 제 소회를 말씀드리자니 7~8년 전 과거로 거슬러 올라가게 됩니다.

2015년 말 딥마인드가 알파고 대국 상대를 이세돌 9단으로 정하고 이듬해 3월 서울에서 세기의 대국이 열린 것은 대한민국 인공지능 발전에 큰 전환점이 되는 사건이자 행운이었다고 할 수 있습니다. 바둑에서라면 인공지능이 절대 인간을 이길 수 없을 거라는 강력한 믿음을 비웃기라도 하듯 4 대 1이라는 압도적인 스코어는 물론이고, 대국 내용에서도 인간 최고수를 훨씬 넘어서는 광경을 우리 모두가 직접 목격했기 때문입니다. 인공지능의 경이적인 능력은 학계, 기업, 정부는 물론이고 이전까지는 관심 없던 사람들까지 이것이 가장 중요한 기술이라고 얘기하게 만들었고, 실제로 이 분야와 관련이 없을 것 같던 회사들도 투자에 뛰어들게 만들었습니다. 그 후 다양한 인공지능 스피커 기반의 서비스들이 출시되었고 금융, 의료, 공공 등 매우 다양한 분야에서 챗봇이나 AICC 같은 대화형 서비스들이 쏟아져 나왔습니다. 이에 따라 인공지능 개발자와 전문가에 대한 처우도 훨씬 좋아지고 영입 경쟁도 치열해졌습니다.

2016년의 강렬한 기대치에 비해 이후 3~4년 동안 인공지능 스피커나 챗봇 서비스들은 기대만큼 성장하지는 못했습니다. 아마존 알렉사나 구글 홈 같은 글로벌 테크 기업도 예외는 아니었습니다. 물론 2020년부터 시작된 COVID-19 팬데믹을 거치면서 번역, OCR, 음성인식, 추천 등의 인공지능 기술들이 다양한 서비스 형태로 사람들의 일상생활과 일터에 녹아들긴 했습니다만, 알파고 때의 기대치에 미치지는 못했습니다. 그래서인지 인공지능의 겨울까지는 아니어도 가을이 올 거라고 얘기하는 사람들도 점차 늘어나고 있었습니다. 오히려 메타버스, 블록체인, NFT, Web3.0과 같은 기술들이 더 각광을 받기 시작했습니다. 2022년 러시아-우크라이나 전쟁이 일어나고 엔데믹에 맞물려 찾아온 세계적인 공급망 불안과 과도한 인플레이션에 따라 미국을 중심으로 한 성장억제 정책으로 경기 침체기가 도래했습니다. 당연히 기술 투자도 꽁꽁 얼어붙으며 미국 드라마 〈왕좌의 게임〉에 나오는 스타크 가문의 가언인 "Winter is coming"이 2022년 하반기 벤처 투자자들을 한마디로 대변하는 문구가 되었습니다.

그렇게 겨울로 가는 길목에서도 2020년 5월 오픈AI가 GPT-3를 공개하고 그해 하반기에 외부에서 쓸 수 있도록 API를 제공하면서 발빠른 스타트업들은 움직이기 시작했습니다. 글쓰기와 관련된 앱 서비스를 제공한 Copy.ai나 재스퍼Jasper 같은 기업들이 대표적인데, 그런 기업들은 그 와중에 높은 가치를 인정받기 시작했습니다. 2022년에는 미드저니나 달리-2가 공개되어 그림을 그리는 인공지능이 각광받기 시작했고, 스태빌리티 AI에서 스테이블 디퓨전을 공개하면서 투자처를 찾지 못하던 자금들이 생성형 인공지능 시장으로 몰리기 시작했습니다. 물론 전체적인 투자 냉각 분위기를 돌릴 정도는 아니었습니다.

저는 2020년 GPT-3가 처음 나왔을 때부터 써보기 시작했고, 사용해본 결과 머지않아 전 세계 소프트웨어 업계는 이 기술을 보유한 기업과 그렇지 않은 기업으로 나뉘게 될 것이라고 확신하게 되었습니다.

2018년 구글의 버트가 처음 나왔을 때도 그런 느낌이 조금 들긴 했지만, GPT-3는 지난 20여 년 동안 유지된 검색 중심의 정보 콘텐츠 생산, 공유 패러다임이 초거대 생성형 인공지능 중심으로 바뀔 수 있겠다는 확신을 주었습니다. 그래서 2020년 하반기에 회사 경영진을 설득해서 대규모 투자를 단행하고 2021년 하이퍼클로바를 세계 세 번째 LLM으로 출시했습니다. 네이버는 내부적으로 쇼핑, 검색, 예약 등의 서비스에도 적용하고 2022년 초부터는 스타트업이나 학교에서도 활용 가능하도록 생태계 구축에도 집중하기 시작했습니다. 그런데 진행한 노력이나 성과 대비 바깥 세상의 현실과 인식은 제 기대와 달리 녹록지 않았습니다. LLM은 아직까지는 '반드시 가져야must have' 하는 것이 아니라 '가지면 좋은nice to have' 것일 뿐이었습니다.

이러한 세계적인 분위기를 한 번에 뒤엎어버린 이벤트가 2022년 11월 30일에 일어났습니다. 저는 그때 미국 뉴올리언스에서 열린 NeurIPS 2022 학회에 참석하고 있었는데, NeurIPS는 인공지능 연구자들이 1년에 딱 한 개의 학회에만 참석할 수 있다고 하면 아마도 대부분이 첫손에 꼽을 만큼 권위 있는 최고의 학회입니다. 저는 이 학회의 소셜위원장 자격으로 참석했고 저희 논문 발표를 준비하고 있었는데, 그날은 마침 오픈AI에서 InstructGPT 논문을 발표하는 날이기도 했습니다. 인공지능 관련 논문 발표 때는 으레 데모로 구현한 오픈 베타 서비스도 함께 공개합니다. 당시 오픈AI는 추가 투자가 필요한 상황이었기 때문에 완성도가 부족한 부분이 없지 않았는데도 서비스를 함께 공개한 것입니다. 당일 오전에 저는 다른 일정이 있어서 이 데모를 제대로 보지 못했는데, 회사 메신저에서 불이 났습니다. 한국에 있던 네이버 AI 랩 멤버들과 하이퍼클로바팀 엔지니어들 사이에서 난리가 난 것입니다. 왜 그렇게 난리인가 싶어 서비스를 직접 써봤는데 정말 충격적이었습니다.

첫 번째로 놀란 것은 GPT-3나 text-davinci-003이라는 API 형태로 제공되는 모델보다 한국어를 너무나 잘 처리한다는 점이었습니다. 한국어에 강하다고 생각했던 하이퍼클로바가 과연 괜찮을까 하는 걱정이 들 정도였습니다. 두 번째로, 초거대 인공지능을 쓰려면 유료 결제 후 별도 페이지나 API 형태로 사용해야 하고, 지시문과 예시들을 적절하게 입력하지 않으면 원하는 결과가 나오기 어려워서 잘 쓰기가 쉽지 않다는 점이 있었는데, 챗GPT는 그냥 시키는 대로 척척박사처럼 글을 잘 쓴다는 점에 놀랐습니다. 그것이 한국어든 영어든 상관없었고, 영어로 이메일 작성을 요청하면 적어도 저보다 훨씬 잘 썼습니다. 온갖 다양한 글쓰기를 시켜봤는데, 물론 환각 현상도 여전했지만 지금까지 접했던 LLM이 써내는 글의 수준이 아니었습니다. 마지막으로 오픈 베타 서비스로 이메일을 등록만 하면 누구나 사용할 수 있는 형태로 전 세계에 공개했다는 점도 놀라웠습니다. 네이버의 LLM인 하이퍼클로바도 이미 공개하긴 했지만 인공지능이 쓴 글의 내용이 문제가 될 경우 회사의 위기로 이어질 수 있어서 매우 조심스럽게 일부 스타트업들과 대학의 수업 실습 등에만 제한적으로 사용하는 클로즈 베타 서비스로 제공하고 있었기 때문입니다. 하지만 오픈AI는 그런 것 없이 누구나 쓸 수 있게 만든 것입니다. 그러다 보니 챗GPT는 전 세계 인공지능 연구자와 개발자가 참가한 NeurIPS 학회장에서 가장 중요한 화두가 되었습니다.

그런데 며칠이 지나니 학회장과 인공지능 업계의 화젯거리 수준을 훌쩍 넘어서버렸습니다. 공개 5일 만에 전 세계 사용자가 100만 명을 돌파한 것입니다. 인스타그램이 두 달 반 동안 모았던 사용자 수를 NeurIPS 학회가 끝나기도 전에 달성해버린 겁니다. 그리고 출시 40일 만에 세계 사용자 1,000만 명을 돌파했습니다. 더 나아가 세계에서 가장 핫한 서비스라는 틱톡이 9개월 걸린 월간 활성 사용자 1억 명을 단 2개월 만인 2023년 1월에 달성해냈습니다. 인터넷을 사용할 수 있는 사람들이면 누구나 쉽게 사용할 수 있으니 너도나도 접해보고, 신세계를 경험하고 입소문을 낸 것입니다.

2023년 설 명절을 전후해 대통령이 부처 업무보고 때 신년사에 활용했다는 소식이 언론을 통해 전해지면서 챗GPT의 인기는 대한민국 내에서 불에 기름을 끼얹은 것처럼 폭발했습니다. 국내 기업들은 물론이고 거의 모든 중앙 정부부처, 지방자치단체, 공공기관까지 챗GPT를 배우고 활용하기 위한 전문가 초청 강연을 열었습니다. 그러면서 자연스럽게 인공지능과 소프트웨어 업계 사람들보다 그 외의 분야에 계신 분들이 챗GPT를 훨씬 더 많이 언급하고 분석하고 논의하기 시작했습니다. SNS와 메신저에서는 매일같이 챗GPT가 쓴 글의 캡처 화면이 올라오고, 구글 바드와의 비교 결과들도 제 SNS 피드에 하루에도 수십 건 이상 올라왔습니다. 지금도 제 SNS의 광고란에는 챗GPT 도서나 강연들로 가득 차 있습니다. 온라인 서점에서 챗GPT

로 검색하면 2023년 6월 기준으로 300권 이상의 책이 뜨고 유튜브에도 셀 수 없이 많은 영상들이 쏟아져 나옵니다. 책의 저자나 콘텐츠를 만든 사람들의 배경이 다양하니 챗GPT를 바라보는 관점이나 테마 또한 매우 다양합니다. 단순히 확률적인 단어를 내뱉고 쓸데없이 많은 에너지를 낭비하는 기술에 불과하다고 폄하하는 내용부터 AGI나 특이점에 대한 공포를 넘어 사람은 불완전한 존재이므로 인공지능이 내리는 의사결정을 따라야 한다는, 마치 신처럼 여기는 주장까지 참으로 극과 극을 달리고 있습니다.

2023년 3월 14일에 발표된 GPT-4는 기존 챗GPT에 탑재되었던 GPT-3.5와도 완전히 차원이 다른 능력을 보여주었습니다. 구글은 5월 11일에 열린 연례개발자 행사인 구글 I/O 2023에서 그들의 LLM인 PaLM 2를 장착한 바드 업그레이드 버전을 공개하면서 제1외국어로 한국어를 지목했습니다. 사실상 한국어 LLM 시장에 전면전을 선언한 상황으로 해석됩니다. 6월 9일에 방한한 샘 알트먼은 한국의 초거대 인공지능 생태계에 대한 투자와 더불어 한국어 서비스를 더욱 강화할 것이라는 메시지를 남겼습니다. 네이버의 인공지능 연구와 글로벌 생태계 전략을 리딩하는 사람으로서 저는 고민거리가 100배는 더 늘어난 셈입니다. 국내의 다른 초거대 인공지능 기업들도 마찬가지일 것 같습니다. 계속 자체적으로 개발할지, 성능을 올리기 쉽지 않고 투자 규모도 부담스러운데 그냥 글로벌 테크 기업의 플랫폼에 올라탈지, 혹은 하이브리드로 할지 고민이 많다는 얘기도 들립니다.

2000년대 초 우리나라는 세계적으로도 강력한 브로드밴드 인프라 경쟁력을 바탕으로 다음, 아이러브스쿨, 싸이월드를 비롯해 인터넷 산업에서 글로벌 리더 위치에 있었습니다. 그러나 그 선두 그룹 자리는 오래가지 못했고 주도권을 내준 지 오래이며, 현재의 모바일 앱 생태계에서는 안드로이드나 iOS 위에서 애플리케이션 중심의 생태계만 구축하고 있을 뿐입니다. 클라우드 분야 또한 전 세계에서 몇 안 되는 자체 클라우드 기업Cloud Service Provider: CSP들을 보유한 나라이긴 하나 경쟁력에서 아마존 AWS, 마이크로소프트 애저, 구글 GCP 등과 비교할 수 있는 수준은 아닙니다. 지난 25년간 두세 차례 큰 기술적 혁신이 있었고 대한민국에 기회가 없었던 것은 아니지만 우리는 그 기회를 잘 살리지 못했고, 고착화된 차이를 극복하지 못하고 있습니다. 그런데 초거대 생성형 인공지능이라는 기술이 다시 한번 전 세계의 기술, 산업, 사회의 판을 뒤흔들어놓고 있습니다. 아직은 초창기이고 한계점도 여전히 많으며 미국이 저만큼 앞서가고 있긴 합니다. 하지만 못 쫓아갈 정도의 기술 격차도 아니고 비즈니스 측면에서 아직 엄청난 성공 사례가 나온 것도 아니어서 모두가 탐색하고 있는 상황입니다. 즉 고착화되지 않았다는 뜻입니다. 그리고 네이버를 비롯한 국내 여러 기업들의 노력으로 2000년대 초반 이후 처음으로 우리나라가 세상을 바꿀 소프트웨어 기술 분야에서 세계 2~3위 정도의 위치를 차지하고 있습니다. 네이버가 20년간 자체 검색 시장을 지켜오며 발전시킨 콘텐츠 플랫폼을 통해 쌓인 데이터가 알파고 때 붐업되어 축적된 인공지능 기술 데이터 자산과 함께 초거대 인공지능으로 진화해 20년 만에 엄청난 기회로 돌아왔다는 뜻입니다.

맺음말

특히 오픈AI가 2023년 3월에 발표한 챗GPT 플러그인은 기존 앱 생태계의 패러다임을 완전히 바꿔놓는 청사진과 비전을 보여주고 있습니다. 실제로 벌써 수백여 개의 앱들이 대화형 LLM에 연결되어 마치 영화 〈아이언맨〉의 자비스처럼 인공지능 중심의 초연결 시대가 시작된 느낌입니다. 이제 초거대 인공지능은 하나의 기술을 넘어 전기, PC, 인터넷과 같은 기반 인프라 기술화가 되어가고 있습니다. 이 기반에서 사용자들의 활용으로 만들어지고 쌓인 데이터가 다시 인공지능 학습에 사용되어 더욱 똑똑해지는 선순환 구조가 만들어질 것이고, 이로 인해 기술과 능력의 격차가 더 커지는 방향으로 전개될 것입니다. 심지어 초거대 인공지능은 그 특성상 아래로는 클라우드, 반도체와 강결합을 해야 하고 위로는 애플리케이션과 생산성 혁신 중심의 비즈니스 생태계와도 강결합을 해야 성공할 수 있습니다. 즉 그동안 고착화되었던 클라우드와 앱 생태계의 경쟁력 싸움에도 기회가 다시 한번 찾아올 수 있다는 뜻입니다.

3년 전 초거대 인공지능 기술을 가진 기업과 그렇지 못한 기업으로 나뉘게 될 것이라는 저의 판단은 반은 맞고 반은 틀렸습니다. 틀렸다고 말씀드리는 이유는 이것이 이미 기업 수준이 아니라 국가 단위의 어젠다가 되어버렸기 때문입니다. 제가 이 기술의 스케일과 영향력을 너무 적게 본 것입니다. IAEA(국제원자력기구)와 같이 인공지능을 위한 국제기구가 필요하다는 논의에 대한 긍정적인 반응들이 제 판단이 틀렸다는 방증입니다.

저는 현시점부터 길게는 3년, 짧게는 1년이 향후 10년 이상의 대한민국 국가 경쟁력의 미래가 결정될 중요한 시기라고 생각합니다. 미국, 중국과 함께 세계 2~3위권의 글로벌 인공지능 기술, 산업, 사회 리더십을 갖는 국가가 될 것이냐, 데이터-인공지능 기술 종속국으로서 살아갈 것이냐를 결정하는 기간이 된다는 뜻입니다. 마이크로소프트, 오픈AI, 구글 등의 글로벌 테크 기업들은 이미 다른 분야의 투자를 대폭 줄이고서 초거대 인공지능에 올인하는 상황입니다. 원래부터 규모의 차이가 있는 국내 기업들로서는 훨씬 더 힘든 싸움을 할 수밖에 없습니다. 미국이 안전한 활용에 대한 규제를 얘기하기 시작했지만 EU와는 달리 지속 가능한 혁신과 성장을 위한 방법으로서의 규제를 논의하고 있습니다. 잘못된 규제가 자칫 이 중요한 싸움에서 중국을 승자로 만들어버릴 수 있기 때문입니다. 에릭 슈미트 미국 NSCAI 의장이 지속적으로 인공지능의 위험성을 경고하면서도 중국에 대한 경계를 늦추지 않는 것도 이 때문입니다.

현재 우리의 상태를 정확하게 파악해야 다음 전략을 제대로 세우고 실행할 수 있습니다. 이 책은 최근에 발간된 다른 책들과 달리 대한민국의 인공지능 상황에 초점을 맞추었고 앞으로 어떤 것을 준비해야 하는지에 집중했습니다. 제가 대학원 때부터 15년 이상 인공지능 학계와 업계에 몸담아왔고 지금도 기업과 학계, 정부 정책의 최전선에 있다 해도 현시점을 정확히 진단하고 미래를 예측하는 데는 한계가 있다고 생각합니다. 그럼에도 불구하고 독자들께 전해드리고 싶은 말씀이 있어서 이 책을 쓰게 된 것입니다.

인공지능은 거스를 수 없는 시대의 흐름입니다. 시대의 흐름을 거스르면 결국 종속으로 가는 길만 남게 된다는 것을 역사로부터 배웠습니다. 개인들은 인공지능의 능력과 한계를 제대로 알고 써서 나의 경쟁력이 될 수 있도록 하는 것이 중요합니다. 아직은 초창기의 불완전한 기술입니다. 하지만 매우 유용한, 특히 생산성 향상에 큰 도움을 주는 기술임에는 틀림없습니다. 불완전함을 알고서도 사람들과 기업들이 지갑을 열고 있다는 것이 그 증거입니다. 특히 적극적 수용성과 실행력이 무엇보다 중요합니다. 저는 올해 초부터 반년 동안 100회 이상 강연을 했는데 그때마다 챗GPT 사용 여부를 물어봅니다. 그런데 활용 빈도가 가장 적은 직업군이 교사들입니다. 선생님들은 아이들에게 초거대 인공지능을 어떻게 활용해야 하고 앞으로 인공지능 시대를 어떻게 살아가야 할지를 가르칠 중요한 임무가 있습니다. 2023년 1월에 공립학교에서 챗GPT 활용을 금지했던 뉴욕시도 5월 부로 이 방침을 철회했습니다. 시대의 흐름을 거스르기보다 어떻게 안전하고 효과적으로 사용할 수 있는지 가르치는 것이 중요하다고 판단 내린 것입니다. 지금보다 훨씬 더 관심을 갖고 적극적으로 활용해주시기를 부탁드립니다.

기업은 인공지능을 통해 기업이 가진 단점을 극복하고 장점을 극대화하면서 새로운 기회를 만들기 위한 노력과 실행을 해야 합니다. 위에서 시키는 일이 아닌 기업의 새로운 성장 엔진으로 만들기 위한 적극적인 노력이 필요합니다. 인공지능, 특히 초거대 인공지능을 직접 만드는 기업들은 꾸준한 투자와 전략적인 협업 그리고 소명의식이 필요합니다. 제가 독립운동이라는 표현을 쓰는 이유이기도 한데, 파이를 키우는 것, 안전하게 만드는 것, 그리고 자체 플랫폼 기술 경쟁력을 확보하는 것의 중요성을 다시 한번 확인하고 국민, 정부, 언론에도 설명하는 역할이 중요합니다.

초거대 인공지능 시대가 도래함에 따라 학계나 연구계가 다소 침체된 분위기입니다. 데이터와 인프라 등을 고려하면 학교나 연구소에서 할 수 있는 연구가 제한적이기 때문입니다. 하지만 초거대 인공지능 연구개발은 글로벌 국가 간 전쟁입니다. 연구의 무게중심이 몇몇 기업에 있다고 해도 그 기업만으로는 글로벌 경쟁이 불가능합니다. 연구는 학교, 활용은 기업이라는 기존의 프레임을 버리고 기업과 학교 양쪽의 벽을 허물고 함께 연구개발하는 것이 중요합니다. 계약학과를 넘어 프랑스처럼 뛰어난 석박사 학생들 혹은 회사 개발자들을 공동 지도해서 새로운 형태의 학위를 만들고 실제적인 연구를 학위 주제로 만드는 것도 가능합니다. 지금까지 회사의 겸임교수는 C 레벨 임원들 중심으로 임용하고 관계 중심으로 운영했지만, 이제는 실효성 있는 형태로 변화해야 합니다. 기업과 학교가 뛰어난 연구자를 함께 고용해서 교수이면서도 기업의 연구자 역할을 하도록 할 수 있습니다. 훨씬 더 파괴적인 협력 모델이 나와야 합니다.

그리고 국가의 역할이 정말 중요합니다. 기업들은 글로벌 경쟁에서 생존이 달려 있기 때문에 어떻게든 망하지 않기 위해, 더 나아가 성장하기 위해 노력합니다. 국회와 정부의 역할은 기업들이 생존을 위한 전략적 의사결정을 함에 있어 그 결정이 국내의 자체 초거대 인공지능을 포기하는 것이 되지 않도록 지원하는 것이 필요합니다. 국회는 법률과 제도로. 정부는 법 집행과 예산 등을 통해 기업들과 국민 개개인이 초거대 인공지능이라는 엄청난 위기이자 기회를 성장의 에너지로 만들 수 있도록 도와야 합니다. 최근 영국 정부가 공공 분야 초거대 인공지능 BritGPT에 10억 파운드를 투자하는 것에 대해 영국 노동당 싱크탱크가 그 규모로는 실리콘밸리의 기술 종속 위험을 막기 어렵다며 110억 파운드 투자를 외친 사례를 상기해볼 필요가 있습니다. 법이나 제도를 만들거나 개정할 때, 심지어 정부 주최 행사를 할 때 그것이 국내 기업과 글로벌 기업의 경쟁구도에 어떠한 영향을 미칠지에 대한 전략적 사고를 해야 합니다. 또한 10년 이상 장기 비전을 고민할 국가 차원의 인공지능, 데이터 거버넌스 체계 수립도 매우 중요합니다. 그렇지 않으면 국가 전체의 큰 그림은 보지 못하고 각자 처한 입장에서 단기 성과에 매몰되어 궁극적으로 경쟁력 약화로 이어질 수밖에 없습니다. 그리고 잘못할 때는 따가운 비판도 중요하지만 지금처럼 글로벌 전쟁에 가까운 경쟁 속에서는 격려와 응원이 더욱 절실합니다. 한마디의 격려와 응원이 기업의 일선에 있는 개발자와 기획자들에게 엄청난 힘이 되기 때문입니다. 이는 언론에도 부탁드리고 싶은 부분입니다.

인공지능 기술의 악용 등과 같은 안전 문제에서의 규제는 당연히 필요하고 국제적인 연대에도 적극 동참해야 합니다. 그런데 규제나 안전장치 자체가 목적이나 본질이 되어서는 안 되며, 국가 인공지능 경쟁력 강화를 통한 지속 가능한 성장이라는 목적을 달성하기 위한 방법으로서 기능해야 합니다. 그렇게 해야 글로벌 테크 기업들과 국내 기업들이 공정한 경쟁체제를 통해 국내시장에서도 고품질의 인공지능 서비스를 제공할 수 있습니다. 그런 기반이 국내 플레이어들의 성장 기회를 만들 수 있으며, 그 성장을 통해 미국과 중국을 제외한 나머지 국가와의 협력을 통해 글로벌로 진출함으로써 대한민국이 제3세력의 중심으로 자리 잡고 지속 가능한 성장의 모멘텀을 만들 수 있습니다.

20년 만에 돌아온 이 좋은 기회를 살리기 위해 개인, 기업, 학계, 언론, 국회, 정부가 어떤 마음가짐을 갖고 준비하고 실행해야 하는지 다시 한번 강조드리고 싶었습니다. 우리 미래 세대가 훨씬 더 성장할 수 있는 기회를 갖는 대한민국이 될 수 있도록 현세대가 함께 노력하기를 바라는 마음으로 맺음말을 마무리합니다.

하정우

이 책은 논문들을 제외하면 저의 첫 번째 책입니다. 부족하나마 이 책을 쓸 수 있었던 것은 제가 인공지능 전문가로 성장할 수 있도록 도와주신 많은 분들의 도움 덕분입니다. 저를 인공지능의 길로 인도해주시고 연구자로 성장할 수 있도록 물심양면으로 도와주신 제 박사학위 지도교수님인 서울대 장병탁 교수님께 먼저 감사의 말씀을 드리고 싶습니다. 졸업한 지 벌써 8년이 넘었지만 여전히 많은 가르침을 주고 계시고, 멋진 추천사까지 써주셔서 더욱 감사한 마음입니다.

제가 인공지능 연구자로 한 단계 더 도약할 수 있었던 것은 네이버 랩스 동료들에게 많은 것을 배울 수 있었던 덕분입니다. 특히 네이버 랩스에 입사할 수 있도록 도와주시고 팀 리더로서 산업계에서 인공지능 연구자의 역할에 대해 많은 것을 가르쳐주셨던 김정희 님께 감사드립니다.

저는 박사과정 학생 시절부터 해외 학회를 갈 때마다 국내 기업의 기술 홍보 부스가 없는 것이 너무 안타까웠습니다. 기업들이 인공지능 중장기 선행연구에 대한 중요성을 인식한다면 큰 비용이 들지도 않는 부스 설치에 그리 인색하지 않았을 텐데 하는 아쉬움이 있었습니다. 그러면서 제가 졸업해서 회사를 가게 되면 언젠가는 마이크로소프트 리서치나 구글 리서치처럼 회사의 성장에 중추적인 역할을 하는 중장기 선행연구소를 만들고 성공적으로 운영하겠다는 다짐을 했습니다. 그 다짐을 실제 현실이 되도록 전폭적으로 지원해주신 Z홀딩스 신중호 대표님께 감사드립니다. 클로바 초창기 시절 제게 먼저 인공지능 연구팀의 중요성을 설파하시며 글로벌 수준의 연구팀을 만들라는 임무를 주시고 아낌없는 지원을 해주신 덕분에 2017년에 클로바 AI 리서치가 만들어졌고, 오늘날 한국 최고를 넘어 아시아 톱 수준의 인공지능 연구조직인 네이버 AI 랩으로 이어질 수 있었습니다. 클로바 AI 리서치는 거의 백지상태에서 시작했습니다. 저를 포함해 세 명으로 출발했는데 그중 한 분인 홍콩과학기술대 김성훈 Sung Kim 교수님께도 감사드립니다. 김 교수님이 초기에 핵심 멤버를 채용하고 2020년 초반까지 제 보스로서 지원해주시지 않았다면 오늘날 네이버 AI 랩은 존재하기 어려웠을 수 있습니다.

회사에서의 중장기 선행 연구조직은 만드는 것 이상으로 성공적으로 운영하는 것이 매우 어렵습니다. 회사와 경제 상황에 따라 많은 기업

연구소들이 부침을 겪고 아예 흡수 통합되거나 사라지는 경우도 많습니다. 결국 의사결정자들의 강력한 의지와 믿음이 중요합니다. 그런 점에서 연구의 중요성을 믿고 어려운 상황에서도 도와주고 계신 네이버 최수연 대표님, 김남선 CFO님께 감사드립니다. 2019년부터 제가 어려울 때마다 전폭적으로 지지하고 도와주고 계신 네이버 채선주 대외/ESG정책 대표님께도 감사드립니다. 네이버 AI 랩의 역할과 기여를 인정해주시고 글로벌 기술 기업으로 성장하는 데 인공지능 중장기 선행연구의 중요성을 인정하고 전폭 지지해주시는 네이버 클라우드 김유원 대표님께도 감사드립니다.

의사결정자들이 의지가 있어도 회사 성장에 기여할 수 있는 성과를 만들어내지 못하면 연구는 지속 가능할 수 없습니다. 사실 제가 이 자리에 있고 이러한 책을 쓸 수 있는 것도 네이버 AI 랩을 포함한 네이버 클라우드의 인공지능 조직 내 훌륭한 전문가들의 뛰어난 연구와 사업 성과가 있었기 때문입니다. 네이버 AI 랩 팀 멤버분들께 감사드립니다. 특히 2017년 말부터 2018년 초까지 아무것도 없는 백지상태에서 합류하여 함께 팀을 만들고 이제는 어엿한 국내 최고 수준의 리더 인공지능 연구자로 성장한 윤상두, 한동윤, 전상혁, 이상우, 김경민, 유영준, 허병호, 최윤제 님께 감사드립니다. 오늘날 매년 100여 건의 글로벌 최고 인공지능 학회 논문을 발표하고 연간 1만 건에 가까운 피인용 수라는 연구 성과를 만들 수 있었던 것은 모두 리더 연구자분들이 각 팀 주니어 연구자들, 인턴들을 잘 지도해주신 덕분입니다. 특히 제가 국가 경쟁력을 위한 파이 키우기에 집중하면서 연구 디렉팅에 한계가 있었는데 흔쾌히 네이버 AI 랩 신임 소장을 맡아준 윤상두 님께 감사드립니다. 기존 연구소에 없던 주제와 분야를 위해 새롭게 팀을 빌딩하는 것은 정말 어려운 일입니다. 초거대 언어 인공지능 기술의 발전에 따라 자연스럽게 앞으로 인공지능 윤리, HCI, 3D, 헬스케어가 핵심 기술이 될 것인데, 이 분야에서 팀 빌딩이라는 어려운 일을 성공적으로 해주신 이화란, 김영호, 김진화, 유한주 님 네 분께도 감사드립니다.

제가 많은 분들을 네이버로 모셔왔지만 회사 전체의 방향성과 미래성장동력이라는 관점에서 가장 큰 역할을 하고 계신 분을 꼽으라면 주저없이 하이퍼클로바 성낙호 총괄님과 경량화인공지능팀 이동수 이사님 두 분을 꼽습니다. 2017년 합류한 이후로 성낙호 님은 술 마실 때마다 제게 게임 업계에 잘 있던 사람에게 딥마인드 같은 조직을 같이 만들자고 꼬셔와서 이런 일을 하게 시켰다, 사기 취업시킨 거라고 불만을 터뜨립니다. 하지만 이분은 지난 6년간 네이버 인공지능 기술, 서비스, 사업, 전략을 매일 낮밤을 가리지 않고 함께 고민하고 오늘날 네이버가 초거대 인공지능 분야에서 글로벌 최고 수준의 기술과 사업 역량을 갖추게 만든, 그래서 대한민국이 초거대 인공지능 분야 세계 2~3등 위치를 차지할 수 있게 만든 일등공신입니다. 2021년에 초거대 인공지능이 시대의 흐름이 됐을 때 다른 핵심적인 기술은 네이버가 다 할 수 있는데 경량화와 반도체만큼은 어렵다 생각해서 이동수 님을 모셔왔습니다. 그리고 기대 이상으로 비용과 에너지 효율 등의 문제를 너무나 잘 풀어주시며 네이버의 지속 가능한 초거대 인공지능 사업뿐 아니라 클라우드 사업에도 크게 기여하고 계십니다. 이 두 분이 없었다면 네이버의 초거대 인공지능은 존재하지 않았을 것입니다. 글로벌 초거대 인공지능 독립운동의 동지이자 글로벌 진출 동지로서 힘겨운 싸움을 함께 해나가는 데 너무나 큰 힘이 되고 있습니다.

이 책을 쓰는 데 가장 큰 기여를 한 인공지능 서비스는 클로바노트입니다. 클로바노트가 대담을 녹음하고 녹취록으로 풀어준 덕분에 매우 효율적으로 초안 작업을 할 수 있었습니다. 한익상 님을 포함해 네이버 클라우드의 클로바노트팀에도 감사드립니다.

인공지능은 아직 초창기여서 파이와 생태계를 키우는 것이 곧 경쟁력이 됩니다. 생태계 성장은 기술도 중요하지만 비즈니스, 교육, 제도, 규제, 정부 정책이 큰 역할을 합니다. 이 업무를 저를 도와서 함께 달리고 있는 추영민, 윤영진, 김필수, 옥상훈, 전민아, 정주환 님께 감사드립니다. 정부와 국회와 관련된 업무에 많은 도움을 주고 계신 손지윤, 이광용, 김준범, 노상균 님께 감사드립니다.

생태계 확장을 위해서는 회사 안에서의 활동만으로는 한계가 있습니다. 업계와 사회, 정부에서의 역할이 중요한데, 저의 외부 활동에 든든한 멘토가 되어주시는 한국경제신문 AI경제연구소 안현실 소장님께 특별한 감사를 드리고 싶습니다. AI미래포럼 창설 운영부터 공학한림원 활동을 비롯해 어려울 때마다 중요한 조언을 해주셔서 어려움을 헤쳐나갈 수 있었습니다. 더불어 AI미래포럼을 함께 이끌어나가고 있는 공동의장님들인 모두의연구소 김승일 대표, 서울대 김현진 교수, KT 배순민 소장, LG AI 연구원 임우형 상무, KB 오순영 센터장 님께 감사드립니다. 특히 저와 함께 인공지능 로봇 3남매로 불리며 통신 업계에서 인공지능 중심의 디지털 플랫폼 기업을 선도하는 2호기 배순민 소장님과 금융 분야 인공지능의 최고 전문가로 일선에서 인공지능 트랜스포메이션을 온몸으로 하드캐리 하는 업계의 블랙핑크이자 멋진 친구 3호기 오순영 센터장님, 두 분께 특별히 감사드립니다.

인공지능이 국가 간 대전이 되어감에 따라 정부의 역할이 매우 중요합니다. 저를 인수위 TF 때부터 불러주시고 디지털플랫폼정부위원회에서 AI-데이터분과위원장과 초거대 공공 AI TF 팀장 역할을 맡겨주신 고진 위원장님께 감사드립니다. 더불어 AI-데이터분과와 TF를 잘 지원해주시는 이승현 국장님, 김파라 과장님을 비롯한 추진단 여러분께 감사드립니다. 김파라 과장님은 산자부로 귀임하셔서도 많은 도움주시길 부탁드립니다.

제가 다른 일로 인해 연구에 많은 시간을 쓰지는 못하지만 본래 연구자이다 보니 학계에 계신 교수님들로부터 도움을 많이 받고 있습니다. 네이버가 서울대와 함께 만든 초대규모AI센터의 교수님들께 감사드리며 센터장으로 수고해주시는 전병곤, 김건희 교수님께 특히 감사드립니다. 그리고 카이스트와 함께 만든 초창의적AI연구센터의 교수님들께 감사드리며, 특히 주재걸, 신진우, 최재식 교수님의 도움을 많이 받고 있습니다. 이 세 분 교수님들은 저와 친구이며 연구에 많은 도움을 주고 계셔서 더욱 감사합니다.

글로벌 인공지능 학계에서 대한민국의 위상을 높이는 것이 중요합니다. 제가 NeurIPS와 ICML 학회에서 시니어 프로그램 위원과 조직위원으로 활동할 수 있도록 도와주신 카이스트 오혜연 교수님과 뉴욕대 조경현 교수님께도 감사드립니다. 이 두 교수님은 학계 활동뿐 아니라 인공지능 연구에서도 많은 기술적 자문을 해주셔서 더욱 감사하다는 말씀을 전하고 싶습니다. 또한 인공지능 윤리 연구의 기술적 자문으로 중요한 의견을 많이 주셔서 하이퍼클로바X가 더욱 안전한 인공지능이 될 수 있도록 도움 주신 네이버AI윤리포럼 교수님들과 워싱턴대학교의 최예진 교수님께도 감사 말씀을 드립니다. 제가 연구자로서의 끈을 놓지 않도록 계속 도와주는 믿음직한 동생 연세대 최종현 교수께도 감사드립니다.

인공지능은 이 용어가 등장한 시점을 기준으로 70여 년의 역사를 갖고 있고 오랜 기간 많은 크고 작은 부침이 있어왔습니다. 우리나라의 인공지능 역사도 40여 년인데 그 오랜 기간 동안 꿋꿋하게 이 분야에 헌신해오신, 그래서 오늘날 대한민국 인공지능을 있게 만들어주신 김진형, 서정연 교수님을 포함한 모든 인공지능 분야의 선배 연구자분들께 고개 숙여 깊은 감사의 말씀을 드립니다.

제가 일반 대중을 위한 책을 낼 것이라고는 전혀 생각하지 못했습니다. 인공지능에 대한 관심이 치솟으면서 몇몇 출판사에서 문의가 오긴 했으나 두 가지 이유로 모두 거절했습니다. 첫째는, 글재주가 좋은 편이 아니었는데 지난 15년간 매년 10~20편씩 논문만 쓰다 보니 어떤 주제와 내용의 글도 학술적으로 쓰는 버릇이 생겨버렸기 때문입니다. 일반적인 글을 쓰는 능력이 아예 사라져 무얼 써도 '핵노잼' 글이 될 테니 내지 않는 게 좋겠다고 판단했습니다. 두 번째는, 회사에서의 역할과 업무가 늘어남에 따라 가용시간이 절대적으로 줄어들어 자투리 시간을 연구하고 논문 쓰는 데 쓸 수밖에 없어, 책을 집필할 여유가 아예 없었기 때문입니다.

이런 저에게 대담 형식으로 책을 쓸 수 있는 기회와 편의를 제공해주신 한상기 박사님께 감사드립니다. 서울대학교 컴퓨터공학과 1기로 저의 20년 선배이신 한 박사님과는 사석에서는 호형호제하는 친한 사이입니다. 천성이 공돌이인 제게 좀 더 넓은 시야를 갖도록 평소에도 꾸준히 인사이트를 주셔서 항상 존경하고 감사한 마음입니다. 그리고 많은 가르침을 주시며 핵심적인 질문을 해주시고 출간을 적극 지원해주신 한빛미디어 박태웅 의장님께도 감사드립니다. 또한 격의 없는 질의응답 형태로 대담이 이루어지다 보니 구어체로 표현된 말들이 두서없이 중구난방이었고 전문용어가 난무해 편집 난도가 매우 높았는데도 불구하고 정말 읽기 편한 문장으로 다듬어주신 이 책의 기획자 한창민 작가님께 감사드립니다.

그리고 가족들에게 감사드리고 싶습니다. 어려운 환경에서도 제가 잘 자랄 수 있도록 물심양면으로 도와주신 저의 어머니 김명자 여사님 감사합니다. 경상도 출신 아들들이 대부분 그러하듯 저도 살갑게 인사를 제대로 드린 적이 없는데 이 자리를 빌려 감사드립니다. 15년 전에 너무 일찍 하늘로 가신 제 아버지 하상수 님께도 감사드립니다. 뛰어난 재능에도 불구하고 어려운 가정환경 때문에 교육을 많이 받지는 못하셨지만 삶을 살아가는 데 중요한 통찰력과 베풂의 가치를 가르쳐주신 덕분에 오늘날의 제가 있었다고 생각합니다. 어머니를 계속 돌봐드리며 어려울 때마다 도움을 주신 저의 누님 하혜선 여사께도 감사드립니다. 그리고 제가 1996년 수능을 망치고 재수를 할지 지역에 있는 대학에 갈지 고민할 때 목욕탕에서 너의 재능을 믿으라고 적극 설득해준 형 하대우 님께 감사하다는 말씀을 전하고 싶습니다. 그때의 애정 어린 설득이 없었다면 오늘날의 저도 없었을 것이라 생각합니다.

결혼과 육아는 아주 의미 있고 보람찬 일이지만 또 아주 힘든 일이기도 합니다. 제가 인공지능 연구개발 사업에 온전히 집중하고 저희 부부가 아들을 잘 키울 수 있는 것은 장모님인 이제니 여사의 희생이 절대적인 역할을 했습니다. 수년간 힘드실 텐데도 불구하고 저희를 위해 희생해주신 장모님께 깊은 감사를 드립니다. 또한 이런 상황을 이해하고 불편함을 흔쾌히 감수하고 계신 장인어른 김영태 님께도 감사드립니다. 종종 말을 듣지 않아 힘들기도 하지만 제 인생의 활력소가 되어주고 제가 이 일을 하는 가장 큰 동기를 부여해주는 저의 귀여운 아들 하이든에게 고맙다는 말을 하고 싶습니다.

마지막으로, 인공지능 생물정보학 분야의 연구자로서 뛰어난 재능과 역량을 갖추고 있음에도 불구하고 많은 것을 내려놓고 이든이와 저를 뒷바라지하고 있는 제 아내 김수진 박사께 가장 큰 감사의 말씀을 전합니다. 육아, 교육, 가사라는 힘든 상황에서도 논문도 쓰고 제가 여러 어려움으로 흔들릴 때마다 훌륭한 조언자로서 길을 찾게 만들어준

아내가 정말 존경스럽고 사랑스럽습니다. 아내의 헌신적인 도움과 희생 덕분에 오늘날 인공지능 전문가 하정우가 될 수 있었습니다. 김수진 박사께 거듭 고맙다는 말을 전하면서 감사의 글을 마무리합니다.

하정우